Endre Kovács

Das Vaterunser

Endre Kovács

Das Vaterunser

Gott suchen, bitten und begegnen

Übersetzt aus dem Ungarischen
von Susanne M. Czupy

echter

Meinen Dank möchte ich all denen aussprechen, die mir das Gebet vorgelebt haben:

Meiner Mutter, die sich für mich aufgeopfert hat,

Bözsi mama, die zugleich Martha und Maria war,

Kati, die mich bis zum Schluss im Gebet begleitete und trug.

Lilien und Robin, die warten konnten, mich ermutigten und an mich glaubten,

Jim Houston, der selbst in seinen Gästen Engel beherbergte, und Eugene, der mir zeigte, dass weniger oft mehr ist.

Unter euch lernte ich beten.

Inhalt

Vorwort zur deutschen Ausgabe

»Das Vaterunser« ist ein ganz besonderes Buch, das ich den deutschsprachigen Lesern und all jenen sehr herzlich empfehlen möchte, die sich im Gebet vertiefen möchten. Anhand des Gebets Jesu, des Vaterunsers, beschreibt der Autor ausführlich die Dynamik des geistigen Lebens. Dieses sehr tiefsinnige und schöne Buch enthält die Lehre der ganzen Asketik und Mystik. Endre Kovács gibt eine hervorragende Anleitung zum geistigen Leben. Was er sagt, ist sehr harmonisch. Für besonders lehrreich halte ich, dass das Buch konkrete Schritte zeigt, wie man Glauben und Gebet leben kann und soll.

Die ungarische Originalausgabe wurde in Zusammenarbeit dreier Verlage herausgegeben: eines protestantischen, eines griechisch-katholischen und des Verlags der Karmeliten. Es ist sehr ökumenisch ausgerichtet; meiner Meinung nach ist das sehr wichtig für das Christentum von heute. Es machte einen tiefen Eindruck auf mich, und ich habe viel daraus gelernt. Ich habe das Buch langsam, fast betend gelesen, und es tat sehr wohl. Am Ende angekommen, hatte ich das Gefühl, ich würde es am liebsten von vorne wieder anfangen, um mich noch weiter darin zu vertiefen, wozu Jesu Gebet uns einlädt. Ich hoffe, dass neben der ungarischen und der deutschen Ausgabe noch eine englische folgen kann, denn ich glaube, dieses Buch hat eine ganz außerordentliche Bedeutung für Christen im 21. Jahrhundert.

Franz Jalics

Vorwort

Dieses Buch ist Frucht der Suche und Begegnungen der letzten anderthalb Jahrzehnte. In dieser Zeit gestalteten und formten Mitglieder von mehr als einem Dutzend Gemeinschaften jene Weisungen über das Gebet, die nun auch in schriftlicher Form zugänglich gemacht werden. Dieses Buch enthält zugleich 50 Jahre Lebensweg, denn für uns alle gilt, dass unser Dasein die Fortsetzung einer früheren Geschichte ist.

Wichtiger als das erachte ich jedoch, dass ich auf den folgenden Seiten auf die jüdisch-christliche Tradition und deren 3000-jähriges geistliches Erbgut baue. Und das nicht nur hier und dort, sondern häufig und konsequent. Meine Thesen stützen sich auf andere. Diese spielen eine wichtigere und größere Rolle als ich. Ich sehe mich eher als Redakteur, der die Werke anderer zugänglich machen will: Zwar bin ich es, der sie durch den Filter der eigenen Lebenserfahrung weitergibt, die Quelle, aus der ich schöpfe, reicht jedoch weit über mich hinaus.

Selbst wenn wir uns in der Tradition des Gebets lediglich auf das geistliche Erbe Jesu Christi beschränken würden, hätten wir es schon mit einem so umfangreichen schriftlich festgehaltenen Erbe zu tun, dass ein ganzes Leben nicht ausreichen würde, um alles zu lesen. Daher müssen wir eine Auswahl treffen.

Die Quellen, auf die sich das Buch bezieht, wurden unter drei Gesichtspunkten ausgewählt, an die ich mich auch in meiner persönlichen Lebenseinstellung halte:

1. Übereinstimmung mit der Lehre der Heiligen Schrift. Der Meister des Gebets ist Gott. Seine Selbstoffenbarung bleibt stets der vorrangige Ausgangs- und Orientierungspunkt – wie wir das bei der Thora, bei den Propheten und Weisheitslehren, bei der Lehre Jesu und der Verkündigung der Apostel sehen.

2. Wichtig ist, dass die Weisungen über das Gebet mit den menschlichen Erfahrungen im Einklang stehen. Eine Lehre hilft nur, wenn sie in die »Sprache« des menschlichen Erlebens übersetzt werden kann. Bei der Auswahl der Quellen war für mich daher entscheidend, dass wir uns den Worten des Autors zumindest teilweise persönlich anschließen können. Nicht als Maß, sondern als ein aus dem Leben gegriffenen Beispiel. Denn im geistlichen Wachstum hilft nicht so sehr das Wissen darum, was wir erleben »sollten« oder »könnten«, sondern wahrzunehmen, in Worte zu fassen und zu dem zu stehen, was der Leser wirklich erlebt.

3. Aus dem universalen Schatz des Christentums führe ich, wo es nur geht, Beispiele, Bilder oder Lehrsätze an. (Bei der Vorstellung patristischer Schriften war freilich mein Ziel, dem Leser Mut und Lust zum Lesen dieser Schriften zu machen. Wenn dem Leser bis zum Ende des Buches die Gemeinschaft der Heiligen vertrauter geworden ist, dann hat sich die Lektüre dieses Buches schon gelohnt.) Aber hier geht es um mehr als nur um Illustration. Das Gebet ist eine Verbindung mit einer Gemeinschaft. Als Jesus seine Jünger das Beten lehrt, lädt er sie zur Teilnahme an der Gemeinschaft der Dreifaltigkeit ein. In dieser Gemeinschaft lernen wir beten. So wie ein Kind in Gemeinschaft sprechen und sich selbst kennenlernt, so lernt das Kind Gottes nur in der göttlichen Gemeinschaft den gesellschaftlichen Umgang sowie sein wahres Selbst kennen. Daher können uns im Gebet die »Wolke der Zeugen« und die heute noch lebenden Weggefährten im Glauben von großer Hilfe sein. Der bewährte Glaube der Alten kann für uns beispielhaft, ihre Weisheit eine Quelle der Orientierung sein. Die Glaubenszeugen können uns ermutigen und inspirieren. Mit und unter ihnen können wir die Gemeinschaft der Dreifaltigkeit besser erfahren als ohne sie.

Im Folgenden werden wir vielen biblischen Verweisen begegnen – oftmals ohne eine genaue Stellenangabe – sowie reichlichen Lebensgeschichten und Zitaten aus verschiedenen Zeiten der Spiritualitätsgeschichte.

Das Gebetsleben ist vielfältig und bewegt, ein ständiges Auf-dem-Weg-Sein. Meine Absicht in diesem Buch ist es, den Leser zu einer Reise einzuladen, bei der wir auf den Spuren des Vaterunsers die Landschaft des Gebetslebens erkunden werden.

Das Vaterunser nimmt im Erbe der christlichen Spiritualität einen herausragenden Platz ein. Jesus befasst sich darin mit jedem Bereich des menschlichen Lebens und stellt ihn unter die Herrschaft Gottes. Ähnlich wie die Zehn Gebote wird unser ganzes Leben in die Gegenwart Gottes gestellt: unsere Gottessuche, unsere Bedürfnisse, unsere Bitten und unser ganzes Sein. Es fertigt eine umfassende Bestandsaufnahme unseres Lebens an. Nicht von ungefähr nennt der frühe Kirchenvater Tertullian das Vaterunser eine Rahmung des gesamten Evangeliums.[1]

Die Gottesbeziehung des betenden Menschen bildet sich fortwährend und scheint einen ganz eigenen Bogen zu spannen. Diesen Bogen zeichnet das Vaterunser nach. In den folgenden Kapiteln versuchen wir mithilfe des im Vaterunser vorgegebenen Leitfadens diesem Bogen zu folgen und die Orientierungspunkte zu bestimmen. Ziel ist nicht, es Wort für Wort zu deuten, sondern vor allem dem Spannungsbogen des Gebets zu folgen. Denn die Geschichte unseres persönlichen Gebets ist zugleich individuell und universell: Es verbindet uns mit ein und demselben Gott, enthält jedoch neben den völlig eigenen Zügen einige Eigenheiten Gottes, die wiederum auf jeden von uns ihre Wirkung haben.

So stehe nun hier das Gebet, das jeder Christ sein Eigen nennt (nach Mt 6,9–13)

Unser Vater im Himmel!
Dein Name werde geheiligt.
Dein Reich komme.
Dein Wille geschehe
wie im Himmel, so auf Erden.
Unser tägliches Brot gib uns heute.
Und vergib uns unsere Schuld, wie auch wir vergeben unsern Schuldigern.
Und führe uns nicht in Versuchung,
sondern erlöse uns von dem Bösen.
Denn dein ist das Reich
und die Kraft
und die Herrlichkeit in Ewigkeit.
Amen.

Der Aufbau des Buches (Der Aufbau des Buches wird durch die Struktur des Vaterunsers bestimmt, dessen innere Gliederung durch die Aufteilung des Textes in drei Abschnitte hervorgehoben wird. Jesus lehrt seine Jünger beten, indem er sie einlädt: sich so an den Vater zu wenden wie an ihren eigenen himmlischen Vater. Die Einleitung bietet einen Überblick über die Eigentümlichkeiten dieser Einladung Jesu.

Der erste Abschnitt des Vaterunsers bezieht sich auf jenen Wunsch, dass die Herrschaft Gottes in uns und unter uns wirksam werde. Dieser erste Abschnitt wird durch die Suche der Wirklichkeit Gottes bestimmt. Der Beter wendet sich der Heiligkeit, der Herrschaft und dem Willen Gottes zu und sehnt sich danach, dass diese in seinem Leben Wirklichkeit werden. Der erste Teil des Buches mit dem Titel *das Gebet als Suche* spricht also von dieser Art des Gebets.

Dem Leitfaden des Vaterunsers folgend, betrachten wir im ersten Kapitel die Rolle des Hörens in unserer Gottessuche und was es heißt, uns Gott zuzuwenden, indem wir seine Andersartigkeit, seine Heiligkeit anerkennen. Im zweiten Kapitel befassen wir uns mit einer anderen Erscheinungsform dieses respektvollen Sich-Hinwendens, mit dem Bewusstsein, dass das Reich Gottes unter uns gegenwärtig wird, wenn wir einander freundlich aufnehmen. In unseren Mitmenschen nehmen wir Jesus auf. Im dritten Kapitel betrachten wir die Rolle der Reflexion. Die Reflexion ist ein betendes Lesen mit einer tiefen Suche nach Wahrheit, damit der Wille Gottes in uns und unter uns gültig wird. Das vierte und abschließende Kapitel des ersten Abschnitts befasst sich mit den Eigenheiten der einsamen Meditation, wenn wir Gott nicht kraft einer Vermittlung durch Geschöpfe oder Texte suchen, sondern in uns die Sehnsucht nach einer unmittelbareren Erkenntnis Gottes entflammt.

Der zweite Abschnitt des Vaterunsers stellt die menschlichen Bedürfnisse ins Zentrum unserer Aufmerksamkeit. Im Gebet spielen Flehen und Anklopfen eine wesentliche Rolle. Davon spricht der zweite Teil mit dem Titel *das Gebet als Bitte.*

Unsere Bittgebete umfassen drei Hauptbereiche: Dem Faden des Vaterunsers folgend, beten wir im fünften Kapitel um das tägliche Brot, das heißt um all unsere konkreten Bedürfnisse. Im sechsten und siebten Kapitel bitten wir Gott um die Vergebung unserer Schuld und um den Sieg über das Böse. Im achten und abschließenden Kapitel des zweiten Abschnitts betrachten wir jenen Zustand, in dem der Betende eines Gebets überdrüssig wird, das sich immer nur um seine eigenen Wünsche kreist, und Gott nun bittet, dass er ihn lehren möge, selbstlos um Gottes selbst willen zu beten.

Im dritten Abschnitt des Vaterunsers wendet sich Jesus in drei »Dein«-Aussagen dem schon existierenden Reich, der Kraft und der Herrlichkeit Gottes zu. Er tut das nicht, um etwas zu erschaffen oder zu verändern, sondern einfach nur um Gott anzuerkennen und ihn zu preisen für das, was ist. Der dritte Abschnitt des Buches mit dem Titel *das Gebet als Kontemplation* beschäftigt sich mit dieser Zuwendung an Gott um Gottes selbst willen.

Mit der Aussage *Denn Dein ist das Reich und die Kraft und die Herrlichkeit* am Ende des Vaterunsers hebt Jesus, wenn auch nicht im wortwörtlichen Sinne, eine jede Dimension des menschlichen Lebensraumes – den Schauplatz des Verstandes, der Gefühle und der Taten – in die Innigkeit der Gottesbeziehung hinein. Entlang dieser Dimensionen untersuchen wir im neunten, zehnten und elften Kapitel, welche Rolle der Verstand, die Gefühle und die Taten im Gebet spielen und wie diese anhand des Beispiels Jesu in den Dienst Gottes gestellt werden können. Im zwölften und den dritten Teil abschließenden Kapitel betrachten wir die Bedeutung des Gebets Jesu in uns, der ewiglich für uns vor dem Vater eintritt.

Das Schlusswort stellt die drei Gebetsformen – das Gebet als Suche, als Bitte und als Betrachtung – im Bilde eines dreifachen Geflechts miteinander in Beziehung, indem es die innere Einheit des Gebets behandelt. Abschließend empfehle ich noch weitere Texte für das Gebetsleben.

Wie aus der Zusammenfassung bereits ersichtlich wird, möchte dieses Buch den Bogen und den Geist des Vaterunsers entfalten und stellt nicht im engsten Sinne des Wortes eine Auslegung des Textes dar. Es fasst die Weisungen und Akzente der christlichen Tradition in Bezug auf das Gebet mit dem Leitfaden des Vaterunsers zusammen und folgt keiner textkritischen Methode. Deswegen möge der Leser nicht darüber erstaunt sein, wenn das Buch manche Zeilen des Vaterunsers in einem engeren Sinne folgt und manchmal, aufgrund einer Aussage Jesu über das Gebet, aus einer weiteren Perspektive etwas Wesentliches über das Gebet aussagt. Beim Verfassen habe ich die wichtigsten Momente und Charakteristika des Gebetslebens und der Entwicklung der Gottesbeziehung im Auge behalten, die entlang des Leitfadens des Vaterunsers auch in der Lehre Jesu akzentuiert sind.

»Gebrauchsanweisung«

Da das Buch zu einer persönlichen Reise einlädt, wird sich sein Wert wie bei jeder Reise aus jenen Eindrücken und Wirkungen zusammensetzen, denen der Mensch unterwegs begegnet. Diese können ganz unterschiedlich sein: Der Leser wird das Buch manchmal als einen Intensivkurs erfahren und zuweilen als ein großes Aufatmen erleben. Im Zuge der Lektüre können persönliche Gefühle und Erinnerungen hochkommen, deren Aufdeckung und Aufarbeitung wesentlich zur Aufgabe des Buches gehören.

Sein Ziel hat das Buch erreicht, wenn der Leser nicht nur Kenntnisse und Anhaltspunkte über das Gebet gesammelt hat, sondern wenn sich seine Gottesbeziehung während des Lesens vertieft. Gruppengespräche können die persönlichen Reaktionen besser verstehen und aufarbeiten helfen, genauso wie Einzelexerzitien oder das Schreiben eines Tagebuchs. Auf welche Weise auch immer der Leser sich mit dem Buch befassen möchte, empfehle ich, täglich nicht mehr als ein Kapitel zu lesen. Da das Vorankommen im Gebet, was auch Ziel des Buches ist, allein in der persönlichen Verbindung zwischen Gott und dem Leser geschehen kann, ist es wichtig, während des Lesens Zeit und Raum dafür zu gewährleisten: Halten Sie von Zeit zu Zeit inne, legen Sie das Buch beiseite und wenden Sie sich Gott zu.

Die Einladung: *Vater unser*

Es gibt wohl keine menschlichere Handlung als das Gebet. Die Menschen aller Völker, Generationen, Religionen und Kulturen beten. Beten ist eine Grundtätigkeit des Menschen.

Was aber heißt beten? In dieser Einleitung möchte ich einige Eigenheiten des christlichen Gebetes beleuchten, um darzustellen, warum wir in unserem Gebet der Wegweisung Jesu bedürfen.

Wenn wir die Beziehung zwischen Gott und Mensch betrachten, stellen wir fest, dass der Mensch darin eine wichtige Rolle spielt. Das Gebet ist eine äußerst menschliche Handlung, zugleich aber auch ein »bilateraler« Akt. Im Gebet begegnen sich der Geist Gottes und der Geist des Menschen. Wie auch immer wir das sprachlich darstellen wollen, nähern wir uns im Gebet der ultimativen Wirklichkeit, der übermenschlichen Dimension. Warum sonst wird es wohl praktiziert? Das Gebet ist also zugleich göttlich. Es übersteigt jegliche Endlichkeit.

Ein besonderes Merkmal des Gebets ist ebendiese Gleichzeitigkeit, d. h., Gott und Mensch handeln zur gleichen Zeit, was unter Umständen eine große Herausforderung darstellen kann. Jesus weist oft darauf hin, im Gebet auf Gott zu achten, und ernst zu nehmen, mit wem wir es da zu tun haben. Unser Beten soll sich nicht nach den Erwartungen unserer Mitmenschen richten, nicht ihnen haben wir zu gefallen. Sosehr uns die Kultur, in der wir leben, auch prägen mag, ist die Hinwendung zu Gott im Gebet doch das Wichtigste. Gleichzeitig mahnt uns Jesus auch, auf uns selbst zu achten, zu unserem wahren Selbst zu stehen. Denn wenn wir uns selbst im Gebet übergehen, wird es wertlos. Er ruft uns also auf, im Gebet sowohl auf Gott als auch auf uns selbst zu achten.

Wir alle wissen, dass es möglich ist, so zu beten, als ob *nur* der Mensch darin eine Rolle spielen würde. Wenn wir unser Gebet nur anhand dessen definieren, was wir tun (oder tun können), so schenkt das Gebet ein gewisses Sicherheitsgefühl. Im geistlichen Leben erscheint die Menschenzentriertheit nicht sofort als schädlich, vielmehr kann es sogar unser Selbstbild stärken. Im Gebet erleben wir möglicherweise, dass wir zumindest teilweise unsere Gottesbeziehung steuern können.

Allerdings schlägt das Pegel wieder zurück, wenn wir das Gefühl haben, dass alles nur von uns abhängt. Denn es kann passieren, dass die menschlichen Faktoren so weit in den Vordergrund treten, dass wir nach einer gewissen Zeit Gott im Gebet gar nicht mehr brauchen, denn es bleibt kein Raum mehr für ihn. Das menschenzentrierte Gebet fällt dann als Last auf uns zurück, das sich unterschiedlich ausprägen kann: vom vor Selbstvertrauen strotzenden Auftreten bis zur von Schuldbewusstsein geplagten Selbstverachtung. Wer meint, das Gebet sei zuallererst sein eigenes Handeln, dem vergeht bald die Lust zu beten. Wer sein Gebet an bestimmte Ausdrucksweisen oder Methoden bindet, »verliert« leicht seinen Gesprächspartner, Gott. Wenn das »Ergebnis« wirklich nur von uns abhängt, dann stellen wir uns früher oder später die Frage, warum wir eigentlich beten. Ist Gott nicht ein bloßes Trugbild für uns?

Für andere mag die Betonung der Allmacht Gottes als der »sichere Weg« gelten. Gott kann alles mit allen und zu jeder Zeit tun, alles hängt von ihm ab. Er bestimmt alles. Deshalb ist es das Beste, wenn all unsere Worte von ihm sprechen, ihn widerspiegeln, wenn wir uns nur mit ihm beschäftigen. Allerdings arbeitet diese Einseitigkeit wieder gegen das Gebet. Wenn unser Gebet so gottzentriert wird, dass wir selbst außen vor bleiben, dann ist es wieder kein Gebet. Und warum sollten jene beten, die sich selbst als Spielball des Schicksals erleben? Früher oder später müssen wir uns mit dieser Frage auseinandersetzen. Viele von uns, wie der berühmte englische Schriftsteller C. S. Lewis, ringen mit der Frage, ob unser menschliches Wort im Hinblick auf die Entwicklung der Wirklichkeit irgendeine Geltung habe.[2]

So erhaben unsere theologischen Ansichten über Gottes Zuwendung zu uns auch sein mögen, wenn wir uns nur als Schachfiguren fühlen und unsere menschliche Würde verloren geht, hören wir bald auf zu beten. Wesentlich in der Lehre Jesu ist die Notwendigkeit, die Rolle Gottes und des Menschen gleichermaßen wertzuschätzen, keine darf in den Hintergrund treten. Wer betet, achte auf sich selbst und auf Gott.

Was aber bedeutet das in der Praxis? Wie sieht der Beter aus, der seine menschliche Rolle so ernst nimmt, dass die Rolle Gottes dabei nicht verblasst? Diese Herausforderung des Gebets begleitet unser ganzes Leben.

Das Bild wird noch komplizierter

Im Gebet gibt es nicht nur die oben genannte Spannung zwischen der Rolle des Menschen und der Rolle Gottes. Es gibt auch noch ein anderes Gegensatzpaar. Schauen wir das nächste an.

Die Ausschließlichkeit gehört zur Hinwendung zu Gott. Wer betet, wendet sich nicht an irgendjemanden, sondern an Gott. Er erkennt damit an, dass das ganze All einen Herrn hat, der nicht beliebig, sondern Herrscher über alles, ein eifernd Liebender ist. Wer betet, bringt sich mit dem lebendigen Gott in Beziehung. *Es soll euch zuerst um Gottes Reich gehen,*[3] sagt Jesus zu seinen Jüngern. Demnach ist die »Pforte«, durch die wir Gott entgegengehen, eine ganz bestimmte Pforte, die eigene »Maße« und eine ganz spezifische Form hat. Der Bezugspunkt ist gegeben: Wir hängen von Gott ab und nicht umgekehrt.

Charakteristisch für das Gebet ist allerdings auch eine allumfassende Offenheit. Wer sich Gott zuwendet, unterstellt sich damit der Herrschaftsordnung Gottes, an dem alles Sein teilhat. Der betende Mensch kann sich nicht selbst aussuchen, mit welchen Dingen er sich konfrontieren will und mit welchen nicht. Wer sich Gott nähert, nähert sich allem, was Gott erhält: dem rauschenden Bach, der leise fliegenden Eule, der üppigen Weintraube und der wogenden Ähre. Er nähert sich jedoch auch der Schwere der Finsternis. Wer betet, nähert sich unweigerlich sich selbst und seiner persönlichen Vergangenheit, ja sogar den Mitmenschen und deren Schicksal. Im Gebet begegnen wir einer unendlich bunten Welt und werden in einen weiten Raum gestellt. Die erschaffene Welt kennt keinen Winkel, der sich der Reichweite des Gebets entzöge.

Jesus ist nicht wie der alte Prokrustes, dessen Gasthaus alle mit gleicher Länge verließen. Der Wirt der antiken Mythologie glich während der Nacht die Körpergröße seiner Gäste dem Bett an, das er ihnen anbot. Manche schnitt er zurecht, andere streckte er in die Länge: morgens waren sie alle gleich. Jesus schnitzt uns nicht einheitlich zurecht. Wenn wir zu seinem Vater beten, zwängen wir uns nicht in eine Musterform und ziehen uns keine Uniform an. Gottes Reich ist vielfältig und luftig. *Ich werde weiten Raum zum Leben haben, weil ich mich stets nach deiner Weisung richte,* singt der Psalmist (Ps 119,45).

Gleichzeitig kommen also Ausschließlichkeit und Weite zur Geltung. Das ist das zweite charakteristische Gegensatzpaar des Gebets. Wenn wir vor Gott stehen, stehen wir einerseits vor einem eifernd liebenden Gott, der selbst die Spielregeln aufstellt, und andererseits vor der unendlich mannigfaltigen Welt seiner Schöpfung. Unsere Aufmerksamkeit sollte also ungeteilt sein, ohne uns vor einem Teil unseres Lebens oder Umfeldes zu verschließen.

Eine enge Pforte führt in das Reich Gottes, doch ist die von ihm erschaffene Welt farbenreich, und ein weiter Raum erwartet uns jenseits dieser Pforte.

Endlichkeit und Ewigkeit

Im Gebet begegnen wir noch einem weiteren Gegensatzpaar: Unser Körper hat physische Grenzen, während unsere Seele grenzenlos ist. Das Gebet ist an Ort und Zeit gebunden. Ohne seinen Körper kann der Mensch nicht beten. Wer betet, nimmt seine Befindlichkeit, Bedürfnisse, Gefühle und Körperhaltung ernst. Gleichzeitig tritt er über sie hinaus, überschreitet alles Sichtbare und Wahrnehmbare, denn er will dem Vater und Schöpfer alles Geschaffenen nahekommen. Wer betet, dessen Seele setzt sich »in Bewegung«. Das Gebet ist nicht nur eine Bewegung des Körpers oder des Geistes, sondern auch der Seele. Im Gebet achten wir deshalb sowohl auf die unmittelbar wahrnehmbare »Schicht« unseres Seins, also auf die erfahrbare Endlichkeit (Stimmen, Gefühle, Wünsche, Überzeugungen), als auch auf die tiefere »Schicht«, auf die uns innewohnende Unendlichkeit.

Im Gewühl der Fragen

Angesichts all dieser Widersprüche können wir zu Recht die Frage stellen, was wir denn nun sicher über das Gebet wissen können.

Der Rat derer, die zu wissen glauben, was Gebet ist, macht uns die Sache nicht immer leichter. Denn manche behaupten, der Kern des Gebets sei die Suche nach der Wahrheit, andere sagen, das Gebet sei Fürbitte, wiederum andere behaupten, dass Gebet Selbstübergabe ist. Und alle haben irgendwie Recht.

Recht geben können wir denjenigen, die meinen, dass Gebet Suche ist. Quelle unserer menschlichen Würde ist, dass wir nach der ultimativen Wirklichkeit forschen dürfen. Alle Arten von Meditation und Reflexion können Ausdruck dieser vielfältigen Wege der Gottessuche sein, wie auch immer sie genannt werden.

Jedoch haben auch diejenigen Recht, die behaupten, Gebet sei Bitte. Wer von uns könnte die Notwendigkeit des fürbittenden Gebets infrage stellen? Viele von uns haben staunend erlebt, dass Gott eine Bitte erhörte, vielleicht sogar schon, bevor sie ihn zu bitten wagten. Es gibt erstaunliche Erfahrungsberichte über das beschenkende, heilende Wirken Gottes. Wer von uns könnte daran zweifeln, dass das fürbittende Gebet Bedürfnis und Privileg zugleich sei? Wie könnten wir unserer Abhängigkeit von Gott besser Ausdruck verleihen als durch unser bittendes Gebet?

Andere wiederum beteuern, dass das Wesen des Gebets die Selbstübergabe ist. Wir können Gott nur dann wahrhaftig erkennen, wenn wir uns selbst aufgeben und uns ganz und gar Gott überlassen. Die Vertreter des vertieften Gebets schlagen diesen einfachen Weg der Erkenntnis Gottes vor: Lassen wir zu, dass Gott in uns handeln darf. Dieses Gebet nennen wir Kontemplation. Unser ganzes Leben steuert darauf zu. Wenn wir in der Ewigkeit Gott von Angesicht zu Angesicht schauen werden, dann werden wir weder suchen noch bitten, sondern ihn nur fortwährend betrachten.

Alle drei Gebetsformen, die Meditation, das Bittgebet und die Kontemplation, haben ihre Berechtigung. Wer seit langer Zeit den Weg des Glaubens geht, spürt wahrscheinlich die Wichtigkeit aller drei Argumente.

Nun wirft aber gerade die Vielfalt der Formen des Gebets erneute Fragen auf. Die Orientierung fiele uns leichter, wenn wir wüssten, dass der eine Weg einen Irrweg darstellt, die anderen aber richtig sind. Wie sollen wir beten, wenn jeder Weg richtig ist? Dann müssen wir eine Entscheidung treffen, denn wir können nicht alle Wege zugleich beschreiten. In welche Richtung sollen wir denn gehen? Oder wäre es ratsamer, nichts anzustreben, sondern nur darauf zu achten, wie Gott auf uns wirkt?

Die Voraussetzung für das Lernen

Ich befürchte, dass derjenige, der vor diesen Dilemmata steht, verunsichert wird. Angesichts der oben beschriebenen »Anatomie« des Gebets kann es uns ergehen wie dem frischgebackenen Medizinstudenten, der nach der ersten Anatomievorlesung aus dem Vorlesungssaal taumelt und sich fragt, was er hier denn verloren hätte. Früher hatte ihn die Medizinwissenschaft fasziniert, jetzt fühlt er sich angesichts der Komplexität des menschlichen Körpers so verunsichert, dass er zu zweifeln beginnt, ob denn aus ihm jemals ein Arzt wird. Diese Verunsicherung schadet jedoch keineswegs. Genauso wie im Hinblick auf die Funktion des Körpers kann es auch im geistlichen Leben des Menschen nicht schaden, mit Respekt und nötiger Demut ans Lernen zu gehen. Man könnte auch sagen, dass die Ergriffenheit einen wichtigen Teil des Lernprozesses darstellt.

Der Weg des geistlichen Lebens ist zutiefst geheimnisvoll, auch wenn wir manchmal ungeduldig werden, weil wir ein Ergebnis sehen wollen. Diese Konfrontation ist äußerst wichtig, denn für Stümperei zahlen wir einen hohen Preis. Wenn wir angesichts der Komplexität des Gebets den Eindruck haben, dass uns alle Anhaltspunkte entgleiten, und unsere »wohl bewährten« Prinzipien bei der Navigation nicht mehr helfen, dann eröffnen sich uns neue Möglichkeiten. Wenn unsere starren Vorstellungen vom Gebet anfangen »auseinanderzubrechen« und wir das Gefühl haben, dass diese Wirklichkeit uns übersteigt, dann sind wir auf dem richtigen Weg.

Es gibt gar keinen besseren Ausgangspunkt für das Gebet als die Ahnung, gar nicht richtig beten zu können. Die grundlegende Voraussetzung für ein Wachstum im Gebet ist das innere Bewusstsein oder Gefühl, nicht zu wissen, wie man betet, verloren zu sein, Weisung zu brauchen. Jedoch sind es weniger grundsätzliche Ratschläge und Methoden, derer wir bedürfen, als vielmehr die persönliche Anleitung durch Menschen, die in den Geheimnissen der Seele bewandert sind und schon so manche Probe ausgestanden haben.

So können wir uns den Jüngern Jesu anschließen. Als die Jünger Jesus über das Gebet befragten, verhielten sie sich nicht wie

Schüler, die nur deshalb zum Unterricht kommen, weil sie »den Schein brauchen«. Ihre Bitte bricht aus der Tiefe ihrer Seele hervor: *Lehre uns beten!*

Solange wir die Frage einfach damit abtun, dass die eine Gebetsweise »gut« ist, die andere »schlecht«, dann machen wir uns die Sache sehr leicht. Das tun wir in den Anfangsjahren unseres Glaubenslebens. Wir wählen aus verschiedenen Gebetsweisen je nach unseren kirchlichen Traditionen und momentanen Bedürfnissen.

Nach einiger Zeit, wenn wir Einblick in die verschiedenen Aspekte des Gebets gewonnen haben, erwacht in uns das Interesse an neuen Gebetsformen – entweder, weil sie uns gerade beigebracht werden, oder gerade deshalb, weil sie uns nicht beigebracht wurden und sich ihr Fehlen bemerkbar macht –, denn früher oder später gelangen wir an einen Punkt, wo es uns nicht mehr reicht, die Ratschläge vorbildlicher Menschen unhinterfragt zu befolgen, und unser Interesse erwacht. Wie beziehen sich die verschiedenen Klangfarben des Gebets aufeinander? Wie können wir zwischen ihnen eine Verbindung entdecken? In welche Richtung sollen wir uns in unserem eigenen Gebetsleben bewegen? Wie können wir »gut« beten, wenn im Gebet Gott und Mensch miteinander in Beziehung treten, wenn wir in unserer Kleinheit der ganzen geschaffenen, ja sogar ungeschaffenen Welt begegnen, wenn im Gebet der Körper ebenso zählt wie die Seele, wenn Gebet zugleich Suche, Bitte und schlichte Selbstübergabe an Gott sein kann? Worauf sollen wir achten?

Diese und ähnliche Fragen, die tief in der Gott suchenden und betenden Seele der Jünger erwachen, lassen sie nicht nur zur Zeit des Evangeliums, sondern auch heute noch vor Jesus tragen mit der Bitte: *Lehre uns beten.* Wenn Jesus ihnen als Antwort Folgendes lehrt: *Wenn ihr betet, dann sprecht* …, dann spricht er zu Menschen, die bereit sind zu lernen.

Vater unser – nicht »mein Vater«

Es ist schon etwa 30 Jahre her, dass ich zum ersten Mal gebetet habe. In der christlichen Gemeinschaft, der ich mich damals angeschlossen hatte, fing das Gebet meistens mit diesen Worten an: »Mein himmlischer Vater ...« Bis dahin war ich Atheist und betete überhaupt nicht, deshalb machte ich mir diese Wendung zu eigen. Im Neuen Testament sah ich, dass Jesus Gott oft mit »mein Vater« ansprach.

Es dauerte fast zehn Jahre, bis mir auffiel, dass Jesus uns nicht lehrte, Gott »mein Vater« zu nennen, sondern »Vater unser«, im Plural also. Irgendwie hatte mich niemand darauf aufmerksam gemacht.

Die modernen Experten des Gemeinschaftslebens fordern oft dazu auf, unseren eigenen Standpunkt für unser Glück zu artikulieren. Geschäftsführern wird in teuren Trainings beigebracht, dass die initiative Selbstmitteilung, die Selbstbehauptung, die »Assertivität«, das wirklich gesunde Verhalten für den Menschen ist. Die Trainer helfen dabei, wie wir unsere eigenen Absichten und Gesichtspunkte in Wort und Tat zur Geltung bringen können und wie wir anstelle einer defensiven oder übergriffigen Haltung uns selbst und andere aus der Initiator-Rolle heraus betrachten können.

Jesus ruft uns im Gebet zu etwas ganz anderem auf. Die Gemeinschaft, in die ich durch das Gebet eintrete, wird grundsätzlich von anderen bestimmt. Wie bei einem Paar- oder Gruppenspiel sind die Regeln bereits vorgegeben, sodass mein Gebet im Wesentlichen aus Anpassung besteht.

Der Plural im *Vater unser* erinnert uns gerade an diese Gegebenheit. Mein Gesprächspartner, Gott, gehört nicht nur mir, sondern uns allen. Er ist unser Vater. Ich darf mich in das Gespräch zwischen Vater und Sohn sozusagen »von der Seite her« einklinken. Ich schließe mich einem Gespräch an, das schon im Gange ist, und zwar von Ewigkeit an.

Im Gespräch, in das Jesus mich hineinruft, ist meine Aufgabe nicht, das Thema zu bestimmen, sondern vielmehr den Gesprächsfaden aufzunehmen und weiterzuführen. Nicht ich bin das entscheidende Subjekt dieser Gemeinschaft, sondern andere, Jesus und der Heilige Geist, zusammen mit allen, die in der Gemeinschaft der Dreifaltigkeit leben und Gott so nennen: Vater »unser«. Meine Hauptaufgabe ist, die Spielregeln einzuhalten. Das heißt, der Gebetsrahmen wird uns »vorgegeben«.

Wenn Jesus uns beten lehrt, verwendet er eine andere Methode als die in der Schule und in den Kursen übliche. Bei Jesus zählt nicht die Aneignung von Kenntnissen oder die Anwendung von Grundsätzen, ja er gibt noch nicht einmal Muster vor, die wir kopieren könnten. Er lehrt uns, indem er uns in eine Gemeinschaft hineinruft.

Wer »Vater unser« sagt, wird selbst zum Kind

Da uns das Gebet in Beziehung bringt, definiert es uns neu. Wer betet, dessen Herz wendet sich an Gott und setzt sich einer Begegnung aus. Zumindest dessen Herz, der wirklich betet. Denn wie wir bereits gesehen haben, ist es möglich, so zu beten, dass der Mensch zwar mit gefalteten Händen und innerlichem Berührt-Sein von Gott redet, jedoch selbst dabei nicht anwesend ist. Wie der Pharisäer im Gleichnis, der »betet«, um bei anderen Eindruck zu schinden: Er betet zum Schein, seine Lippen bewegen sich, er spricht, aber nicht zu Gott. Jesus warnt uns davor, diesem Muster zu folgen. In seinen Augen ist ein solches »Gebet« Zeitverschwendung.

Wer wirklich betet, wendet sich Gott zu wie der Zöllner im Gleichnis. Dieser Mensch bleibt vor Gott nicht derselbe, der er früher war. Wie in jeder Begegnung zumindest teilweise Verwandlung geschieht, wenn wir uns jemandem zuwenden, jemandem nähern, so auch im Gebet. Wir beginnen die Welt und unser eigenes Leben ein bisschen aus seiner Perspektive zu betrachten.

Anfangs geschieht die Anrede Gottes als *Vater unser* bei vielen vielleicht ein wenig zaghaft, aus Ehrfurcht oder als Glaubensakt. Jesus hat es uns doch so gelehrt. Wir hoffen zwar, dass diese Wirklichkeit irgendwann wahrhaftig oder immer wahrhaftiger wird, tief im Herzen fühlen wir uns jedoch nicht wirklich als Kinder Gottes. Doch die Erfahrung der Gottesnähe geht nie spurlos an uns vorüber. Nach einiger Zeit bekennen wir uns nicht mehr nur aufgrund unserer Glaubensprinzipien als Kinder Gottes, sondern weil wir in eine solch tiefe Beziehung mit Gott eingehen können wie Jesus. Wir werden wahrhaftig zu Geschwistern des Gottessohns. Wie Petrus sagt, *können wir Anteil an seiner göttlichen Natur bekommen.*

In diesem Sinne schreibt der Apostel Paulus den frühen Gläubigen, dass Gott seinen Geist in unsere Seele ausgegossen hat, dass wir durch den Geist der Sohnschaft ausrufen können: *Abba!*, das heißt *Papa!*. Die Lehre Jesu sowie das Zeugnis der Apostel und der Urkirche beglaubigen, dass in der Gesellschaft Jesu wirklich die Stunde kommt, in der wir uns als Kinder Gottes sehen und fühlen dürfen, so wie Gott uns sieht. Wenn wir also Gott »unseren Vater« nennen, dann sprechen wir nicht nur von einer zukünftigen Beziehung, sondern pflegen eine bereits in uns sich entfaltende Identität als Kinder Gottes, die uns Gott zu »unserem Vater« macht.

Diese innigliche Nähe und die darin stattfindenden Veränderungen sind so wesentlich, dass die Christen der ersten Jahrhunderte, die Anhänger des Neuen Testaments, die Beziehung mit Gott als »Vereinigung« beschrieben. Wohl wissend, dass der Mensch immer Geschöpf und Gott immer der Schöpfer bleibt, bezeugten sie dennoch, dass in den Erlösten die göttliche und menschliche Natur so vereint werde wie in Jesus. Kyrill von Alexandrien folgert gar, dass wir in dieselbe Gottesbeziehung eintreten, in der Jesus zum Vater steht, wenn wir dem Aufruf Jesu folgen, Gott »unseren Vater« zu nennen.

Diese Veränderung ist eine wahrhaftige Verwandlung, eine Umwandlung, die die Tiefe unseres Wesens berührt. Die frühen Christen waren von dieser Verwandlung von den ersten Jahrhunderten an überzeugt und verkündeten sie: Jesus wurde Mensch, damit wir vergöttlicht werden. Er nahm unsere Menschlichkeit an, damit wir an seiner Göttlichkeit Anteil haben können.[4] Die Christen der ersten drei Jahrhunderte lebten noch vor den Diskussionen über die Dreifaltigkeit und bezeugten ganz einfach, dass derjenige, der an Gott glaubt, vergöttlicht wird, und zwar nicht nur im übertragenen Sinne, sondern wie der Apostel Johannes sagt: *Wir heißen Kinder Gottes und wir sind es* (1 Joh 3,1).

Wenn wir uns dem Gebet Jesu anschließen, werden wir in diese Selbstbestimmung hineingestellt. Die christliche Tradition behauptet nichts weniger, als dass Gott uns dazu beruft, Schwestern und Brüder Jesu zu sein. Somit lässt sich sagen, dass Ausgangspunkt und Ziel des Gebets eines jeden Menschen nicht der Mensch selber ist, sondern Jesus. Wenn Jesus uns beten lehrt, ruft er uns dazu auf, mit ihm eins zu werden und sein Gebet als unser eigenes zu beten.

Die Worte T. S. Eliots über die Aneignung des Gebets treffen auch auf diesen Spannungsbogen zu:

Was wir Anfang nennen, ist oft das Ende,
Und ein Ende machen heißt einen Anfang machen.
Das Ende ist unser Ausgang.[5]

I. Teil – Das Gebet als Suche: *der du bist im Himmel*

Das Gebet Jesu beginnt damit, dass wir lernen, uns dem anderen zuzuwenden. Das Gebet ist eine soziale Beziehung, deshalb bildet »der andere« einen wesentlichen Teil des Gebets. Es ist unerlässlich, denjenigen wahrzunehmen, zu dem wir beten, seine Würde in Betracht zu ziehen und sie zu achten. Ohne den anderen gibt es keine Gegenseitigkeit. Voraussetzung für die Erkenntnis des anderen ist seine Anerkennung.

In der Schule des Gebets ist jede Lehreinheit darauf ausgerichtet, den anderen – Gott – anzuerkennen und anzunehmen. Damit beschäftigt sich der erste Teil dieses Buches. Als Jesus seine Jünger in die Beziehung mit dem Vater hineinruft und sie bittet, sich seinem Gebet anzuschließen, indem sie es sich selbst zu eigen machen, fügt er gleich hinzu, wie dieser ist, zu dem er betet. Der Vater ist der *himmlische Vater*. Jemand, dessen Zuhause eine ganz andere Dimension ist. Wir dürfen ihn nicht mit unseren irdischen Vätern verwechseln noch mit irgendeinem Bewohner der erschaffenen Welt. Der *im Himmel* ist, ist anders als die, die auf Erden sind.

Verschiedene kirchliche Traditionen und Vertreter der Weltreligionen streben alle danach, diese ganz eigene »Dimension« der Wesenheit Gottes anzuerkennen. Die Protestanten versuchen dieser uns überragenden Welt damit die Ehre zu erweisen, dass sie deren Verschiedenheit von uns *umschreiben*. Die theologischen Schulen von Calvin und besonders von Barth betonen nachdrücklich die Weite, die Gott und den Menschen voneinander trennt und die von uns aus gesehen unüberbrückbar zu sein scheint. Jedoch ist die Beschreibung der furchtbaren Tiefe dieser Kluft noch kein Gebet. Das Gebet braucht die persönliche Anerkennung der Andersartigkeit Gottes. Darum, den Leser in dieser Gesinnung weiterzuführen, wird es im ersten Teils dieses Buches gehen.

1. Die Würde des Hörens: *Geheiligt werde dein Name*

Im Laufe des Gebets werden wir plötzlich Teil eines Gesprächs: Der Vater, Jesus und der Heilige Geist sprechen miteinander, zusammen mit all jenen, denen diese Würde zuteilgeworden ist, die Gott sozusagen dort »hineingeliebt« hat. Wir schließen uns diesem Gespräch »von der Seite aus« an. Durch die Barmherzigkeit Gottes bekommen wir Anteil an einem Geschehen, das bereits stattfindet.

Der Gesprächsfaden wird durch die göttliche Gemeinschaft vorgegeben. Unsere Rolle ist die der »kleineren Geschwister«. Wir müssen nichts anderes tun, als uns einzulassen auf die, die vor uns gekommen sind. Wir schließen uns ihrem Dialog an und richten uns danach, wie sich diese göttlichen Personen aufeinander beziehen. Ob wir seit einem Tag oder seit 80 Jahren beten – oder wie die Engel: von Ewigkeit an –, unsere Rolle ist immer sekundär. Das Alpha des Gebets ist das Gebet Jesu.

Die Beziehung zwischen Gott und Mensch ist ungleich: Der Kleinere richtet sich nach dem Größeren. Gott ist unendlich größer als wir, er übersteigt uns in allem. Von außen gesehen, könnte man meinen, dass unsere Rolle bei dieser Aufstellung bedeutungslos sei. Als ob die Bedeutungslosigkeit des Menschen Folge der Vorrangigkeit Gottes sei. Im Laufe der Jahrhunderte bot gerade diese Logik Nährboden für viele philosophische Spekulationen.

Einen Gesichtspunkt lässt diese Annäherung jedoch außer Acht. Wenn der Mensch Gott begegnet, ist es Gott, der *sich erniedrigt*. Er richtet sich nach uns. Jesus wurde ganz Mensch und passt sich seit jeher an uns an. Jedes Mal, wenn wir uns mit unseren Vorstellungen, Begriffen, Gefühlen und Größenordnungen ihm nähern – und seien wir realistisch, was könnten wir schon anderes tun –, dann gibt er dieser Beziehung eine Chance, indem er sich wieder ganz entäußert.

Er teilt uns in unserer Sprache mit, dass seine unendliche Dimension die Erfüllung unseres endlichen Lebens ist. Die Tatsache, dass wir um die Existenz Gottes überhaupt wissen dürfen, ist schon Zeichen seiner Demut. Gottes Liebe zu uns gibt den Anstoß und ermöglicht die gegenseitige Beziehung zwischen Gott und Mensch. Die Beziehung selbst ist ein großes Geheimnis. Ihre Quelle ist weder die Fähigkeit des Menschen noch sein Verstand, sondern allein die Liebe Gottes.

Die Andersartigkeit

Die Beziehung zu einer anderen Person können wir nur pflegen, wenn wir anerkennen, dass diese Person anders ist als wir, und wenn wir uns dementsprechend verhalten. Das ist zwar leicht zu verstehen, aber oft schwer zu leben. Seine Umsetzung verlangt Lernbereitschaft und eine bewusste Einstellung.

Die Bedeutung dieser Prämisse spüren wir besonders, wenn sie sich uns selbst gegenüber nicht erfüllt. Wenn jemand uns so begegnet, als wären wir nicht was Eigenes. Wir fühlen uns erniedrigt, wenn jemand in uns nur die Verwirklichung seiner eigenen Wünsche, einen potenziellen Käufer, die Bestätigung seiner eigenen Argumentation oder das Gegenargument eines anderen sieht, und uns als Person nicht respektiert. Dann haben wir den Eindruck, vom anderen nur benutzt zu werden. Denn wir sind mehr als nur die Verlängerung eines anderen. Wenn jemand uns als Projektionswand betrachtet, auf der er entweder sich selbst oder irgendjemanden zu sehen meint, fühlen wir uns wie Luft behandelt. Selbst, wenn wir dabei angeschaut werden und es um uns geht und unser Gegenüber wirklich meint, mit uns zu sprechen. Aber vergebens, wenn er sich keine Chance gibt, uns wirklich zu begegnen. Oft machen wir den Fehler, dass wir im anderen nur unser eigenes Bild ansprechen und daher nur uns selbst begegnen.

Für eine gegenseitige Beziehung braucht es viel mehr. Wer von anderen zu uns gebracht wird, ist anders als wir. Wir können ihm nur begegnen, wenn wir ihm »erlauben«, »anders« zu sein, anders, als wir ihn uns vorgestellt haben, das heißt, wenn wir seinem wahren Anderssein begegnen und seinem eigenen, von uns verschiedenen Profil Raum geben. Dazu braucht es eine grundsätzliche Offenheit.

Unsere Gespräche können nur dann zu offenen Begegnungen werden, in denen wir einander berühren und auf sinnvolle Weise bereichern, wenn wir die Voraussetzung erfüllen, dem anderen ohne Vorurteile zu begegnen. Nur wenn du ein leeres Gefäß bist, kannst du den anderen annehmen, wie er ist.

Wenn du offen bist und dich nicht an deine eigene Meinung klammerst, wirst du alles wie neu empfangen. Begegne dem anderen wie einem Musikstück. Folge der Melodie mit Aufmerksamkeit, ohne dir zu wünschen, dass die Töne so oder so seien. Lass dich auf sie ein, wie sie sind, nimm sie ohne Forderungen oder Erwartungen auf.[6]

Der Schlüssel jeder menschlichen Gemeinschaft ist die Anerkennung der Andersartigkeit unseres Gegenübers. Gott ist es, dessen Anderssein für uns ganz und gar unermesslich ist. Wenn wir Gott als »heilig« betrachten, erkennen wir damit seine unter uns existierende unendliche Andersartigkeit an. Der biblische Begriff der Heiligkeit meint genau das. Heiligkeit bedeutet Anderssein, den Inbegriff der Andersartigkeit. Die Heiligung des anderen ist das Zulassen seiner Heiligkeit. Nur der Heilige Geist kann uns dazu befähigen, die Unendlichkeit der Verschiedenheit des anderen zu erahnen. Die Gottesfurcht ist eine Annäherung, die wir im Bewusstsein dieser Andersartigkeit tun, wenn wir nicht nur sagen, sondern es auch wissen und spüren, dass Gott »anders« ist. Auf sachliche Weise kann man das nicht verstehen, nur mit einem heiligen »Erschaudern«.

Ähnlichkeit

Zwischen Gott und Mensch besteht jedoch nicht nur eine unendliche Andersartigkeit, sondern auch eine eigenartige Ähnlichkeit. Diese Ähnlichkeit ist kein bloßer menschlicher Wunschtraum, keine ins Universum projizierte Sehnsucht des Menschen.

Es gibt ideelle Strömungen, die die Ähnlichkeit zwischen Gott und Mensch vergessen oder gar leugnen. Die Bibel spricht jedoch ganz entschieden davon, dass zwischen Gott und Mensch eine außerordentliche Wesensverwandtschaft besteht: Gott hat uns nach seinem eigenen »Ebenbild«, ihm »ähnlich«, erschaffen. Die Bibel lehrt auch, dass diese Ebenbildlichkeit verletzt, fast bis zur Unkenntlichkeit entstellt wurde, als der Mensch anfing, Gott beiseitezulassen. Ganz ging sie jedoch nie verloren.[7]

Die Heilige Schrift bezieht sich an einer Stelle auf die von Gott fern lebenden Menschen, die jedoch im Tiefsten ihres Seins den Abdruck des Bildes Gottes in sich tragen. Im Buch Genesis, als Gott mit der Generation des Noah einen Bund schließt – also lange nach dem Sündenfall –, bestimmte Gott den Schutz des menschlichen Lebens genau darum, denn: *Als Abbild Gottes hat er den Menschen gemacht.* Das bedeutet, dass das Abbild Gottes im Menschen auch nach dem Sündenfall erhalten blieb. Beachtenswert ist, dass im moralischen Sinne dieses universelle göttliche Merkmal jeden dazu verpflichtet, einander ausnahmslos zu würdigen.

Im Neuen Testament spricht der Apostel Jakobus auf ähnliche Weise, als er im Zusammenhang mit der Wirkung einer Schimpfrede heraushebt, dass alle Menschen das Abbild Gottes in sich tragen. Dem anderen Menschen zu fluchen ist Sünde, da der Mitmensch immer Gottes Abbild in sich trägt und seinem Sein daher Respekt gebührt (Jak 3,9).

Das Tragen der Gottebenbildlichkeit verpflichtet jedoch nicht nur, sondern beschenkt uns auch, bietet uns eine Möglichkeit. Da wir auf irgendeine Weise Gott ähnlich sind, haben wir eine

Chance, ihn zu erkennen, ja ihn sogar zu berühren. Gottes Bildnis im Menschen funktioniert ähnlich wie ein Rezeptor, der uns wie eine »Antenne« befähigt, Gott zu erkennen. Gott selbst hat dafür gesorgt, dass wir immer die Fähigkeit beibehalten, ihn wahrzunehmen. In der Gebetspraxis bekommt diese Fähigkeit eine große Bedeutung.

Im Bewusstsein unserer Gottesähnlichkeit dürfen wir auf uns und auf Gott blicken wie auf Personen mit einer Fläche, auf der sich unsere Wesen berühren können. Der menschliche Geist und der Heilige Geist können miteinander in Verbindung treten, da sie irgendwo miteinander verwandt sind. Für den, der Gott im Gebet sucht, ist das eine Quelle unendlicher Ermutigung.[8]

Zwischen Gott und Mensch besteht also ebenso eine Ähnlichkeit wie eine Andersartigkeit. Beide Eigenschaften sind wahr – wahrer, als wir uns dessen bewusst sind –, und im Hinblick auf unser Gebet ist das von großer Bedeutung. Das Zugeständnis der Andersartigkeit ist genauso wichtig wie das der Ähnlichkeit.

Die Gottesfurcht, eine der bedeutendsten Grundsäulen der alttestamentlichen Geisteshaltung, ist nichts anderes als die Anerkennung der Distanz zwischen Gott und Mensch. Nicht nur begrifflich, sondern auch in unserer Einstellung und in unseren Empfindungen. Das Vertrauen in Gott, das sich vor allem im Neuen Testament stark abzeichnet, ist die Erfahrung der Nähe Gottes. In Bezug auf die Andersartigkeit und Nähe tendiert der Mensch dazu, nur eins von beiden zu betonen. So kann es zur Bestätigung einer kalten, fernen und unpersönlichen Gottheit kommen, die vor allem von Furcht gekennzeichnet ist. Wenn jemand nur die Ferne sieht, bleibt seine Gottesbeziehung nichts anderes als ein starres Autoritätsprinzip. Bei denen jedoch, die in ihrer Gottesbeziehung nur die innigliche, unmittelbare Familiarität hervorheben, verwischen sich leicht die Grenzen, und das Vertrauen verzerrt sich leicht zu einer unreifen Vertraulichkeit. Für das Gebet braucht es beides, die Gottesfurcht und die mit Gott erlebte Innigkeit. Nähe und Distanz bilden jenen Raum, in dem eine reife Beziehung zustande kommen kann. Eine wirklich gegenseitige Beziehung zwischen Mensch und Mensch sowie zwischen Mensch und Gott ist die Symbiose von Respekt und Vertrauen.

Der unaussprechlich Andere

Wenn uns Jesus beten lehrt, kennzeichnet er Gott als den, der im Himmel ist. Wenn wir anderen jemanden vorstellen, fügen wir auch oft seinen Wohnort oder seine Gemeinschaftszugehörigkeit an. Das ist Gisela aus Gries, aus dieser und jener Gemeinschaft; das ist Béla aus Debrecen, aus jener Familie. Jesus stellt uns Gott als *unseren Vater vor, der im Himmel ist.*

Der Himmel ist keine geografische Einheit, vielmehr eine – an keinen bestimmten Ort gebundene – Seinsqualität. Er ist jene Wirklichkeit, in der alles vom Anderssein Gottes bestimmt wird: »Dort« gibt Gott alle Spielregeln und Eigenheiten vor. Der »Himmel« ist weit von jener Lebenserfahrung entfernt, die von menschlicher Ichbezogenheit und Kränkung bestimmt wird. Er ist eine göttliche »Zone«, die von Gottes Reinheit, Licht und Unendlichkeit durchstrahlt ist.

Die frühen Christen waren sich der Andersartigkeit Gottes, die weit über unsere menschliche Welt hinausragt, so sehr bewusst, dass sie ungeniert von Gottes »Unbegreiflichkeit« zu sprechen wagten. Sie waren davon überzeugt, dass nur derjenige Gott kennenlernen kann, der weiß, dass er ihn nie begreifen wird. Denn Gott ist in sich so viel klarer und reiner, dass die uns bekannte Klarheit und Reinheit ihm gar nicht erst nahekommen kann. Gott können wir anhand seiner Taten und seiner Beziehung zu den Geschöpfen erkennen, sein »Wesen« bleibt jedoch vor unserem Auffassungsvermögen verborgen.

Die Urchristen meinten nicht, sich dafür entschuldigen zu müssen, dass der Gegenstand ihres Glaubens, der lebendige Gott, für sie nicht begreifbar ist. Gregor von Nyssa (und wenig später auch Dionysius der Areopagit) sprach in diesem Sinne von Mose, der auf dem Berg Horeb, an den Gott selbst ihn berufen hatte, sich Gott nähernd in die Wolke eintrat. Mose hatte keine andere Wahl, denn Gott wartete in der Wolke auf ihn, dort, wohin menschliche Wahrnehmung und Verstand nicht eindringen können: in die Wolke des Nichtwissens. Gott ist für den Menschen unbegreiflich, sein Licht ist für den Menschen ein »undurchdringliches Dämmerlicht«. Nur wer im Bewusstsein seines Nichtwissens vor ihm steht, kann Gott erkennen. Mose musste »hier« eintreten, um die Offenbarungen Gottes entgegenzunehmen.[9]

Wenn Gott sich an uns selbstzentrierte, in ihrer Wahrnehmung abgestumpfte und in die Endlichkeit eingeschlossene Menschen richtet, so tut er das nach unseren Maßstäben; auf unserer Ebene spricht er zu uns. Er vergibt uns unsere Schuld, geht taktvoll mit unserer Schwachheit um, rechnet mit unseren Wunden. Gott verhält sich zu uns wie eine Mutter zu ihrem Kind oder wie ein guter Pädagoge zu seinen Schülern: Nach und nach offenbart er sich uns in seinen Taten und in der Art und Weise, wie die Personen der Dreifaltigkeit sich aufeinander beziehen. Er lässt sich zu uns herab. Er gebraucht unsere Worte und lässt zu, dass wir ihn berühren und nach unseren Begriffen mit ihm in Beziehung treten, während er unsere Dimensionen weit übersteigt. Diese Betonung der Herablassung Gottes nannte die frühe orthodoxe Kirche »kataphatische« Theologie.

In unserer menschenorientierten Zeit wird jede Dienstleistung, jede Kommunikation, jeder Umstand und jedes Recht dem Menschen angepasst. Im Gebet bedürfen wir jedoch einer entgegengesetzten Bewegung: Gott ernst zu nehmen als den, der »anders« ist, damit wir uns seinem Wesen gemäß zu ihm verhalten können. Wie Jeremias sagte: *Nein, wer sich rühmen will, rühme sich dessen, dass er Einsicht hat und mich erkennt, dass er weiß: Ich, der Herr, bin es, der auf der Erde Gnade, Recht und Ge-*

rechtigkeit schafft. Denn an solchen Menschen habe ich Gefallen – Spruch des Herrn (Jer 9,23).

Gott »passt« nicht in unser Bezugssystem. Es bedarf der Anerkennung unserer Endlichkeit und Ausgeliefertheit, damit Gott sich uns offenbaren kann. Der Ausgangspunkt des Gebets kann nur die radikale Demut sein. Die passende Haltung dazu ist das Schweigen.

Warum fällt das Schweigen so schwer?

Jesaja lebte und wirkte vor fast 3000 Jahren in einem Umfeld, das unserem heutigen sehr ähnlich ist. Viele seiner Mitmenschen suchten mit ganzer Kraft wie die Menschen von heute die ultimative Wahrheit. Sie fasteten, organisierten Gebetsfeldzüge. Wir würden die vom Propheten beschriebene Wirklichkeit verkennen, wenn wir die Gottessuche der Menschen seiner Zeit geringschätzten. Denn Gott selbst beschreibt sie folgendermaßen: *Sie suchen mich Tag für Tag; denn sie wollen meine Wege erkennen* (Jes 58,2).

Irgendetwas stimmt dennoch nicht. Sie finden weder sich selbst noch Gott. Sie haben das Gefühl umherzuirren und dass ihr Gebet »wirkungslos« bleibt. Verzweifelt fragen sie: *Warum fasten wir und du siehst es nicht?*

Die Intensität ihrer Gottessuche erinnert uns an die Kurse über das geistliche Leben in unserer Zeit, in denen die Teilnehmer nach der Wahrheit streben. Dennoch scheint eine dicke Wand im Wege zu stehen. Zehntausende oder sogar mehrere Millionen von Menschen bleiben in dem Lebensgefühl stecken, Gott vergeblich zu suchen.

Jesajas Beurteilung dieser Situation zeigt unerwartete Zusammenhänge auf: Der Grund, weshalb wir den Kontakt mit Gott nicht finden können, ist nicht, weil wir Gott gleichgültig wären, sondern weil wir mit etwas anderem angefüllt sind. Wir leben in einem Zustand der Übersättigung. Die meisten von uns verbringen Jahre damit, ihr Leben mit allem möglichen Wissen, Handeln, Eigentum und Programmen anzureichern. So wurden wir »sozialisiert« – wie wir das heute nennen.

Das heißt überhaupt nicht, dass wir uns für den anderen Menschen oder für Gott nicht interessieren würden. Wir haben nur so viele Ideen und Gefühle, dass diese uns im wahrsten Sinne des Wortes überfluten. Unsere Welt, nicht nur die äußere, sondern auch die innere Welt ist zum Ersticken voll. So sehr sind wir mit uns selbst beschäftigt, dass für andere keine Aufmerksamkeit mehr bleibt, nur für uns selbst. Für die Pläne, den Willen und die Person des anderen bleibt einfach kein Raum, egal, ob nun von Gott oder Mensch die Rede ist. Alles, was von uns verschieden oder nicht verwertbar ist, verschwindet aus unserem Blickfeld, nehmen wir erst gar nicht wahr. Unser Lebensraum wird von den eigenen Bestrebungen erfüllt. Im Gebet ist das nicht anders. Den Namen Gottes gebrauchen wir auf dieselbe Weise wie den der Menschen. Wir ziehen unsere Listen, Sorgen oder Möglichkeiten hervor, stellen Programme auf, damit Gott die Welt nach diesen in Ordnung bringe. Außerhalb von uns hören wir kaum auf andere, das Wort des anderen findet bei uns kaum Gehör.

Ein Bekannter von mir ging eines Tages wegen Beziehungsproblemen zu einem Psychiater. Zu seiner Überraschung fragte ihn der Arzt, ob er denn manchmal still wäre. Er bejahte diese Frage. Oft würde er mit der Heiligen Schrift meditieren, für notleidende Menschen beten. Der Arzt beharrte auf seiner Frage, ob er denn manchmal einfach nur gedankenlos still wäre. Der Bekannte verstand die Frage nicht. Der Arzt sagte zu ihm, er solle das einmal nur für zwei Minuten ausprobieren. Nach zwei Minuten kam dieser darauf, dass er unfähig ist, auch nur für einen Moment ohne Gedanken, Sorgen oder Ideen in der Stille zu verweilen. Diese Erkenntnis berührte ihn sehr. Sie begann tief in ihm zu arbeiten: Wenn seine innere Welt ihn so sehr in Anspruch nahm, wenn er sich so intensiv mit sich selbst beschäftigte und seine Aktivitäten so viel Energie kosteten, dann brauchte er sich darüber nicht zu wundern, anderen, vor allem seiner Frau und seinen Kindern, keine Aufmerksamkeit mehr schenken zu können. Diese Erkenntnis führte ihn auf den *Weg des Schweigens.*

Der Weg der vom Lärm überladenen Seele ähnelt dem des vergifteten Organismus. Wer auf normale Weise atmet und sich ernährt, nimmt zwar giftige Substanzen in seinen Körper auf, jedoch nur in einer Proportion und Geschwindigkeit, mit der der Organismus sich auf natürliche Weise dieser Giftstoffe entledigen kann. Das Gift wird ununterbrochen abgebaut und entsorgt oder an einem geeigneten Ort in einer Konzentration gelagert, dass es unsere Gesundheit nicht beeinträchtigt. Unsere Leber, die das wichtigste Entgiftungsorgan ist, arbeitet kontinuierlich und unbemerkt im Hintergrund an der Entgiftung unseres Körpers. Solange die Ansammlung der Giftstoffe einen natürlichen Wert nicht überschreitet, vermag der Organismus das Gift unschädlich zu machen. Schaden entsteht nur dann, wenn der Wert der giftigen Substanzen so schnell ansteigt, dass die Entgiftungsprozesse nicht mehr Schritt halten können. In diesem übersättigten Zustand treten die Anzeichen einer Vergiftung auf. Es reicht eine kleine Dosis, und das Abwehrsystem fällt zusammen. Die meisten Menschen werden sich des ganzen Prozesses nur dann bewusst, wenn sie krank werden.

Auch bei einer übersättigten Seele kommt es zu einem Punkt, an dem sie nicht mehr fähig ist, mehr zu ertragen. Unsere Seele ist weder ein Mülleimer noch ein Korb, der alles schlucken kann. Ein Prediger sagte einmal ironisch: Wir wissen, dass in unsere Seele kein Müll gehört, denn wenn Gott uns als Mülltonne erschaffen hätte, hätte er sich darum gekümmert, uns einen Deckel zu geben – der fehlt jedoch, nicht wahr? Es kommt zu einem Punkt, bei dem das Maß an Lärm und Reizen so groß wird, dass unsere Seele nicht mehr imstande ist, mehr davon aufzunehmen oder zu neutralisieren. Der einzige Ausweg ist die »Bankrotterklärung«. Das ist der letzte Hilfeschrei der Seele. Die Seele schützt sich, indem sie sich verschließt. Selbst der Stimme Gottes gegenüber wird sie taub.

Es klingt zwar tragisch lächerlich, ist aber wahr: Ob in spirituellem, intellektuellem oder gefühlsmäßigem Sinn, in Hinblick auf Beziehungen, Dinge oder Finanzen scheint für den modernen Menschen die Übersättigung der Idealzustand zu sein. Schon von Kindesbeinen an wird uns beigebracht, unsere Wahrheit durchzusetzen und zu wachsen. Die moderne Technik macht sogar die Verwirklichung von früher unvorstellbaren Wünschen möglich. Auf einer Handvoll Datenträgern können wir eine ganze Bibliothek bei uns tragen. Unser Leben hat sich stark beschleunigt und wird von Tag zu Tag schneller.

Gleichzeitig wird jedoch alles aus uns verdrängt, was nicht wir selbst sind. Für den anderen – auch für den großgeschriebenen Anderen, Gott – bleibt in uns kein Raum (und keine Toleranz). Nur schwer kann der Mensch etwas mit dem anfangen, auf den er keinen Einfluss hat, der »anders« ist.

Alle Bestrebungen, die Welt zu gestalten, ohne den anderen in Betracht zu ziehen, sind jedoch absurd. Das lateinische Wort »surdus« bedeutet taub, völlig taub zu sein heißt »ab-surdus«, absurd. Obwohl heute als mutig gilt, wer mit diplomatischem Gespür die Andersheit der um ihn Lebenden eigenmächtig mit sich selbst verschmilzt, so ist die Wahrheit jedoch, dass wir gar nicht erst zu den Menschen passen, die uns umgeben, wenn wir nicht auf ihre Verschiedenheit achten und die Gültigkeit ihrer Andersartigkeit nicht gelten lassen. Ein solches Leben ist absurd!

Das bedeutet also, dass nicht die Ohren Gottes taub sind, sondern unsere. *Seht her, die Hand des Herrn ist nicht zu kurz, um zu helfen, sein Ohr ist nicht schwerhörig, sodass er nicht hört* (Jes 59,1). Wir müssen unser Gehör wiedererlangen.

Wir müssen wieder lernen, die Andersartigkeit des anderen zuzulassen, sie sogar in uns hineinzulassen, damit sie uns formen kann. Die Worte des Propheten Jesaja, der vor 3000 Jahren lebte, sind heute aktueller als die neueste Weisheit.

Ich hörte wie die Jünger

Jesaja lernte das Hören durch sein eigenes Ringen.[10] Den Ausweg aus der Welt der überfüllten und lärmenden Ichbezogenheit erwartete er nicht von der Veränderung der Welt, sondern suchte ihn in sich selbst. *Gott, der Herr, gab mir die Zunge eines Jüngers, damit ich verstehe, die Müden zu stärken durch ein aufmunterndes Wort. Jeden Morgen weckt er mein Ohr, damit ich auf ihn höre wie ein Jünger. Gott, der Herr, hat mir das Ohr geöffnet. Ich aber wehrte mich nicht und wich nicht zurück* (Jes 50,4f).

Durch das gehorsame Hören gelangte er zum Weg der Gotteskenntnis. Von hier aus erkannte er, dass die dicke Mauer zwischen Gott und seinem Volk nur dann verschwinden konnte, wenn die Menschen beginnen zu hören. Wenn durch das stille Lauschen der Lärm im Menschen abnimmt, wird er Gott hören und ihn kennenlernen.

Wahrscheinlich versuchte Gott nicht nur Jesaja in Israel aufzuwecken. Bestimmt rief er auch andere. Jedoch war er es, der aufstand, der jeden Morgen physisch aufstand und lauschte. Denn das Erkennen und das Kennen sind nicht dasselbe. Wer die Wahrheit erkennt, fühlt sich reich, und die Freude der Entdeckung erfüllt ihn. Das »Aha«-Erlebnis ist eine großartige Sache. Jede wirkliche Entdeckung hat etwas Mitreißendes. Im Eifer des Entdeckens erscheinen Selbstdisziplin und die Ausbildung von Gewohnheiten wie ein Klotz am Bein, wie gekünstelt. Um jedoch von der Erkenntnis zur Kenntnis zu gelangen, brauchen wir Selbstdisziplin. Der Weg des Hörens ist die konsequente und beharrliche Einübung des Schweigens.

Jesaja hätte der Einladung auch den Rücken kehren können. Denn er wusste, dass der Weg des Gehorsams beschwerlich ist. Wer sich an die Seite Gottes stellt, muss viel ertragen. Manche werden ihn abweisen, die meisten werden ihn nicht verstehen. Jesaja kehrte dennoch nicht um. Er hat sich darauf eingestellt, so zu hören, wie die Jünger ihren Meister hören. Damit stellte er sich gegen den Strom. Er hat beides, seine Gesinnung und seine Angewohnheiten, auf das Hören abgestimmt.

Der Preis des stillen Hörens

Für den an den inneren Lärm gewöhnten Menschen ist das Stillwerden ein schweres Unternehmen. Jeder, der von sich erwartet, binnen fünf oder zehn Minuten vom lärmenden Geplapper zum Schweigen zu wechseln, um sich einfach nur in die Stille »hineinfallen« zu lassen, sägt am eigenen Ast. Dieser wird nicht nur die Stille nicht finden, sondern nach den ersten fünf, zehn oder vielleicht zwanzig Minuten das ganze Vorhaben aufgeben.

Zu Beginn des Stillwerdens ist es ganz natürlich, dass eher der Lärm im Menschen zunimmt als die Stille. Wenn wir unserer inneren Welt begegnen, wird sie von der Wirklichkeit eingeholt, die oft lärmend und chaotisch ist. Ein inneres Aufgewühltsein ist dabei völlig in Ordnung. Klärung braucht ihre Zeit. Bei manchen ist diese Zeit kürzer, bei den meisten braucht dieser Prozess länger. Denn die Reinigung einer jahrelang andauernden Anhäufung braucht eben auch ihre Zeit.

Schwere Zeiten warten auf uns, wenn wir unsere zentrale Rolle aufgeben und bereit sind, all den Lärm hinter uns zu lassen, der im Grunde genommen nur der Lärm unserer Selbststeuerung ist. *Wir müssen durch viele Bedrängnisse in das Reich Gottes eingehen* (Apg 14,22). Es ist besser, diesem Prozess ins Auge zu sehen, denn der Idealismus arbeitet gegen uns und bereitet schon den Nährboden für den nächsten Misserfolg. Um in die Praxis des Hörens hineinzukommen, brauchen wir Entschlossenheit und ausdauernde Zielstrebigkeit.

Es ist verständlich, dass die meisten Menschen Angst haben vor der Stille sowie davor, dass sie mit sich selbst alleine bleiben. Wer ein bisschen Stille findet, versucht sie schnell wieder loszuwerden. Oft wird alles Mögliche unternommen, um die Geräuschflut wiederherzustellen: durch Unterhaltung, Beschäftigung, Selbstmitleid oder Redeschwall. Alles kommt uns gelegen, was nur die Stille überlagert.

Aber das ist nur am Anfang so. Wer diese Phase überwindet, in dem beginnt die Entschlackung und die Leere wird immer erträglicher. Allmählich ahnt er den Wert und Wohlgeschmack der Freiheit. Um bei dem biologischen Beispiel zu bleiben: Die erste Phase der Wiederherstellung ist die Entgiftung. Das ist keine angenehme Phase. Wenn dem Körper seine üblichen Angewohnheiten oder Genussmittel entzogen werden, ist das für ihn eine erschütternde Erfahrung, die der Organismus nicht als Gewinn, sondern eher als Schock erlebt. Bei Entzug der gewohnten Reize oder Genüsse entwickelt er Reaktionen wie bei Drogenabhängigen, die das Gefühl haben, diesen Entzug nicht aushalten zu können, ja daran zugrunde zu gehen oder dabei vernichtet zu werden. Diese »Entzugserscheinungen« funktionieren bei psychologischen Prozessen auch in ähnlicher Weise. Wenn der Mensch in biologischer, chemischer oder psychischer Abhängigkeit lebt, reagiert er instinktiv so, dass er die bislang »stützende« Wirkung wiederherstellen will. Auch wenn die frühere Angewohnheit schädigend war, hat der Mensch das Gefühl, ohne sie nicht leben zu können, sofern er sich einmal daran gewöhnt hat. Die erste Phase des Entzugs ist ein äußerst erschütternder Vorgang. Er verlangt Ausdauer und Verpflichtung sowie Verständnis und die Unterstützung von Freunden, damit wir nicht auf halber Strecke wieder umkehren.

Keiner kann uns die Mühsal des Schweigens abnehmen, wir können lediglich hineingerufen werden, daran teilzuhaben. Nur am eigenen Leib können wir erfahren, was es bedeutet, still vor Gott zu sein. Gerade deshalb ist für uns die Person des Jesaja so ermutigend, denn er spricht in erster Person Einzahl vom Weg des Hörens.

Höre!

Wenn wir uns auf den Weg des Hörens begeben und uns auf die dazu notwendigen radikalen Veränderungen einlassen, dann werden sich vor uns ganz neue Perspektiven eröffnen.

Im Alten Testament gibt es wohl kaum einen prägnanteren, provokativeren, umfassenderen und verheißungsvolleren Aufruf als den, der in der jüdischen Tradition »shema« genannt wird. Das hebräische Wort »shema« bedeutet so viel wie »höre, vernimm« und ist das Anfangswort des folgenden Satzes: *Höre, Israel: Höre, Israel! Jahwe, unser Gott, Jahwe ist einzig. Darum sollst du den Herrn, deinen Gott, lieben mit ganzem Herzen, mit ganzer Seele und mit ganzer Kraft (Dtn 6,4f).*

Das Hören kann durch nichts ersetzt werden. Nach der Heiligen Schrift nimmt der, der hört, nicht nur Schallwellen wahr, und achtet nicht nur auf die Schwingungen des Trommelfells und der kleinen Gehörknöchelchen. Wer Gott »hört« oder einen geschriebenen Text liest, vernimmt womöglich gar keinen hörbaren Ton. Er nimmt dabei den anderen auf und gibt ihm Raum.

Nur wer Gott demütig annimmt, kann ihn auch hören, nicht, wer viele Studien betreibt, große Erfolge erzielt, in ferne Länder reist oder gefährliche Initiationsriten besteht. Gott »hört«, wer dazu bereit ist, nach seinem Willen zu handeln. Hören bedeutet, den einzulassen, bei dem wir eine aktive Rolle spielen.[11]

»Geheiligt werde dein Name«

Der Aufruf: »höre!« entspricht im Gebet Jesu dem Wunsch: *geheiligt werde dein Name.* Zwar ist das eine ein Gebot für den Menschen, das andere eine Bitte an Gott, jedoch beschreiben beide dasselbe menschliche Erleben, sich für die Selbstoffenbarung des anderen zu öffnen. Wenn Jesus uns lehrt, unserem Vater *geheiligt werde dein Name* zu sagen, dann will er, dass der Vater hier und jetzt in uns Geltung bekommt. Er ruft uns, Gottes Heiligkeit in unserem Innern wirksam werden zu lassen.

Die Verbform »geheiligt *werde*« ist ein Passiv, das heißt, das Subjekt des Satzes ist nicht der betende Mensch. Nicht der Mensch macht den Namen Gottes heilig, sondern ein anderer. Diese Passivform wird im neutestamentlichen Griechisch auch »passivum divinum«, »göttliches Passiv«, genannt, denn Gott ist der verborgene Handelnde. Er führt diesen Vorgang aus. Gott vollbringt in unserem Wesen, dass sein Wesen mit seiner völligen Andersartigkeit uns durchdringt und verändert: dass sein Name in uns geheiligt werde, uns verwandle. Diese Veränderung beschreibt das Neue Testament häufig so, dass der Geist, der in uns wohnt, uns erfüllt oder in uns einzieht. Gott lässt auf dem Nährboden unseres Herzens die Andersartigkeit seines Namens wachsen und offenbar werden.

Hören und Teilnahme

Eine Aufnahmebereitschaft ist notwendig, damit Gottes Name in uns geheiligt werde. Nach der Heiligen Schrift gibt es keine andere Einstellung oder Handlung, die der Selbstoffenbarung Gottes angemessener wäre, als die des Hörens. Der primäre »Rezeptor« für die Aufnahme Gottes ist das »Ohr«.

Heutzutage spielt in der Kommunikation und Unterhaltung die Berührung, die visuelle Wahrnehmung oder die kognitive Erfassung eine herausragende Rolle. Wenn wir jemanden einladen, etwas aufzunehmen, sagen wir meist: »schau her!«, »erfasse es!« oder »sieh ein!«. Auch in der Bibel gibt es diese Aufforderungen, allerdings viel seltener. Dort dominiert das Hören. In der jüdisch-christlichen Tradition spielt das Hören eine zentrale Rolle. Es zieht sich wie ein roter Faden durch die ganze Geschichte des Volkes Gottes: Wenn Gott jemanden anspricht, appelliert er an sein Gehör. Wenn Gott dem Menschen näherkommt, sagt er zu ihm: *Höre!*

Der Vorrang des gehörten Wortes hat triftige Gründe. Die mündliche Weitergabe ging in der Entwicklung der Kulturen der schriftlichen Weitergabe voraus. Noch heute gründet das Geschichtsbewusstsein der afrikanischen Völker weitgehend auf die mündliche Erzählung, durch die alte Traditionen weitergegeben werden. Als die biblischen Geschichten niedergeschrieben wurden, kamen die meisten Adressaten durch das Hören mit der Botschaft in Berührung. Viele Jahrhunderte hindurch lernten die Menschen die Schrift nur durch das Vorlesen kennen. Erst der Buchdruck machte die schriftliche Bibel für sie leichter zugänglich; die größte Herausforderung besteht jedoch für die meisten Leser auch heute noch im Hören.

Denn wenn wir in der Bibel aufgefordert werden, das Wort zu hören, dann ruft sie uns dazu auf, die Geschichte hörend, die Akteure »anzukleiden« und sie mit unserer Vorstellungsgabe mit den notwendigen Eigenschaften auszustatten. Dadurch werden wir selbst zu Teilnehmern, denn unsere eigenen Erfahrungen und Gedankenverbindungen fließen in die Geschichte ein. Wenn wir das Wort einer Person lesen, treten wir mit ihr in Verbindung, setzen wir uns ihrer Wirkung aus. Wir werden entweder selbst zu Akteuren oder bleiben Zuschauer. Das »hörende« Lesen verlangt, dass wir die ahnungsvollen Hohlräume selbst ausfüllen, dass wir uns selbst den Duft der Blumen vorstellen und den Tonfall der diskutierenden Parteien – in uns – »heraushören«. Das vorgelesene »gehörte« Wort ruft uns zu einer aktiven Teilnahme.

Hören und Gehorsam

Wenn wir ein Wort in uns einlassen, begeben wir uns auf einen Weg. Wenn auch mit unsicheren, zaudernden Schritten machen wir uns auf den Weg zu einem Ziel. Dieser Schritt mag noch klein und anfänglich sein, vielleicht kennen wir noch nicht einmal das Ziel. Hören wir jemandem zu, dann setzen wir uns schon seiner Wirkung aus. Instinktiv ahnen wir, dass das Hören und das Auf-jemanden-Hören zusammengehören. Der Gehorsam ist der Spross des Hörens.

Echter Gehorsam baut auf das Hören. Dies ist die etymologische Wurzel des Wortes »Gehorsam«. Man könnte auch sagen, dass der Gehorsam die Verlängerung des Hörens sei. Jesus bewertet die einzelnen Taten als gut oder schlecht nicht bloß aufgrund ihrer edlen Absicht, denn selbst Handlungen, die edle Ziele verwirklichen – seien sie auch noch so leidenschaftlich ausgeführt –, sind in sich noch kein Hinweis auf Gehorsam, denn sie können genauso ein Zeichen von Zwanghaftigkeit oder Angst sein. Selbst große Opferbereitschaft stellt an sich noch keinen Wert oder keine Garantie dar: *Siehe, Gehorsam ist besser als Opfer* (1 Sam 15,22).

Nach den Worten Jesu zu urteilen, baut derjenige sein Haus auf sicheren Grund, der seine Worte hört und in die Tat umsetzt (vgl. Lk 6,47f). Beide sind Teile derselben Bewegung. Die wahren Geschwister Jesu sind diejenigen, die sein Wort *hören und danach handeln.* Während einer seiner Reden rief eine Frau aus der Menge ihm zu: *Selig die Frau, deren Leib dich getragen und deren Brust dich genährt hat.* Aber Jesus erwiderte ihr:«*Selig sind vielmehr die, die das Wort Gottes hören und es befolgen* (Lk 11,28). Demnach gründen unser Glück und unsere Sicherheit im Erlernen des Hörens. So können wir uns wahrlich selbst verwirklichen und zu Geschwistern Jesu werden.

Nicht jedes Ohr hört

Als eine eigentümliche Schwierigkeit erfahren wir, dass wir manche Dinge einfach nicht hören. Wir hören sie wirklich nicht.

Dinge können an unserem Ohr vorbeigehen, ohne dass wir uns daran erinnern, sie überhaupt gehört zu haben.

Wir haben eine raffinierte Begabung entwickelt. Diese Begabung ist so fein, dass wir uns mit der Zeit selbst übers Ohr hauen können. Wir könnten das »selektives Hören« nennen: Was unsere Psyche als irrelevant beurteilt, wird von unserem Gehirn erst gar nicht erfasst. Diese Begabung wirkt zeitweise sehr positiv, zum Beispiel beim Lernen. Wenn wir lernen, wählt unser Gehirn aus der Menge des Gelesenen und Gehörten das Wenige aus, was es als notwendig erachtet. Das wird gespeichert, alles andere wird verworfen. Wer zu diesem Auswahlverfahren nicht fähig ist, wer jede Wirkung in sich eindringen lässt und bewahrt, wird von so vielen Reizen und von so vielen Informationen überflutet, dass er unfähig wird, überhaupt etwas zu lernen. Das selektive Hören ist ein Geschenk Gottes. Wir können unser selektives Hören dazu verwenden, das Böse herauszufiltern und das Edle, Schöne und Wahre hineinzulassen.

Jedoch gebrauchen wir diese Begabung auch für etwas anderes. Und so unbewusst dieser Vorgang auch scheinen mag, ist es keine Übertreibung zu behaupten, dass wir sie »gebrauchen«, um bestimmte Ziele damit zu verfolgen. Wenn meine Frau mich um etwas bittet, wozu ich meine aktuelle Beschäftigung beiseitelegen müsste, um mich auf etwas anderes zu konzentrieren, oder sie mir etwas mitteilt, was nicht in das Bild der mich soeben beschäftigenden Aufgaben passt, kann das physisch Gehörte womöglich nicht in die Tiefe gelangen, von mir nicht »registriert« werden. Wenn sie dann einen Tag oder auch nur eine Stunde später die Sache wieder anspricht, dann antworte ich ihr aufrichtig und mit reinstem Gewissen: »Das habe ich nicht gehört. Davon hast du mir nichts gesagt.« Würde mir das während eines Behördengangs in einem Büro passieren, dann würde ich die Angelegenheit damit abschließen, dass ich im Recht bin und der Sachbearbeiter einen Fehler gemacht hat. Nur geht es hier um meine Frau und deshalb kann ich diese Sache nicht so einfach abschließen, denn in den letzten 20 Jahren habe ich sie gut genug kennengelernt, um zu wissen, dass sie im Recht ist.

Was ist also wirklich geschehen? Habe ich nun etwas gehört oder nicht? Der menschliche Verstand ist trickreich. Mein »Radarsystem« hat das an mich adressierte Wort gefiltert. Zwar habe ich es laut meinem Gedächtnis nicht gehört und mein erster und völlig überzeugter Gedanke ist, »ich habe das gar nicht gehört«, dennoch kann es sich lohnen, in Betracht zu ziehen, dass ich mich getäuscht habe. Wenn so etwas passiert, stellt unser Gehirn »Wächter« an den Eingang. Der Befehl lautet, wenn auch unbewusst: »Wenn eine Stimme kommt, die zu unangenehm wäre oder zu viel Kraft kosten würde, dann haltet sie fest und vernichtet sie!«, damit sich unser Gehirn nicht damit auseinandersetzen muss. Diese Wirkung wehrt nicht nur die Aufarbeitung der Botschaft ab, sondern auch ihre Speicherung.

Die Selbsttäuschung hat ein großes Arsenal. Manchmal sagen wir, dass wir nicht richtig hören, weil »wir nicht aus diesem Holz geschnitzt sind« oder weil unsere Psyche, unser Temperament, unsere Lebensgeschichte, unsere Berufung so ist, wie sie ist, oder weil seelische Verletzungen uns dazu veranlassen. »Ich bin kein kontemplativer Typ«, »Ich kann nicht so viel schweigen«.

Jesus und die Propheten lassen uns, was das Hören betrifft, nicht im Ungefähren. Trotz der Tatsache, dass unser Trommelfell, unsere Gehörknöchelchen und unser Nervensystem gesund sind, kann es passieren, dass wir nicht hören, was Gott uns sagen will. Hinter der Filterung des Wortes Gottes steht ein »Herz aus Stein«, ein Herz, das sich mit der harten Rinde der Gefühllosigkeit schützend umgibt.

Entrümpelung

Was könnte also der Ausweg sein? Wer zu horchen beginnt, überlässt anderen seinen Platz. Er selbst wird kleiner, stellt seine

Ambitionen beiseite, hängt seine Fragen an den Nagel, ja führt sogar seine Gedankengänge nicht zu Ende – er gibt sein Ziel der Selbstkontrolle auf und lenkt seine Aufmerksamkeit ganz auf den Anderen.

Die Wüstenväter des 4. Jahrhunderts n. Chr. betrachteten diesen Vorgang in der Stille als ein Erbrechen des falschen Selbst. Der Mensch speit sein selbstbezogenes, eingefleischtes, illusorisches Ego aus. Kein Wunder also, dass das Schweigen schwerfällt. Das Schweigen dient nicht unserer Bereicherung. Vielmehr gleicht es einem großen Frühjahrsputz. Wer putzt, der reinigt, sortiert und wirft weg, damit sein Zuhause sauber und aufnahmebereit wird.

Wir schweigen deshalb nicht, weil wir zu sehr mit uns selbst beschäftigt sind: Wir wollen hören. Um jeden Preis wollen wir etwas mitbekommen. Wenn wir auf dem Hören beharren, dann halten wir daran fest, was wir haben oder was wir noch erhalten oder erfassen wollen. In diesem Sinne kann das Hören immer noch ein Kreisen um sich selbst sein.

Das Wesen des Stillwerdens ist das Loslassen, das Überlassen. Schweigen dient nicht uns selbst, vielmehr lenkt es unsere Aufmerksamkeit auf den Anderen. Das ist der negierende Aspekt des Schweigens.

Der positive Aspekt des Schweigens ist das Achten auf den Anderen, seine Aufnahme und das ihn-zur-Geltung-kommen-Lassen in meinem Leben. Wie dies verwirklicht werden kann und welche Schritte dazu nötig sind, werden wir in den nächsten Kapiteln sehen. Hier möchten wir nur darauf eingehen, was unsere Aufgabe bezüglich unserer selbst ist.

Umkehr

Wenn Gott mit den Menschen in Kontakt treten will, wendet er sich an sie mit folgenden Worten: *Wer Ohren hat, der höre, was der Geist den Gemeinden sagt!* (Offb 2,11).

Wer wieder zur Besinnung kommt und hören oder vernehmen möchte, was der Geist ihm zu sagen hat, dessen Gebet gleicht dem Gebet der schottischen Iona-Gemeinde. Es ist ein Gebet der Bekehrung, dem wir uns alle anschließen können, die das Schweigen bislang nicht oder nicht genügend ernst genommen haben, jedoch jetzt dazu bereit sind:

Gott aller Zeit,
verzeih uns unsere Pseudoaktivitäten,
die wir nur darum erschaffen,
um wichtig zu erscheinen;
unsere Beschäftigungen,
die wir nur darum erfinden,
damit wir uns von uns selbst fernhalten;
unsere Geschäftigkeit,
die wir hasserfüllt tun,
weil wir Angst haben,
stillzuhalten und allein zu sein
oder gar Dir zu begegnen.[12]

Dickichtrodung

Wer das Hören nach dem »Alles-oder-nichts-Prinzip« beurteilt, bringt sich selbst zu Fall. Der naive Glaube, dass wir das Stillsein leicht und schnell erlernen werden, ist bei diesem Lernvorgang kontraproduktiv. Es braucht Zeit, es in uns auszubilden.

Die Praxis des Hörens gleicht der Dickichtrodung. Wenn uns bei einem Ausflug am Ziel angelangt hohes Gras und Dickicht die Aussicht verdecken, werden wir leicht verstimmt. Wenn wir aber daran glauben, dass dahinter noch etwas sein muss, dann werden wir uns an die Arbeit machen, das Dickicht zu lichten. Zwar können uns die Zweige dabei verletzen, wenn wir jedoch am Glauben an die schöne Aussicht festhalten und unsere Arbeit fortsetzen, auch wenn sie anfangs sinnlos zu sein scheint, werden wir nach einer Weile die Frucht unserer Mühe sehen.

Ähnlich wie bei der Dickichtrodung können wir, wenn wir mit Ausdauer an unserer Reinigungsarbeit dranbleiben, im Zuge des betenden Hörens auch der Wirklichkeit Schritt für Schritt näherkommen. Mit der Zeit können wir durch das Gestrüpp hindurchsehen, und die hinter dem Dickicht verborgene Gegend lichtet sich. Vor uns erschließen sich sanfte Hügel und Wiesen sowie das Tal des Baches. Es eröffnet sich vor uns eine Aussicht, die wir uns nie zu träumen wagten. Wenn wir beginnen stillzuhalten, sehen wir meist nichts anderes als erschütternde Gefühle und wirre Gedanken. Vielleicht haben wir sogar den Eindruck, dass diese uns so sehr überfluten, dass wir keine Stille mehr finden. Wenn wir jetzt nicht daran festhalten, dass hinter alldem etwas anderes auf uns wartet, können wir unser Vorhaben leicht aufgeben.

Aber geben wir nicht auf! Für ein langes, ausdauerndes und treues Hören müssen wir ermessen, was uns erwartet. Der Weg des Schweigens besteht nicht nur aus einem Schritt, sondern ist eine lange Folge vieler Schritte. Wenn sich die Wirklichkeit vor uns auftut, wird der Wert des Schweigens offenbar: Gottes mächtige, liebende Wirklichkeit, voller Leben. Dort sind die Heimat des Friedens und die Kraft der Liebe, zu der wir alle streben. *In der biblischen Religion ist das Schweigen die Form, durch die der Mensch die Offenbarung Gottes ins Leben übertragen kann.*[13]

Den Weg der Gerechten können wir nicht mit einem Zauberschlag antreten. Für diese Umstellung müssen wir uns Zeit lassen. *Doch der Pfad der Gerechten ist wie das Licht am Morgen; es wird immer heller bis zum vollen Tag* (Spr 4,18).

2. Wenn wir Gäste willkommen heißen: *Dein Reich komme*

Bislang ging es darum, dass wir Gott nur in einer Weise näherkommen können, die seiner würdig ist, die seine Andersartigkeit akzeptiert. Jetzt wollen wir einen Schritt weitergehen. In einem der bedeutendsten Bereiche unseres Lebens, nämlich in unseren Beziehungen, nehmen wir nun Gottes Herrschaft unter die Lupe. Wir untersuchen, wie wir die Offenbarung Gottes erspüren können, während wir einander begegnen. Denn wenn Jesus uns lehrt, mit den Worten »Dein Reich komme« zu beten, dann ruft er uns dazu auf, Gottes Herrschaft anzuerkennen und in uns und unter uns aufzunehmen.

Das Schweigen als geistliche Übung

Es gibt nur eine einzige »Lebenskunde« des Schweigens, ganz gleich, wem gegenüber es praktiziert wird. Die Aufmerksamkeit und das Hören auf Gott sind keine lebensfremden Tätigkeiten, sondern ein normales menschliches Verhalten. Wer darin reift, seinen Mitmenschen zuzuhören, kommt auch im Hören Gottes weiter.

Unsere Hinwendung zueinander und zu Gott läuft nicht nur parallel, sondern ist ein beiderseitiges Geschehen. Jesus wies auf diese Verflechtung hin, als er zu seinen Jüngern sagte: *Wer euch hört, der hört mich, und wer euch ablehnt, der lehnt mich ab* (Lk 10,16a) Genauso, wie wir uns auf unsere Mitmenschen beziehen, so beziehen wir uns auch auf Jesus. Diese Wirkung ist wechselseitig und zusammen wahr.

Auf diese Weise wird das Hören zu einer »sakralen« Handlung. Gott kann sich überall und durch alles mitteilen und tut das auch. An bestimmten Orten oder durch gewisse Taten ist seine Selbstmitteilung besonders intensiv. Ein solcher »sakraler Ort« sind zwischenmenschliche Beziehungen. Es ist Gottes eigentümliche Entscheidung, sich durch Menschen kundzutun.[14]

Nach dem Bericht der Genesis (Gen 18–19) kamen eines Tages Leute bei Abraham zu Besuch. Drei Männer besuchten das Zelt des Patriarchen. Es waren gewöhnliche Leute, die hungrig und mit staubigen Füßen ankamen. Abraham veranlasste sofort, dass sie ihre Füße wuschen und ein Mittagsmahl zu sich nahmen. Er handelte selbstverständlich, wie jemand, der das nicht zum ersten Mal tut. Er verhielt sich seinen Gästen gegenüber, wie man alle Reisenden in der östlichen Welt zu behandeln pflegte. Danach begannen sie, sich am Baumstamm von Mamre zu unterhalten.

Der Bibelleser erkennt sofort, worüber Abraham kein Wort verliert – und wir wissen nicht einmal, wann er sich dessen gewahr wird –, dass in den Personen seiner Gäste Gott selbst zu Besuch kam. Die göttliche Wirklichkeit kleidete sich in die Wirklichkeit der alltäglichen Endlichkeit: Die drei staubigen und hungrigen Männer waren Engel Gottes. Gott offenbarte sich hier nicht durch eine besondere spirituelle Erfahrung oder durch ein übernatürliches Ereignis, sondern durch die Alltäglichkeit dieser Reisenden.

Viele Jahrhunderte später beschäftigte diese Geschichte Rubljov so sehr, dass er diese Szenerie für seine Ikone wählte, die in der östlichen Kirche bald zur bekanntesten Ikone wurde. Das Verhalten Abrahams in der biblischen Geschichte sowie die Überschrift der Ikone, »Dreifaltigkeit«, weisen darauf hin, dass das Anhören der Gesandten zugleich ein Hören auf Gott ist. Für Abraham sind das nicht zwei verschiedene Besuche, sondern ein und derselbe Besuch. Abraham schenkt nicht zuerst seinen Gästen Gehör und später Gott, sondern er führt ein einziges Gespräch: Er erkennt in seinen profanen Reisenden den lebendigen Gott und erweist ihm die Ehre. Seine Tischgesellschaft ist die Gemeinschaft des Vaters, des Sohnes und des Heiligen Geistes.

Im neuen Testament kennen wir eine Geschichte, die das Gegenstück des Besuchs bei Abraham darstellt. 2000 Jahre später sind zwei Jünger auf dem Weg nach Emmaus. Auch sie unterhalten sich, sie sprechen über die Ereignisse der letzten Tage, über die Auslieferung und Hinrichtung Jesu. Viele Gefühle toben wahrscheinlich in ihnen. Kopfschüttelnd rufen sie sich die Geschehnisse der letzten Tage in Erinnerung. Eben noch schien alles darauf zu deuten, dass Jesus Ordnung in die Welt bringen würde. Die Jünger waren voll Zuversicht, sie meinten, geschichtsträchtige Zeiten zu erleben. Doch nun ist ihre Begeisterung dahin, ihre Träume sind zerflossen. Alles scheint umsonst gewesen zu sein. *Wir aber hatten gehofft, dass er der sei, der Israel erlösen werde.* Doch Jesus ist tot.

Man könnte meinen, die Jünger von Emmaus wären mit Jesus beschäftigt gewesen. Aber der Schein trügt. Im Vorfeld ihrer Gedanken standen sie selbst. Sie hatten solche Sehnsucht nach Jesus, sie waren so enttäuscht und allein, dass Jesus, der sich zu ihnen gesellte, für sie nur ein weiterer Reisender zu sein schien, wie sie selbst. Ihre Gedanken, Gefühle und Bedürfnisse füllten ihren Horizont so aus, dass sie unfähig waren, irgendetwas anderes wahrzunehmen. So sehr waren sie mit sich selbst beschäftigt, dass ihre Suche nach Jesus den wahren Jesus nicht erkennen ließ. Sie achteten nur darauf, ob der Mann an ihrer Seite ihnen zuhörte oder nicht. Sie verwickelten ihn in ein Gespräch, da er ihnen gegenüber Mitgefühl zeigte, und genau nach diesem Mitgefühl verlangten sie so sehr.

Welche Ironie und welcher Gegensatz: Abraham erkannte in den Reisenden den lebendigen Gott und nahm ihn bei sich auf, doch die Jünger des Messias erkannten ihn noch nicht einmal in Jesus.

Gott besucht den Menschen – »inkognito«. Manchmal kommt er uns in unseren Mitmenschen nah, oftmals auf ganz schlichte, natürliche Weise. Deshalb sagt der Verfasser des Hebräerbriefes: *Vergesst die Gastfreundschaft nicht; denn durch sie haben einige, ohne es zu ahnen, Engel beherbergt* (Hebr 13,2). Verzichten wir also besser darauf, von der Person unserer Besucher abhängig zu machen, in wem wir nun den Gesandten Gottes bei uns aufnehmen.

Man könnte dem entgegenhalten: Abraham hatte es doch leicht, denn seine Gäste waren Engel, wir hingegen haben es nur mit Menschen zu tun. Doch waren Abrahams »Engel« weder Geister noch Ehre bringende Lichtwesen. Sie waren die Verkünder von Gottes Gericht. Nicht ihr Aussehen verlieh ihnen ihre Identität, sondern der, der sie gesandt hat. Wenn wir uns nur uns selbst zuwenden, kann es sein, dass Gott uns aufsucht, ohne dass wir eine Ahnung davon haben. Wenn wir uns jedoch Gott zuwenden, dann können wir sogar in Wanderern den Unsichtbaren erkennen. Diese »Form« der Selbstoffenbarung Gottes ist riskant. Dennoch teilt er sich uns oft durch unsere Mitmenschen mit, vor allem durch die geringen, übergangenen und alltäglichen Menschen.

Jesus wendet seine Aufmerksamkeit bevorzugt Kindern, Kranken, Fremden, Waisen, Witwen und Armen zu, also allen, die von der Gesellschaft geringgeschätzt oder ausgegrenzt wurden. Mit Vorliebe identifizierte er sich mit ihnen: *Wer dieses Kind um meinetwillen aufnimmt, der nimmt mich auf* (Lk 9,48). In seinen Parabeln und Lehren ruft er uns dazu auf, ihn in den *Ausgestoßenen* zu suchen:

Dann werden ihm die Gerechten antworten: Herr, wann haben wir dich hungrig gesehen und dir zu essen gegeben, oder durstig und dir zu trinken gegeben? Und wann haben wir dich fremd und obdachlos gesehen und aufgenommen, oder nackt und dir Kleidung gegeben? … Darauf wird der König ihnen antworten: Amen, ich sage euch: Was ihr für einen meiner geringsten Brüder getan habt, das habt ihr mir getan.

Dann wird er sich auch an die auf der linken Seite wenden und zu ihnen sagen: Weg von mir, ihr Verfluchten … Denn ich war hungrig und ihr habt mir nichts zu essen gegeben; ich war durstig und ihr habt mir nichts zu trinken gegeben; ich war fremd und obdachlos und ihr habt mich nicht aufgenommen ... Dann werden auch sie antworten: Herr, wann haben wir dich hungrig oder durstig oder obdachlos gesehen ... und haben dir nicht geholfen? Darauf wird er ihnen antworten: Amen, ich sage euch: Was ihr für einen dieser Geringsten nicht getan habt, das habt ihr auch mir nicht getan (Mt 25,31–35).

Jesus setzt sich mit unseren Mitmenschen so sehr gleich, dass er alles, was wir uns gegenseitig antun, an sich selbst erfährt.

Die Liebe lockt aus dem anderen das Beste hervor

Wir haben es uns angewöhnt, uns einander »ohne Gesicht« zu zeigen und zu sehen, ohne eigene Würde oder individuelle Eigenschaften. Wenn uns jemand seine Wertschätzung entgegenbringt und uns Würde verleiht, werden wir wie jemand, der aus einem langen und furchtbaren Alptraum aufwacht. Als hörten wir eine Melodie, die wir schon früher irgendwann einmal gehört haben. Wenn jemand diesen inneren Menschen in uns anspricht, den wir selbst vielleicht schon gar nicht mehr anzusprechen pflegen, dann dämmert uns, dass wir vielleicht mehr sind als nur Verbraucher, Klienten, Kollegen, Studenten oder Käufer, also all die Rollen, die andere uns zuteilen. Tatsächlich wohnt in uns ein wertvoller, gar geheimnisvoller Mensch, der trotz aller Last und Plagerei reich ist. Ja, womöglich lebt in uns wirklich die schon fast vergessene und ganz klein geschrumpfte Würde, die durch die Stimme der Liebe in uns angesprochen wird. Ja, vielleicht gibt es über die Box, in die wir hineingesteckt wurden, die Herkunft, die Niederlage, den Erfolg, den Status oder die Erwartung hinaus noch etwas anderes in uns: einen ganz eigenen Geist. Vielleicht bin mein wahres Ich wirklich ich selbst.

Auf die Frequenz der Liebe räsoniert unser besseres Selbst. Wenn wir, ermutigt vom Apostel, den anderen »höher« schätzen als uns selbst – und genau das geschieht bei jedem Zuhören –, dann setzen wir unseren Mitmenschen frei und ermöglichen ihm, aus den Schablonen herauszutreten und zu werden, wie er sich selbst vielleicht kaum kennt. Durch die annehmende Liebe kann im anderen eine Kraft frei werden, die ihn befähigt, anstelle seines armseligen Abklatsches sein wahres, von Gott geschaffenes Selbst zu leben.

Die Geburt des erhörten Menschen

Laut einer alten Geschichte lieferten sich Wind und Sonne einen Wettstreit, wer den Menschen schneller dazu zu bringen würde, seinen Mantel auszuziehen. Der Wind sagte: »Ich werde den Menschen so heftig anblasen, dass ich ihm all seine Gewänder von seinem Leib herunterreiße.« Er ging auf die Straße, nahm einen Menschen ins Visier, der sogleich begann, seinen Mantel enger um sich zu gürten. Der Wind zerrte mit ganzer Kraft an seinem Gewand. Der Mann fiel hin und klammerte sich umso stärker an seinen Mantel. Darauf entgegnete die Sonne nur ganz leise: »Ich strahle ihn an und erwärme ihn.« Der Mann zog daraufhin seinen Mantel aus, legte ihn um seinen Arm und setzte so seinen Weg fort.

Die Liebkosung der Liebe setzt innerlich eine solche Kraft frei, dass keine Einschüchterung sie zu übertreffen vermag.

Der folgende Vorfall ereignete sich im Jahr 2004 in der Herzklinik von Pécs, wo meine Frau mich am Tag nach meiner Herzoperation besuchte. Sie war Augenzeugin dieser Geschehnisse. Sie musste am Treppenabsatz des oberen Stockwerkes bei der Eingangstür zum Operationssaal an allen Menschen vorbeigehen, die auf die Operationsergebnisse ihrer Angehörigen warteten. Voller Angst und Aufregung erwarteten sie den Bericht der Ärzte oder Assistenten, wie denn die Operation verlaufen sei, ob das Herz ihres Angehörigen wieder schlage und ob er aus der Narkose wieder erwacht sei.

Nicht selten warteten an diesem Treppenabsatz mehrere Angehörige, dieses Mal jedoch verstellte eine ungewöhnlich große Gruppe den Weg meiner Frau. Ein Dutzend Menschen wartete seit Stunden unter aufgeregtem Raunen. Es war eine Zigeunerfamilie mit kleinen Kindern, Erwachsenen und einer älteren Dame. Mit einem Schlag öffnete sich die Tür und ein Arzt tauchte auf. Alle verstummten. Alle erkannten diesen Mann mit weißem Haar und Stirnband. Professor Papp, der leitende Mitbegründer dieser Klinik und ein angesehener Herzspezialist, ging mit leisen, aber entschiedenen Schritten auf sie zu. Er hielt sich in Richtung Etage. Da teilte sich die Großfamilie und machte ihm den Weg frei.

Lajos Papp blieb auf einmal stehen und ging zu einem siebzehn-, achtzehnjährigen Mädchen. Er nahm ihr Gesicht in seine Hände und sagte leise: »Der liebe Gott segne Sie! Haben Sie keine Angst, Ihrer Mutter geht es gut. Seien Sie stolz darauf, dass diese Frau Ihre Mutter ist. Geben Sie gut auf sie Acht!« Dann begrüßte er jeden Einzelnen von ihnen und legte jedem seine Hand auf den Kopf: »Gott segne Sie!« Dann fügte er hinzu: »Bald können Sie alle zu ihr in die Intensivstation hineingehen, sobald sie aus dem Operationssaal dahin gebracht wird. Ich bitte Sie nur, jeweils zu zweit zu gehen, um die anderen Patienten nicht zu stören.«

Sooft die Erinnerung an dieses Ereignis in mir aufsteigt, wird es mir ganz warm ums Herz. Ich kann mich gut in die Jugendliche hineinversetzen, die es bestimmt gewohnt war, dass andere einen Bogen um sie machen, wenn sie auf der Straße gehen. Jetzt aber zeichnete sie jemand mit unendlicher Wertschätzung aus. Diese Begegnung auf dem Flur war für die Familienmitglieder bestimmt genauso heilend wie für die Mutter auf der anderen Seite der Wand. Die eine erhielt Würde, die andere ein neues Herz. Lajos Papp wusste sehr wohl, dass beides gar nicht so weit auseinanderliegt.

Zuhören bedeutet Anteilnehmen

Der Dienst des Zuhörens ist eine wunderbare Berufung, wenn auch bei weitem keine leichte, denn er setzt voraus, dass wir uns mit ganzer Aufmerksamkeit dem anderen zuwenden, um uns vor seinem ganzen Wesen zu öffnen. Dafür stellen wir uns selbst für eine Weile beiseite, wir erniedrigen uns, um den anderen mit tiefer Achtung ganz und gar anzunehmen. Wie Calvin zu sagen pflegte: *Zur wahren Sanftmut kann man eben auf keinem anderen Wege gelangen, als wenn man sich selbst erniedrigt und ganz von Ehrerbietung gegen den anderen erfüllt ist. Wie schwer ist es uns doch, unsere Amtspflicht zu erfüllen und stets des Nächsten Vorteil im Auge zu haben! Wenn du nicht aller Rücksicht auf dich selbst den Abschied gibst und dich gewissermaßen selber ausziehst, so wirst du hier nichts erreichen.*[15]

Unsere Achtung darf nicht von den »Verdiensten« des anderen abhängen. Wenn wir den anderen anhören, nehmen wir ihn so an, wie er ist. Dazu gehört wesentlich, dass wir seine Last auf uns nehmen. Wir begeben uns mit ihm in seine Finsternis, kosten von seiner Bitterkeit. Wir lassen zu, dass der andere eine Wirkung auf uns hat.

Dieses Anhören ist also mehr als nur ein bloßes Zu-Ende-Hören. Das aufmerksame Zuhören bedeutet Anteilnehmen am Leben des anderen. Wer dem anderen seine Gefühle zu spiegeln vermag, leistet dem anderen eine große Hilfe; das aufmerksame, empathische Hören ist eine wertvolle Eigenschaft all derer, die anderen beizustehen versuchen. Das wahre gegenseitige Zuhören übersteigt jedoch auch das. Denn das gegenseitige Zuhören bedeutet nicht nur ein Hineinfühlen in den anderen, sondern auch ein Mitfühlen mit dem anderen. Wer Jesus im anderen näher zu sich heranlässt, bekommt zugleich Anteil an der Qual seines Leidens sowie am Leben seiner Auferstehung. Diesen im anderen uns näherkommenden Jesus können wir nur aufnehmen, wenn wir nicht nur bereit sind, mit ihm zu lachen, sondern auch mit ihm zu weinen.

Zuhören bedeutet, auf unsere Unabhängigkeit zu verzichten. Wenn wir einander aufmerksam Gehör schenken, dann lassen wir zu, dass der andere eine Wirkung auf uns haben, ja uns sogar schaden darf. Wenn ich den anderen anhöre, dann erkläre ich mich dazu bereit, mit Jesus zu leiden und mit ihm aufzuerstehen. Entweder nehmen wir Jesus im anderen ganz und gar auf oder wir tun es gar nicht. Einen dritten Weg gibt es nicht, auch wenn wir das oft gerne hätten.[16] Die Aufnahme des anderen bedeutet, so gesehen, sich selbst aufzuopfern, eine Form wirklichen Sterbens.

Der Preis der Gastfreundschaft

In einer Szene seines Dramas *Julia* schildert der Schriftsteller András Visky mit kraftvoller Symbolik, welchen Preis Gastfreundschaft hat. Das Drama stellt uns auf erschütternde Weise eine Geschichte wahrer Gastfreundschaft vor Augen. Sie spielt im kommunistischen Siebenbürgen um 1958, als es äußerst riskant war, sich zum Christentum zu bekennen. Als es abends an der Tür von Franz und Julia Visky klopfte, standen Leute vom Geheimdienst vor der Tür. Franz war klar, mit welcher Absicht sie gekommen waren. Als Pastor der Erweckungsbewegung wusste er sehr wohl, wie übel es die politische Führung den Gläubigen nahm, dass für sie Jesus die höchste Autorität war und sie sich dem totalitären Anspruch der Machthaber nicht beugten. Franz machte sich wohl keine Illusionen darüber, was ihm bevorstand. Dennoch bat er seine Besucher, hereinzukommen und am Tisch Platz zu nehmen. Es war schließlich Zeit für das Abendessen. Er sprach ein Segensgebet, dankte Gott für das Mahl – sollte er, ohne es zu wissen, Engel beherbergen. Vielleicht dachte er sogar daran, dass Abraham auf ähnliche Weise den Engeln des Gerichts ein Gastmahl bereitet hatte. Abraham und Sarah machten Fladen und Kalbsbraten für ihre Gäste, Franz und Julia boten ihnen ein Abendessen an. Wenn sie schon zu ihnen gesandt waren, sollten sie auch freundlich aufgenommen werden. Franz wurde noch am selben Abend in den Gulag verschleppt.

Was die Aufnahme unserer Mitmenschen betrifft, sollten wir uns keinen Illusionen hingeben. Oft hat Gastfreundschaft einen hohen Preis. Wenn wir jemanden bei uns aufnehmen, werden wir zu einem Katalysator. Beim aufmerksamen Zuhören, im Akt des Aufnehmens begegnen sich Gott und Mensch – durch uns. Wenn wir Gott Raum geben, können wir damit rechnen, dass jene, die Gott verachten, auch uns verachten werden. Die meisten von uns werden »nur« geistlich, manche von uns aber auch physisch verachtet. Die Gastfreundschaft hat ihren Preis. Darauf weist uns der Apostel Petrus vorsorglich hin: *Seid untereinander gastfreundlich, ohne zu murren* (1 Petr 4,9).

Charles de Foucauld, der »kleine Bruder Jesu«, verkündete zu Beginn des 20. Jahrhunderts das Evangelium in der Sahara, dort, wohin das Evangelium zuvor noch nicht hingelangt war. Charles wusste, dass er für seinen Dienst sogar mit dem Leben bezahlen könnte, wenn die Menschen in ihm Jesus begegnen. Darauf wurde er wiederholt unmissverständlich hingewiesen. Dennoch hielt er es für angebracht, nicht zurückzuweichen und Jesus unter den Nomaden zu dienen. Er entschied sich für eine Schicksalsgemeinschaft mit ihnen und mit Jesus. 1916 wurde er ermordet. Charles starb einen Märtyrertod, aber durch ihn lernten einige unter den einheimischen Nomaden Jesus kennen. Das ganze Leben Charles de Foucaulds ist in dem Bekenntnis zusammengefasst, das er vier Monate vor seinem Tod aufgezeichnet hatte: *Ich glaube, keiner der Verse des Evangeliums hätte eine tiefere Wirkung auf mich haben und mein Leben besser verwandeln können als dieser: Was ihr für einen meiner geringsten Brüder getan habt, das habt ihr mir getan.*[17]

Der Lohn der Gastfreundschaft

Nicht nur der Preis der Gastfreundschaft ist hoch, sondern auch ihr Lohn. Wie wir dem leidenden Jesus in uns Raum geben, der mit unseren Mitmenschen mitleidet, so geben wir auch dem lebendigen Christus Raum. Die Belohnung ist nicht nur eine zukünftige Auszeichnung, sie wird nicht erst nachträglich verliehen. Wir berühren und begrüßen Jesus schon jetzt untereinander. Wer andere aufnimmt, nimmt Jesus auf. Dieses Verdienst ist nur für jene »symbolisch«, für die die Gegenwart Jesu in den Seinen auch nur symbolisch ist. Wer an die Realpräsenz Jesu in den Mitmenschen glaubt, für den ist auch die Belohnung dieser Begegnung wirklich.

Unsere Liebe zueinander wird durch unsere Liebe zu Christus im anderen veredelt. Wenn wir nicht Christus im anderen lieben, sondern nur einen Menschen, dann verflacht die menschenfreundliche Liebe bald zum bloßen Humanismus. Humanismus ist menschenzentriert, und die Würde des Menschen, die zuerst großgeschrieben wird, versickert bald. Denn wenn wir den Wert des Menschen nach menschlichen Maßstäben in ihm selbst suchen und nicht in dem, der uns erschaffen hat, dann hat unser Wert keine sichere Grundlage. Den anderen Menschen höher zu schätzen als uns selbst ist nach dem Apostel Paulus nur dann möglich, wenn wir im anderen niemand Geringeren als Christus entdecken, wenn wir einander in Christus lieben.

Die Nächstenliebe ist in Wirklichkeit eine Erwiderung der Liebe Gottes, die in der Tiefe eines jeden Menschen offenbar wird. Diese Gesinnung finden wir bei Mutter Theresa von Kalkutta, die in der zweiten Hälfte des 20. Jahrhunderts Jesus in allen suchte, die sie in den Elendsvierteln von Indien aufnahm. Von ihr wird erzählt, dass sie, wenn man sie nach ihrer Berufung zum Dienst an den Armen befragte, stets antwortete: »Christus hat mich nie zum Dienst an den Armen berufen. Er rief mich, ihm zu dienen – und das tue ich unter den Armen.«

Den Lohn dieses Dienstes drückt das folgende Gebet aus, das die Mitarbeiter des von Mutter Theresa gegründeten Kinderheimes jeden Tag beten:

Liebster Herr, dich werde ich, verkörpert in deinen Kranken,
heute und jeden Tag sehen und,
während ich sie pflege, deine Schmerzen lindern.
Wenn du dich auch verbirgst unter dem abstoßenden Mantel
des Gereizten, des Fordernden, des Unvernünftigen,
darf ich dich doch erkennen und sagen:
»Jesus, mein Patient, wie süß ist's, dir zu dienen.«
Herr, gib mir einen sehenden Glauben,
dann wird meine Arbeit nie zur Plage,
und ich werde neue Freude finden, im Eingehen auf Launen,
im Erfüllen der Wünsche aller armen Leidenden.
Ihr geliebten Kranken, wie seid ihr mir doppelt teuer,
da ihr mir Christus verkörpert;
und welch große Gnade ist es mir, euch pflegen zu dürfen.
Liebster Herr, lass mich die Würde
meiner hohen Berufung einsehen mit all ihren
Verpflichtungen.
Lass nie zu, dass ich ihrer unwürdig werde,
indem ich in Kälte verfalle, in Unfreundlichkeit oder in
Ungeduld.
Und, oh Herr, da du Jesus bist, mein Patient,
sei gnädig auch mein geduldiger Jesus,
verzeih mir meine Fehler und schau nur auf meinen Willen,
der sich darauf richtet, dich zu lieben, dir zu dienen
in der Person eines jeden Kranken.
Herr, stärke meinen Glauben,
segne mein Tun und meine Arbeit, jetzt und immer.[18]

Bewirtung

Über die »Physiologie« der Gastfreundschaft bekommen wir in einer Geschichte aus dem Evangelium ein eindrückliches Bild. Nach einem langen Fußweg kehrt Jesus in Betanien nahe Jerusalem bei Martha, Maria und Lazarus ein.[19] Schon beim Eintritt in ihr Haus fällt uns Martha auf. Es ist unmöglich, sie nicht wahrzunehmen. Ihr Name wird öfter genannt (fünfmal) als der von Jesus oder Maria. Wohin wir uns auch wenden, begegnen wir ihr. In der von Lukas aufgezeichneten Geschichte gibt es keinen Moment, der nicht von ihrer Geschäftigkeit erfüllt wäre. Zweifellos dreht sich die Geschichte um Marthas Bemühungen, um das Scheitern ihrer Vorstellungen und um ihre Einsamkeit. Ihre eigene Rede verrät sie: »meine Schwester überlässt die ganze Arbeit mir allein« und »sie soll mir helfen!«.

Das Auffällige daran ist nicht, dass Martha arbeitet, denn es gibt viele fleißige Gastgeber, deren Gegenwart eine Wohltat ist. In Marthas Dienstbarkeit gibt es dennoch etwas Aufdringliches. Lukas sagt von ihr: *Martha aber war ganz davon in Anspruch genommen, für ihn zu sorgen* (Lk 10,40). Ihre Arbeit machte sie aus. Man hat den Eindruck, als ginge es bei der Bewirtung eher um die Gastgeberin als um ihren Gast.

Wenn wir jedoch von der Kultur ihrer Zeit ausgehen, dann ist das Verhalten von Maria auffälliger als das von Martha. Sie ist ganz damit beschäftigt, den Unterweisungen ihres Gastes zu lauschen. Wäre Maria eines unserer Familienmitglieder, dann würden wir ihr wahrscheinlich auch die Leviten lesen. In der jüdischen Kultur des ersten Jahrhunderts entsprach Marthas Eifrigkeit den Erwartungen. Lehren und Lernen war das Privileg der Männer, Rabbiner nahmen keine Frauen als Jünger auf. Wenn im antiken Israel ein Lehrer bei jemandem einkehrte, dann unterhielten sich die Männer mit ihm, und die Frauen bedienten sie. Es war unüblich, dass eine Frau sich dem Lehrer zu Füßen setzte.

Wo sich Lazarus, der Bruder von Martha und Maria, zu diesem Zeitpunkt aufhielt und womit er sich gerade beschäftigte, wissen wir nicht. Eines wissen wir jedoch gewiss: Martha ist an ihrem Platz und arbeitet. Maria verstößt gegen gemeinschaftliche Erwartungen.

Die Antwort Jesu gestaltet sich umso interessanter. Sie ist die Antwort Jesu, der – das wissen wir aus anderen Geschichten sehr wohl – das Bemühen derer, die für andere arbeiten, hochschätzte, ja sogar dazu aufforderte und auch selbst zu tun pflegte. Und genau dieser Jesus nimmt hier gerade Maria in Schutz. Die Geschichte legt keineswegs nahe, dass Maria ihr ganzes Leben lang nur herumgesessen wäre. Es ist gut möglich, dass Maria, nachdem sie Jesus angehört hatte, bereit war zu fragen, womit sie ihm dienen könne. Doch jetzt stellte Maria das Zuhören an erste Stelle.

Zuhören ist keine Faulenzerei. Zuhören und Faulheit schließen sich gegenseitig aus. Wer achtlos ist, wird keinem zuhören. Jesus zuzuhören verlangt eine größere Aktivität, als ihm nicht zuzuhören. Es fällt uns leichter, mit unserer Arbeit beschäftigt zu sein oder in unserer Gedankenwelt zu versinken, das tun wir instinktiv. Aufmerksamkeit schenken können wir nur, wenn wir uns selbst beiseitestellen und uns dem anderen bewusst zuwenden. Das tut Maria. Zuhören kann nur, wer seinem aufdringlichen Ego entgegenwirkt und die Person des anderen in den Vordergrund stellt.

Vielleicht kennen wir die Erfahrung, wenn uns jemand an einem prächtig gedeckten Tisch bedient, alle möglichen Leckereien aufgetischt werden und wir dennoch angespannt sind. Alles ist köstlich, dennoch fühlen wir uns unbehaglich. Es wäre besser, wenn nicht so viele Speisen und Getränke aufgetragen würden, sondern mehr Raum für Geselligkeit gelassen würde. Wir fühlen uns übergangen. Die Luft ist zum Ersticken. Wir schauen zur Tür: Wie gut wäre es, ein wenig nach draußen zu gehen. Wir können es kaum erwarten, bis wir wieder frische Luft atmen können.

Ganz anders ist es, wenn wir in den Mittelpunkt der Aufmerksamkeit unserer Gastgeber geraten. Unsere Bedürfnisse und unser Wohlbefinden geben den Takt der Bewirtung vor, nicht die Bräuche unserer Gastgeber. Der Gastgeber stellt uns nicht nur Fragen, sondern hört auch unsere Antwort. Er interessiert sich für uns und es gibt keinen Zwang, dass etwas geschehen »muss«. Auch hier werden uns Dinge angeboten, wir werden zum Gespräch eingeladen, während wir ganz wir selbst sein dürfen. Wir haben nicht das Gefühl, uns »benehmen« zu müssen. Uns wird nichts aufgezwungen. Wir spüren, dass sie wirklich mit uns sein wollen. Sie gehen achtsam mit unserer Andersartigkeit um.

Nach einer solchen Bewirtung verlassen wir erfrischt den Tisch. Die Zeit ist wie im Fluge vergangen, als ob nicht nur andere uns kennengelernt hätten, sondern auch wir uns selbst. Als ob uns nicht nur andere begegnet wären, sondern auch wir unserem »lange nicht gesehenen« Selbst begegnet wären. Als der Gastgeber uns zuhörte, war es, als ob wir uns selbst angehört hätten. Wir gehen mit einem Gefühl von Würde. Die uns entgegengebrachte Wertschätzung rief unser wahres Selbst hervor. Wir haben von jener Gastfreundschaft gekostet, zu der die Apostel Petrus und Paulus mit folgenden Worten aufrufen: *Tut eure Arbeit gern, als wäre sie für den Herrn und nicht für Menschen; dient Christus, dem Herrn!* (Kol 3,23f, vgl. 1 Petr 4,9f).

Es gibt zwei Arten, wie wir unseren Mitmenschen dienen können. Der Unterschied zwischen Martha und Maria war nicht, dass die eine wusste, wer bei ihr zu Gast war, und die andere nicht. Beide waren sich dessen wohl bewusst. Der Unterschied lag tiefer. Für Martha bedeutete die Gegenwart Jesu, eine Rolle spielen und eine Leistung erbringen zu müssen. Vermutlich fühlte sie das auch bei anderen Gästen, doch in diesem Fall doppelt so stark. Bei Martha rief der Gast wohl eher ihre Unsicherheit hervor und verstärkte diese. Ihre Bewirtung handelte von ihr selbst. Maria wiederum hatte Raum für Jesus. Sie war mit ihrer ganzen Aufmerksamkeit bei Jesus und nicht bei sich selbst. Wie sehr unterscheidet sich doch die Behandlung der Gäste bei Martha und bei Maria!

Während meiner Studienzeit lernte ich Tante Bözsi kennen, die in Mosonmagyaróvár lebte und zu der Zeit bereits über siebzig war. In ihrem ganzen Leben war sie etwa sechs Jahre zur Schule gegangen. Oft besuchte ich sie zur Mittagszeit. Sobald Tante Bözsi die Tür öffnete, bot sie mir etwas zu Essen an. Ich hatte allerdings den Eindruck, dass das Essen für sie nur ein Vorwand war, sich mit mir unterhalten zu können. Tante Bözsi war eine arbeitsame Frau, dennoch war sie für mich wie die Maria aus der Bibel. Sie passte überhaupt nicht in das verzerrte Bild, das die Gegner Marias über das Zuhören zeichneten, um damit ihre eigene Wichtigkeit zu rechtfertigen. Tante Bözsi hatte ihr ganzes Leben lang viel gearbeitet, sowohl im Garten als auch in der Küche, sie hatte fünf Kinder großgezogen. Dennoch vermochte sie während der Arbeit dem anderen Menschen Raum zu geben. Ihre Gäste wurden immer mit einer besonderen Aufmerksamkeit ausgezeichnet. Die vielen Studenten und jungen Familien, die sie immer wieder besuchten, hatten alle das Gefühl, dass diese ungebildete Frau sie besser verstand als viele ihrer Altersgenossen oder Lehrer. Tante Bözsi sprach oft von ihrem Leben, dennoch drängte sie ihre Gäste nicht aus dem Mittelpunkt der Aufmerksamkeit. Ihre Gegenwart wirkte befreiend. Sie behandelte ihre Gäste, als wäre Christus bei ihr eingekehrt.

Nicht nur am Tisch

Wenn der Apostel Paulus dazu auffordert, *Gastfreundschaft zu pflegen*, dann ruft er uns dazu auf, Gäste zu empfangen. Das können wir aber nicht nur am Tisch oder in unserem eigenen Zuhause tun.

Auch am Tisch anderer können wir Gastgeber sein. Sowohl als Freunde wie auch als Kollegen können wir Gastgeber sein. Oder auch als Friseure, Lehrer, Ärzte, Putzpersonal oder Sachbearbeiter. Überall.

In jedem Fall werden wir unsere Mitmenschen entweder aufnehmen oder demütigen, entweder erhöhen oder verwerfen. Und in ihnen nehmen wir Christus selbst auf oder weisen ihn zurück.[20] *Was ihr für einen meiner geringsten Brüder getan habt, das habt ihr mir getan. … Was ihr für einen dieser Geringsten nicht getan habt, das habt ihr auch mir nicht getan* (Mt 25,45). Wenn wir auf unsere Gäste achten, dann achten wir auf Christus. Gastfreundschaft ist Gebet, und Gebet ist Gastfreundschaft.

3. Bei der geistlichen Lesung: *Dein Wille geschehe*

Bislang haben wir uns mit dem Hören auf Gott beschäftigt und mit den menschlichen Beziehungen als dessen Teilbereich. Von Zeit zu Zeit möchten wir glauben, dass es möglich ist, mit Gott auch dann in guter Beziehung zu stehen, wenn unsere menschlichen Beziehungen nicht so gut laufen. Jedoch leben wir unsere Beziehungen mit eben demselben Herzen. Wir sahen, dass wir im Gebet nicht weitergehen können als bis zu jenem Punkt, an dem wir in unseren menschlichen Beziehungen stehen. Im anderen hören wir entweder auf Christus oder weisen ihn zurück. Wer auf Gott hören will, der muss auch auf seine Mitmenschen hören. Unsere Beziehungen werden somit zu herausragenden Übungsfeldern des Gebets und darin des Hörens, auf die wir achten sollten.

Ein weiterer wesentlicher Bereich des Gebets ist die Lesung, vor allem das Lesen der Heiligen Schrift. Die Bedeutung der Heiligen Schrift wird im Gebet häufig mit Wegweisern verglichen. Im Verkehr weisen uns Tafeln darauf hin, wo der Weg weitergeht, wo wir stehen bleiben müssen, wo wir andere vorlassen sollten und wo wir einen Bezugspunkt für unsere Entscheidungen finden können. Wenn wir das Schild »Einbahnstraße« oder »Vorfahrt gewähren« beachten, geht es uns selbst und anderen damit gut und wir gelangen sicher an unser Ziel. Genauso hilft uns die Heilige Schrift im Gebet. Denn das Gebet ist in erster Linie nicht eine Ansammlung von Vorschriften und Regeln, sondern eine Einladung zur Gemeinschaft sowie die Aufzeichnung eines Dialogs, die uns einlädt, daran teilzuhaben. In diesem Kapitel möchten wir die Aufnahme der Heiligen Schrift als parallele Bewegung zum meditativen, wahrheitssuchenden Gebet entfalten.

Die Wahrnehmung des »Ichs«, das sich von uns unterscheidet: Gott

Die Bibel führt uns in einen Dialog ein, der schon seit alters her zwischen Gott und seinem Volk stattfindet, ja sogar schon von Ewigkeit an zwischen den göttlichen Personen besteht – wir schließen uns eben erst diesem Gespräch an. Sobald wir in diese Sphäre eintreten, vernehmen wir den Dank und die Freude oder das Leid und den Schmerz anderer. Wenn wir die Psalmen oder die Lebenswege von Joseph oder Ruth lesen, erscheint unser eigenes Leben in einem neuen Licht. Die Bibel führt uns so in diese Gemeinschaft ein, dass wir selbst mit der Gesellschaft der Dreifaltigkeit vertraut werden.

Schritt für Schritt erfahren wir, wie Gott in verschiedenen Lebenssituationen zu seinen Geliebten spricht, wie sie dieses Wort aufnahmen oder wie sie gegen dieses göttliche Wort ankämpften oder durch sein Wort zu Überwindern wurden. Durch das Lesen finden wir immer mehr unsere eigene Art zu beten. Wenn wir über das Gebet der biblischen Personen nachsinnen und über die Antwort, die Gott ihnen gibt, dann nehmen wir wahr, dass unter der Decke unserer oberflächlichen Wünsche noch andere Ambitionen stecken, die uns vielleicht noch gar nicht bewusst geworden sind, die wir aber jetzt ins Gebet hineinnehmen können. Dazu müssen wir die große biblische Narration in ihren Einzelheiten kennenlernen, um die Mühsal der Akteure in unserem Herzen zu verspüren, ihre Bedürfnisse wahrzunehmen, ihre Fragen zu verstehen, damit wir so unsere eigenen besser kennenlernen. Unser Gebet erhält einen ganz neuen Horizont, wenn wir uns mit einem Protagonisten identifizieren oder uns in den Trubel der Geschehnisse vertiefen.

In der Welt der Heiligen Schrift entdecken wir immer mehr das Gebet, das Jesus für uns betet. Deshalb hält Bonhoeffer die Heilige Schrift für ein unentbehrliches Gebetbuch: *Alle Gebete der Bibel sind solche Gebete, die wir mit Jesus Christus zusammen beten, in die er uns hineinnimmt und durch die er uns vor Gottes Angesicht trägt, oder es werden keine rechten Gebete; denn nur in und mit Jesus Christus können wir recht beten.*[21]

Der Übergang vom Sichtbaren zum Unsichtbaren

Im Verlauf des Gebets spielt nicht nur der *Inhalt* der Heiligen Schrift eine bedeutsame Rolle, sondern auch die *Art und Weise,* wie wir lesen. Genauso wie andere geistliche Bücher lesen wir die Bibel richtig, wenn wir uns von den leblosen Buchstaben zum veranschaulichten Leben hin bewegen und durch den Text schließlich dem lebendigen Christus begegnen. Die Bibel erfüllt nur dann ihre ursprüngliche Bestimmung, wenn wir beim Lesen über den Text hinausgehen in die Richtung, in die er uns verweist.

In jedem Kommunikationsvorgang liegt der Sinn des Codes in der Botschaft, die in ihm verschlüsselt ist. Wenn wir beim Code stehen bleiben, bleiben wir stecken. Die Begegnung zwischen Sender und Empfänger ist der Sinn jeder persönlichen Mitteilung. Der Sinn der geistlichen Lesung ist, uns zu dieser persönlichen Begegnung zu führen. Wer sich mit weniger zufriedengibt, tut so wie der Patient, der aus Verehrung für seinen Arzt auf dem Weg zur Apotheke das Rezept aufisst, der also nicht nur auf halber Strecke stehen bleibt, sondern sich selbst auch noch Schaden zufügt. Der niedergeschriebene Code des Wortes Gottes ist nicht gleichzusetzen mit dem lebendigen Logos, den er verkünden soll. Das Erstere ist dazu berufen, uns zum Letzteren, zu Gott, hinzuführen. Nur im Leben derer, die »das Rezept einlösen«, kann die Bibel ihren Zweck wirklich erfüllen.

Jesus spricht nachdrücklich davon, dass die Heilige Schrift kein Selbstzweck sei, nicht gegeben, um göttliche Informationen oder Vorschriften zu vermitteln, sondern um den Leser zu Gott hinzuführen, der am vollkommensten in Jesus erschienen ist. Johannes schrieb sein Evangelium, damit die, die es lesen, an Jesus glauben und in ihm das Leben haben. Auf ähnliche Weise lehrt der Apostel Paulus, dass Gott die Schriften inspirierte, um uns zum Heil zu führen, um uns für die lebendige Beziehung mit Gott vorzubereiten und somit »weise« zu machen (vgl. Joh 5,39; 20,31 und 2 Tim 3,15).

In diesem Sinne vermag die Heilige Schrift uns auf eine Weise zum lebendigen Gott zu führen wie kein anderes Buch: Es führt uns aus unseren eigenen Vorurteilen und Forderungen sowie den Vorurteilen und Forderungen der heutigen Zeit heraus. Die Heilige Schrift ist ein Gebetbuch, das in erster Linie dazu bestimmt ist, das Gebetsleben zu nähren. In diesem Sinne sollten wir es auch lesen.

Im 7. Jahrhundert nannte der große Verehrer der Heiligen Schrift, Gregor der Große, die Bibel eine Tür, eine sichtbare Tür, die zu einer unsichtbaren Wirklichkeit führt. Wer durch diese sichtbare Tür in die unsichtbare Wirklichkeit Gottes eintritt, liest die Heilige Schrift gemäß ihrer Bestimmung.

Die Bedeutung des Hinübergehens vom Sichtbaren zum Unsichtbaren in der Lesung der Heiligen Schrift kann nicht genügend betont werden. Für einige ist dessen Notwendigkeit sofort erkennbar, für andere ist sie eine Herausforderung – meistens gerade für diejenigen, die die Autorität der Bibel wirklich in Ehren halten. Wer meint, dass das »Hinausgehen« über den Text respektlos oder gar freizügig sei, wehrt sich mit starker Aversion gegen dieses »Übersteigen«. Dabei ist gerade für eine wahrhaft biblische Sicht und für ein richtiges Verständnis des Autors dieses Transzendieren des Textes unerlässlich.

Das Grundelement des »bibelgemäßen« Bibellesens ist der Glaube. Die »Helden« des Glaubens konnten angesichts von Feinden und Löwen standhalten, weil sie auch mitten unter diesen noch das »Unsichtbare« sahen (vgl. Hebr 11,27). Der Glaube nimmt die Offenbarung einer Wirklichkeit ernst, auch wenn sie für ihn nicht sichtbar ist.

Unsere Suche hat immer eine Wirkung auf das, was wir finden. Wenn wir damit rechnen, dass wir »jenseits« der Worte eine göttliche Wirklichkeit entdecken, dann können wir das uns angebotene Leben besser aufnehmen. Im Neuen Testament heißt es: *Wer zu Gott kommen will, muss glauben, dass es ihn gibt und dass er die belohnt, die ihn aufrichtig suchen* (Hebr 11,6). Wenn wir während des Lesens Gott suchen im Glauben, dass es ihn gibt, wenn wir uns der Möglichkeit aussetzen, dass wir ganz und gar ins Licht geraten können, dann finden wir Leben. Denn der Glaube nimmt an, umfängt, was der Unglaube außer Acht lässt.

Beim Text verweilen

Man kann die Bibel auch lesen, ohne den Text zu »übersteigen«. Stundenlang können wir uns mit dem Buch der Bücher beschäftigen, ohne bei Gott zu verweilen. Da diese Art, die Bibel zu lesen, heutzutage weit verbreitet ist und vielerorts sogar gelehrt wird, ist es gut, ein paar Worte über diese Praxis zu verlieren.

Vor dem 20. Jahrhundert hofften viele, dass die Entwicklung der Bibelwissenschaft uns vor Verirrungen, ja sogar vor den Schismen bewahren werde. Die Bibelexegese wurde zu einer eigenständigen Wissenschaft und brachte eine reiche Literatur hervor. Alle Generationen haben seither von diesem Erbe profitiert.

Die Kluft zwischen Bibelkenntnis und Christuskenntnis nahm jedoch im 21. Jahrhundert nicht ab, sondern vertiefte sich zunehmend. Die Kirchen hatte der Besitz von mehr Kenntnis nicht authentischer und liebevoller gemacht als andere Bewegungen. Die Erwartungen an die Bibelwissenschaften hatten sich keineswegs erfüllt. Kierkegaard fasste die Nutzlosigkeit der an die »christliche Wissenschaft« geknüpften Erwartungen im 19. Jahrhundert, das heißt noch weit vor den Erfahrungen der Bibelwissenschaft des 20. Jahrhunderts, mit prophetischer Scharfsicht zusammen: *Die Sache ist ganz einfach. Die Bibel ist sehr leicht zu begreifen.*

Doch wir Christen sind ein Haufen ränkevoller Schwindler. Wir tun so, als ob wir unfähig seien, sie zu verstehen. Wissen wir doch sehr genau, dass wir von dem Augenblick an, in dem wir sie verstehen, entsprechend handeln müssen. Nehmen Sie irgendein Wort aus dem Neuen Testament und vergessen Sie alles außer zu geloben ihm gemäß zu handeln. »Mein Gott!«, werden Sie sagen. Wenn ich das tue, wird mein Leben in Trümmern liegen … Darin liegt der wirkliche Stellenwert christlicher Gelehrsamkeit. Das Studium des christlichen Glaubens ist die wunderbare Erfindung der Kirchen, mit deren Hilfe sie sich gegen die Bibel wehrt, um sicherzustellen, dass wir weiter gute Christenmenschen sein können, ohne dass uns die Bibel zu nahe kommt. Ah, unschätzbare Gelehrsamkeit, was würden wir ohne dich anfangen? Schrecklich ist es, dem lebendigen Gott in die Hände zu fallen. Ja, es ist sogar schrecklich, mit dem Neuen Testament allein zu sein.[22]

Nach Kierkegaard besteht also die Herausforderung darin, während des Bibellesens zu wagen, dem lebendigen Gott zu begegnen, von dem die Schriften künden. Diese innere Bewegung oder Einstellung nennen wir »durch die sichtbare Tür des Textes hindurchgehen«, wie Gregor der Große das nannte, oder die Suche des Glaubens, wie der Verfasser des Hebräerbriefs das noch früher bezeichnete. Aber man könnte es auch wahrheitssuchendes Gebet nennen, denn das Wesentliche des Gebets ist die Bibel bzw. ihren Herrn nahe an uns herankommen zu lassen.

Wer meint, es sei völlig aus der Luft gegriffen, eine solche Bibellese als unfruchtbar zu bezeichnen, der sollte sich die Worte Jesu ins Gedächtnis rufen, die er an die Schriftgelehrten seiner Zeit richtete. Wir sollten dabei nicht vergessen, dass diese Schriftgelehrten keine schlampige Arbeit leisteten, sondern achtsam, genau und gewissenhaft die Schriften erforschten. Sie waren gottesfürchtige Menschen, dennoch sagte Jesus zu ihnen: *Ihr forscht in der Schrift, weil ihr meint, durch sie das ewige Leben zu finden. Aber gerade die Schrift weist auf mich hin. Und doch wollt ihr nicht zu mir kommen, obwohl ihr bei mir das Leben finden würdet.*[23]

Diese Leute machten dieselben Fehler wie die heutigen »Benutzer« und »Verbraucher«. Sie lasen die Schriften, um etwas Verwertbares in ihnen zu finden. Sie suchten nach Informationen und Anwendungen wie der Angler, der darauf wartet, dass die Fische anbeißen. Sie wollten aus den Schriften Krümel des ewigen Lebens sammeln. Wir könnten fragen: Was ist denn schlecht daran? – Schlecht daran ist, dass der Text zur Quelle des Lebens wird. Sie wollten nicht den Text »übersteigen«, sondern so tun, als ob unmittelbar aus ihm Leben entspringen würde, als ob es möglich wäre, beim bloßen Lesen aus der Quelle zu trinken. Sie wollten nicht zu Jesus gehen, auf den die Schriften verwiesen. Einsichten zu verkosten und Informationen zu sammeln war für sie anziehender als die Gesellschaft des lebendigen Gottes in der Person Jesu. Für sie lag der Nutzen des Bibellesens in den aus den Schriften gewonnenen Einsichten, Grundsätzen und Informationen, nicht aber in der Vertiefung der persönlichen Beziehung. Das Problem war nicht, dass sie die Schriften lasen, sondern wie sie das taten. Sie wollten etwas erwerben, anstatt jemandem zu begegnen.

Es ist zu befürchten, dass das Nichtlesen der Bibel heute bei vermutlich genauso vielen Menschen störend auf das Gebet wirkt wie das Lesen der Bibel. Ich hörte viele Erfahrungsberichte von gläubigen Menschen, dass ihnen das Bibellesen während des Gebets schwerfalle. Wenn wir den Sonnenuntergang bestaunen, ein schönes Lied hören oder für unsere leidenden Angehörigen beten, spüren wir, dass in unserem Gebet eine Wirklichkeit zugegen ist. Das Bibellesen ist jedoch für viele von uns etwas, das eher beeinträchtigt als inspiriert.

Nach einem solchen Bibellesen können sogar Schuldgefühle entstehen. Wenn uns das Gefühl plagt, »nichts erhalten zu haben«, meinen wir, etwas falsch gemacht zu haben, und versuchen das nächste Mal noch ernsthafter »etwas zu erlangen«, was dann zu einem erneuten Misserfolg führt, der uns noch viel tiefer sinken lässt … Diese Erfahrung der Unfruchtbarkeit kann sogar zur Vereinsamung führen, denn wer will schon die Niederlagen seines Lebens in die Welt hinausposaunen. Wie lange wird wohl jemand in seinen Bemühungen ausharren, wenn er am Ende des Lesens noch betrübter, niedergeschlagener und müder wird?

So ist es möglich, dass das Bibellesen eher zum Hindernis wird, anstatt unserem Gebet zu helfen, weil wir nicht Gott begegnen, sondern beim Text und bei unseren Niederlagen hängen bleiben. Es wäre wichtig, in unseren Gemeinschaften offen darüber zu sprechen.

Der Preis des »Transzendierens«

Bevor wir uns dem »Transzendieren« oder besser gesagt dem betenden Lesen widmen, sollten wir uns zuerst noch die kritischste Frage stellen: Was ist der Preis dieses Übersteigens? Was kostet es uns, wenn wir die Bibel nahe an uns herankommen lassen? Was steht dabei auf dem Spiel?

Wie die Analyse Kierkegaards oben zeigte, müssen wir geloben, dass wir »danach handeln« werden, was wir in der Bibel gelesen haben. Ob es uns gelingt, die Bibel zu erschließen, liegt nicht darin, ob wir gewisse Fähigkeiten haben oder Methoden beherrschen, sondern darin, ob wir unsere Autonomie aufgeben. Denn wer den Bibeltext übersteigt, übersteigt sich selbst. Er gibt es auf, mit seinem Verstand beim Bedeutungsinhalt zu verweilen, und ist bereit, in die Welt der für den Verstand unbegreiflichen Erklärungen einzutreten. Hierbei geht er aber nicht nur über den Text hinaus, sondern verlässt auch seine heimelige, bekannte und bequeme Zone. Die wahre Schwierigkeit des »Übersteigens« liegt im Zurücklassen der uns bekannten und sicheren Welt, um sich einem Gott zu überlassen, den wir nicht kontrollieren können.

Karl Barth, der herausragende Theologe des 20. Jahrhunderts, beschreibt mit treffenden Worten, was in uns bei diesem »Übergang« geschieht. Stellen wir uns einen Freundeskreis vor, der sein Leben in einem riesigen Einkaufszentrum verbringt. Jeder kommt und geht, plaudert und schaut sich Dinge an. Die Menschen leben in Sicherheit, in einer für sie vertrauten Welt. Ihre Ruhe kann lediglich die eine oder andere Nachricht stören, dass Menschen draußen vor dem Einkaufszentrum nicht nur seitwärts schauen, sondern auch nach oben blicken. Sie bleiben auf der Straße stehen, rufen jemanden an ihre Seite und zeigen nach oben. Als ob es da oben etwas gäbe. Die Leute im Einkaufszentrum sind erstaunt über dieses Phänomen, denn schon immer erstreckte sich wenige Meter über ihrem Kopf ein Zwischendeck. Einer aufrüttelnden Nachricht zufolge hatte sich jemand durch die Tür nach draußen gewagt oder war nach draußen getrieben worden, wo es kein Dach mehr über seinem Kopf gab: Und dort umfingen ihn Licht und Weite.[24]

Der Unterschied zwischen der von uns interpretierten und der durch die Heilige Schrift definierten Welt ist immens. Unsere Welt ist überschaubar, berechenbar und deshalb sicher. Gottes Welt hingegen ist weit, übersteigt uns und ist deshalb erschütternd. Wenn wir die Heilige Schrift lesen, ist unsere wichtigste Entscheidung, ob wir an der von uns bekannten Welt und am bisherigen Erklärungsrahmen festhalten wollen oder ob wir das Überschaubare hinter uns lassen, um der Gegenwart Gottes zu begegnen, der Welt, in der er der Herr ist. Dieses »Übersteigen« ist ebenso befreiend wie beängstigend. Zwar sehnen wir uns über alles nach dem Reich Gottes, dennoch müssen wir uns eingestehen, dass wir genau davor die meiste Angst haben, denn instinktiv wissen wir, dass wir dort keine Macht mehr haben werden.

Der Mensch kann nur dann in das Reich Gottes eintreten, wenn er »seine Waffen ablegt«. Wie Hören und Gehorsam zusammengehören, so auch das wahre Lesen und die Machtübergabe. Ein betendes Lesen oder besser gesagt »transzendierendes« Lesen braucht die Bereitschaft, in der Tiefe unseres Wesens Gott zu bekennen: *Dein Wille geschehe.*

Wie sollen wir also lesen?

In der Geschichte der Menschheit war nicht jede Generation so naiv im Lesen wie die westliche Kultur in den letzten 200 Jahren. Die Griechen etwa lehrten das Lesen auf eine klassische Weise, deren wesentlicher Punkt das Auswendiglernen des Textes war, damit die Weisheit der antiken Schriftsteller sich in das Gemüt und in die Denkweise der Leser einbauen konnten. Lesen und Auswendiglernen gehörten für sie zusammen.

In der 2000-jährigen Geschichte der Christenheit finden sich zahlreiche Anweisungen zum Bibellesen. Der oben erwähnte Gregor der Große hatte seinen Ansatz auch von anderen gelernt: Die von ihm vertretene Praxis der Schriftlesung wurde bereits im 2. und 3. Jahrhundert von Clemens von Alexandrien und Origenes »geistliches« oder »göttliches Lesen«, lectio divina, genannt. Kernpunkt dieser antiken »göttlichen« oder »geistlichen« Lesung ist, dass der Sinn des biblischen Textes immer gotteszentriert bleibt und im Laufe des Lesens Gott selbst uns hilft, durch den Heiligen Geist zu ihm zu gelangen, ihn und seine Wirklichkeit kennenzulernen.

In der geistlichen Lesung dieser fast 2000-jährigen Praxis liest der Mensch, als ob er Stufe für Stufe eine Leiter nach oben klettern würde. Jede Stufe der Leiter führt zu einem immer tiefer werdenden Verständnis. So nähern wir uns vom »Schatten«, d. h. vom wortwörtlichen Verständnis der Schrift, zur »Wahrheit«, dem Licht, d. h. dem Christus vermittelnden Sinn der Schrift. Jeder einzelne Schritt des Lesens führt uns zu einer immer vollkommeneren und tieferen Gemeinschaft mit Christus, das heißt, jeder Schritt des Lesens ist Teil des Gebets.

Guido II. der Kartäuser beschrieb die Schritte des betenden Lesens folgendermaßen: *Die Lesung ist das eifrige Lesen der Bibel mit aufmerksamem Geist. Die Meditation ist die eifrige Tätigkeit des Verstandes, verborgene Wahrheiten durch die eigene Vernunft aufzudecken. Gebet heißt, sich ergebenen Herzens Gott zuzuwen-*

den, um Böses zu beseitigen und Gutes zu erlangen. Kontemplation heißt, den auf Gott gerichteten Geist zu erheben und die Freude der ewigen Glückseligkeit zu verkosten.[25]

In vielen Jahrhunderten der Kirchengeschichte hat sich diese Beschreibung des Lesevorgangs herauskristallisiert. Es lohnt sich, diese vier Stufen der Lesung näher zu betrachten und ihnen zu folgen. Denn der Fortgang der »geistlichen Lesung« läuft parallel zum Spannungsbogen des Gebets, wie es im Buch beschrieben ist. Das eine beleuchtet das andere.

Die erste Stufe der Leiter: das Lesen

Beim Bibellesen konzentrieren wir uns zuerst auf die Aussage des Textes. Mit unseren Augen und – wenn wir den Text laut lesen, wie das viele unserer Vorfahren getan haben – mit unseren Ohren versuchen wir den ursprünglichen Sinn der Schrift zu erfassen. Je objektiver wir dem Text gegenüberstehen, desto förderlicher für das Lesen auf dieser »Leiterstufe«.

Ob wir den ursprünglichen Sinn des Textes erfassen, hängt zuerst von unserer Gesinnung ab. Fachwissen und Sachkenntnis (d. h. Wortschatz des Originaltextes, grammatikalische Struktur, erweiterter Textzusammenhang und Kenntnis des geschichtlichen Hintergrundes) können beim Herausfinden der Intention des Autors von großer Hilfe sein, doch ist deren Erkenntnis zuallererst Frage der Einstellung und nicht der Technik. Die Demut vor Gott verlangt, dass wir die »Andersheit« des Originaltextes anerkennen und uns nicht in den Text hineinprojizieren. Diese Achtsamkeit gegenüber dem Autor ist Sache des Respekts, Sachwissen oder methodologische Annäherung sind lediglich Hilfsmittel. Eine Palette an Hilfsbüchern und Kommentaren der modernen Bibelwissenschaft und Bibelexegese kann sehr hilfreich sein, jedoch nützt sie nur dem, der seinen Blick bis zum Schluss auf Gott gerichtet hält, denn ohne diesen Fokus helfen die besten Hilfsmittel nichts. Der Respekt vor Gott kann niemals durch das theoretische und methodologische Wissen ersetzt werden.

Wesentlich bei der geistlichen Lesung ist also, die Aufmerksamkeit ganz dem Autor zuzuwenden. Dabei spielen Faktoren wie Tageszeit und Ort, persönliche Frische und ungestörte Umgebung eine wichtige Rolle. Die mittelalterlichen Meister der lectio divina weisen oft darauf hin, dass eine gestörte Aufmerksamkeit in Wirklichkeit Unachtsamkeit ist. Kein Kommentar kann die Stille der Umgebung ersetzen. Auch die Länge des Textes zählt, denn auf kürzere Textpassagen können wir uns besser konzentrieren als auf lange.

Die zweite Stufe der Leiter: die Meditation[26]

In der geistlichen Lesung ist es neben der Kenntnis des Originaltextes auch notwendig, den Text, so wie er ist, auf uns einwirken und seine Lebendigkeit in uns entfalten zu lassen. Das ist die Phase der Meditation. In der ersten Stufe haben wir versucht, den Text aufzuschlüsseln und in die Tiefe zu gehen. Jetzt ist es jedoch Zeit, dass der Text unser Leben aufschlüsselt und in unsere Tiefe gelangt. In der ersten Lesephase strebten wir danach, den Sinn des Textes zu erschließen, in der zweiten versuchen wir den Text in uns aufzunehmen.

Dies bedarf einer Modus-Änderung. Um diese Funktion des Lesens verständlich zu machen, bemühte man im Mittelalter den Vergleich mit Wiederkäuern: Die Kuh oder Ziege frisst das Gras, kaut es, schluckt es, würgt es hoch und kaut es erneut. Sie verarbeitet die Nahrung in vielen Vorgängen, im Wiederholtakt. Indem das Tier die bereits gekaute und geschluckte Nahrung in Form von kleinen Grasklumpen wieder aufstößt und erneut kaut, um es dann wieder herunterzuschlucken, wächst der Grad der Zersetzung und der Aufnahme. So kann es die im ballaststoffreichen Gras enthaltenen Nährstoffe besser verwerten.

Die zweite Stufe der geistlichen Lesung, die »Meditation«, ist nichts anderes als die wahrheitssuchende Form des Gebets. Sein Dreh- und Angelpunkt ist die stets vollkommenere Aufnahme des Wortes in uns. Eine wichtige Voraussetzung dafür ist es, das Lesen zu unterbrechen. Das Innehalten ist ein genauso wesentlicher Teil der Lectio wie das Wiederkäuen: Wenn das Tier nicht aufhört zu grasen, kann es die Nahrung nicht wiederkäuen.

Wenn sich der Inhalt des Wortes langsam vor uns erschließt, dann sinnen wir darüber nach, wie Maria, die Mutter Jesu, die Worte des Engels in ihrem Herzen bewahrte. Wir machen uns die früher gelesenen oder auswendig gelernten Worte im Gebet zu eigen: Wir rufen sie uns ins Gedächtnis, wiederholen sie oder stellen sie uns vor. Wir richten unser Augenmerk auf das, was zwischen den Akteuren geschieht, und schließen uns den Geschehnissen an.

Bei diesem Vorgang hilft das spielerische Darstellen der Geschehnisse, die bibliodramatische Aufarbeitung des Textes, damit seine einzelnen Teile sich dadurch besser in die verschiedenen Schichten unseres Seins einprägen können und der Text immer mehr in seiner ursprünglichen Intention auf uns einwirken kann.

An dieser Stelle möchte ich die Bedeutung des Lesens und des Auswendiglernens hervorheben. Nichts kann das wörtliche Einstudieren der einzelnen Sätze oder Ereignisse ersetzen. Jesus versprach uns, dass der Heilige Geist uns in die Wahrheit einführen und uns an die Worte Jesu erinnern wird. Der Heilige Geist vermag nur jene Worte Jesu nicht in unser Gedächtnis zurückzurufen, die wir noch nie gehört oder gelesen haben. Selbstverständlich hat der Geist die Macht, uns Dinge zu vermitteln, die er möchte und wann er möchte, unabhängig davon, ob wir sie früher gelesen haben. Das wäre jedoch eine Offenbarung und keine Erinnerung. Das, was wir in unserem Gedächtnis haben, können wir Tag und Nacht, während der Reise oder während der Arbeit abrufen, wie es der Verfasser des ersten Psalms seinen Lesern vorschlägt:

»Glücklich zu preisen ist«, wer Verlangen hat nach dem Gesetz des Herrn
und darüber nachdenkt Tag und Nacht.
Er gleicht einem Baum, der zwischen Wasserläufen gepflanzt wurde:
Zur Erntezeit trägt er Früchte,
und seine Blätter verwelken nicht.
Was ein solcher Mensch unternimmt, das gelingt.

Ziel der Meditation ist, das Wort tiefer in uns einwirken zu lassen. Um diesen Vorgang mit einem anderen aus der Natur gegriffenen Bild zu illustrieren: Wenn das Wort in uns Wurzeln schlägt, beginnt ein langsamer Prozess, wie im Falle des Weizenkorns in der Erde. Das Wort wächst mit der Zeit und bringt Körner hervor, dafür aber braucht es Zeit, genauso wie das Weizenkorn, das in seiner eigenen Zeit Wurzeln schlägt, wächst und Frucht bringt. Die Ernte ist sicher, seinen Zeitpunkt kann jedoch niemand voraussagen. Auch die Wirkung der Meditation lässt sich nur auf lange Frist messen. Wer sich dem gelesenen, gehörten Wort überlässt, dessen Gedanken und Gefühle wandeln sich allmählich.

Der Unterschied zwischen Effektivität und Frucht bringen liegt genau in der Ausrichtung. Während das Wort »Effektivität« impliziert, dass wir die Produktivität selbst lenken, klingt in »Frucht bringen« an, dass wir zwar beteiligt sind, den Reifungsprozess jedoch nicht beeinflussen können. Die Meditation erscheint dem Menschen, der die Wirksamkeit sucht, genauso wie dem Judas das Öl, mit dem die Frau Jesus salbte: als reine Verschwendung. Keiner kann den Ertrag der Ernte steuern.

Nur derjenige, der seinen Wunsch aufgibt, Nutzen aus der Meditation zu ziehen, der sich ganz der Wirkung des Wortes aussetzt, wird meditieren. Meditieren kann nur der, »der Zeit hat«, der aufgibt, immerzu nach einer Problembewältigung zu streben, der sich dem Wort öffnet und bewusst seine Aufmerksamkeit »verschwendet«. Die Meditation, »meditatio«, in ihrem biblisch-christlichen Sinne ist mentale Selbstübergabe an das Wort Gottes.

Diese Einstellung können wir von den Wölfen lernen. Im Verhalten der Wölfe ist die Kapitulation ein interessantes Phänomen. Wenn im Kampf um Leben und Tod einer keine Chance mehr hat, ergibt er sich und tut etwas Erstaunliches: Er hält seinen Nacken vor die gefletschten Zähne seines Gegners, hebt sein Haupt, wendet seinen Hals schutzlos dem Himmel zu, legt sich nieder und wartet. Er akzeptiert, dass von nun an alles beim anderen liegt. Das andere Tier, das bislang darauf aus war, seinen Gegner zu töten, nutzt jedoch interessanterweise diese Möglichkeit nicht. Es versteht, um was es geht, und der Kampf ist beendet. Die Machtverhältnisse sind geklärt.

Im Laufe der Meditation werden wir uns nicht nur einmal ergeben, wie die Wölfe, sondern immer wieder. Wer sich Gott beugt, kann die Folgen seiner Kapitulation nicht absehen. Er kann sie nicht wissen, denn er hat es mit Gott zu tun. Dennoch nimmt er sie auf sich. Die Meditation ist eine mentale Selbstauslieferung. Wer meditiert, sagt zusammen mit Maria: *Mir geschehe, wie du es gesagt hast.*

Was unsere Aufmerksamkeit betrifft, so »knüpfen« wir sie an das Wort. Zwar schweift unsere Achtsamkeit immer wieder ab, aber wir kehren konsequent an den Text zurück. Sollten wir uns dabei ertappen, ein Problem zu lösen oder Pläne zu schmieden, dann lenken wir unser Augenmerk immer wieder zurück. Voraussetzung für die Meditation ist eine beharrliche, hingewandte Aufmerksamkeit.

Die Meditation wird dadurch erschwert, dass uns in der Schule beigebracht wurde, das Verständnis sei das wichtigste Element des Lesens. Wir haben gelernt, um des Verstehens willen zu lesen. Diese Lesetechnik hilft unserem Verstand zu analysieren, zu vergleichen und Schlussfolgerungen zu ziehen. Wir suchen Argumente und lernen viele Krümel der Wirklichkeit kennen. Den ganzen Text können wir so jedoch nicht erfassen, noch können wir uns so mit der Gesinnung des Autors identifizieren, wir blockieren das regelrecht. Der analytische Verstand nimmt auseinander, wägt ab, wirkt wie ein Sieb und lässt nur das zu, wozu er sich aus welchem Grund auch immer von je her hingezogen fühlt. Damit wird der Lernprozess allerdings eingeengt. Auf diese Weise können wir weder dem Ganzen begegnen, da wir uns immer nur mit Einzelteilen beschäftigen, noch einen anderen Blickpunkt kennenlernen als den unseren, weil unser analytischer Verstand nicht kapituliert, sondern sich ständig über den Text stellt. Die Arbeit des analytischen Verstandes ist in der ersten Stufe der geistlichen Lesung eindeutig legitim und wichtig, wie die Grundlegung beim Hausbau jedoch nur die erste Stufe.

Die Meditation ist ein wesentlicher Bestandteil der geistlichen Lesung, in der wir versuchen, den Text so auf uns wirken zu lassen, »wie er will«, damit er ohne jegliche Umwandlung oder Umschichtung uns zuteilwerden kann.

Die dritte Stufe der Leiter: das Gebet

Der Vollständigkeit halber zeichnen wir den Spannungsbogen der geistlichen Lesung weiter nach, auch wenn wir sehen werden, dass die dritte und vierte Stufe der Leiter jene Bereiche des Gebets behandeln, mit denen wir uns erst in den Kapiteln *Das Gebet als Bitte* und *Das Gebet als Betrachtung* beschäftigen werden.

So wichtig bei der geistlichen Lesung die Absicht des Autors und deren Aufnahme, also die Objektivität, sind, so wichtig ist auch die Antwort des Menschen auf die Botschaft des Textes, d. h. die Subjektivität. Diese Antwort können wir nur in einer aufrichtigen Selbsteröffnung vor Gott geben.

In der Praxis der geistlichen Lesung in der Kirchengeschichte wird die dritte Stufe das »Gebet« genannt, das sich nicht auf die meditative, wahrheitssuchende Phase des Gebets bezieht, sondern auf die Selbsteröffnung und das bittende Gebet. In diesem Gebet bringen wir unsere Einwände und Freuden, unsere Bitten und unsere Dankbarkeit, unsere Anliegen oder unseren Dank so ehrlich wie möglich zum Ausdruck. In dieser Phase wird die Lesung zweiseitig, denn wir offenbaren uns vor Gott im Lichte all dessen, was wir gelesen haben.

Wichtig ist, dass wir nicht versuchen, unsere Gefühle zu erklären oder zu verändern, bevor wir sie in unser Gebet einbringen, sondern zulassen, dass sie so vor Gott gelangen, wie sie sind. Dort dürfen sie sich dann wie in einer Werkstatt umwandeln. Das Bewerkstelligen dieser Verwandlung ist jedoch nicht unsere Aufgabe, sondern Aufgabe Gottes.

Wenn das Wort Gottes in uns die Erfahrung von Aufregung, Hoffnung, Freude oder Freiheit bewirkt, so dürfen wir uns dazu bekennen. Sollte es jedoch Widerspruch, Angst, Schmerz, Unruhe oder Aufruhr in uns auslösen, dann müssen wir uns dem stellen. Ob wir verstehen, wie wir hierhergekommen sind und wo wir jetzt stehen oder nicht, ist zweitrangig. Wir bekennen uns zu dem, was uns hier und jetzt wirklich ausmacht.

Diese unverstellte Ehrlichkeit ist in der Praxis des Gebets äußerst wichtig. Wer daran zweifelt, sollte die Psalmen lesen (und den 2. Teil dieses Buches). Im Gebet erkennen wir, was das Gelesene in uns bewirkt, und fassen es in Worte. Es geht nicht darum, dass wir unseren Glauben bekennen oder dass wir uns in einer bestimmten Weise zeigen, noch, dass wir etwas zustande bringen, fühlen oder hören. Im Gebet »muss« nichts anderes geschehen, als dass wir uns vor Gott bringen so, wie wir sind.

Die moderne Bibelexegese begeht einen riesigen Fehler, wenn sie im Laufe des Lesens das Gebet (das Zu-sich-selbst-Stehen und die Selbsteröffnung) lediglich als einen möglichen Schritt aufzeigt. Auf dem Weg, den Sinn des Textes zu erfassen, ist das

Gebet kein beliebiger Zusatz. Wenn der Leser nicht betet, dann hat das Lesen sein Ziel verfehlt, denn die Botschaft des Textes kann den Leser ohne Gebet nicht erreichen. Auf der vierstufigen Leiter der geistlichen Lesung kann die dritte nicht folgenlos außer Acht gelassen werden. Die Bedeutung des Textes, die Gott uns zugedacht hat, können wir ausschließlich in der Beziehung zu Gott entdecken.

Die vierte Stufe der Leiter: die Betrachtung, Kontemplation

Die vierte Phase der geistlichen Lesung ist die Betrachtung, die »Kontemplation«. Mit diesem Bereich des Gebets befassen wir uns ausführlicher im Kapitel *Das Gebet als Betrachtung*. In dieser Phase spielt der Mensch eine eher passive Rolle. Sosehr die ersten drei Stufen der Lesung eher dem Menschen gehören, so wenig gehört ihm die vierte. Hier geht es nicht um die Handlung des Lesers, sondern um die Handlung Gottes am Menschen, die nicht erwirkt oder erreicht werden kann. Gott kommt da nach eigenem Ermessen zu Besuch. Hier zeigt sich, in welchem Maße das Wort Gottes uns durchdrungen und verändert hat. Die Essenz der Gemeinschaft mit Gott ist der in uns zunehmend erkennbare Christus: die herzliche und ausnahmslose Liebe.

Ein Überblick über die »geistliche Lesung«

Das oben Gesagte lässt sich folgendermaßen zusammenfassen: Das geistliche Erbe der lectio divina und deren vierstufige Lesepraxis sind nichts anderes als die auf die Lesung angewandten verschiedenen Phasen des Gebets. Ihr Ziel ist die Vertiefung der Gemeinschaft mit Gott. Ihre vier Phasen können folgendermaßen schematisch dargestellt werden:

Die Stufen der »Leiter«	Ereignis, Metapher	Notwendige Gesinnung
Lesen (lectio)	Hören (Aufnehmen)	Respekt vor der ursprünglichen Intention des Autors
Meditieren (meditatio)	Wiederkäuen, Einswerden (Einprägung)	Selbstübergabe und Bindung an Gott
Gebet (oratio)	Echo (Antwort)	Zu-sich-selbst-Stehen, Einstimmen
Betrachtung (contemplatio)	Schauen (wechselseitige Gemeinschaft)	Ausstrahlung des Wirkens Gottes

Johannes vom Kreuz schreibt über den Vorgang der geistlichen Lesung:

Suche lesend,
dann wirst du meditierend finden;
rufe aus im Gebet,
und die Tür zur Betrachtung wird dir geöffnet.

Während des Lesens sollte unser Ziel nicht geringer sein, als der Herrschaft Gottes näherzukommen und dem zu begegnen, von dem die Schrift spricht. Wir dürfen nicht vergessen, dass die Botschaft der Heiligen Schrift uns immer über den Text hinaus ruft, um demjenigen zu begegnen, den wir nur in Demut in uns aufnehmen können. *Gott widersteht den Hochmütigen, den Demütigen jedoch schenkt er seine Gnade.* Die lectio divina, und darin die Meditation, die das Hauptthema unseres Kapitels war, dient dazu, dass wir während des Lesens die Demut wählen und einüben, damit wir uns so dem Text zuwenden, wie es dem Wesen des Textes gerecht wird, und damit wir unser Verlangen nach Erwerb, Besitz und Macht im Zaume halten. Wann immer wir uns dem Text zuwenden, wenden wir uns dem unsichtbaren Christus zu. Nur der betende Mensch kann den Sinn der Heiligen Schrift erfassen.

Jemand verglich einmal die Bedeutung des Bibellesens mit dem Autofahren. Der Mensch muss erst lernen, wie man die

Kupplung und die Handbremse benutzt, wie man die Fahrbahn wechselt, wie stark man bei einem geschwindigkeitsbeschränkenden Schild abbremsen muss. Anfangs ist es wichtig, bewusst, jedes einzelne Mal die notwendigen Schritte einzuhalten. Nach einer gewissen Fahrpraxis sollten diese Manöver »wie geschmiert« ablaufen, sodass wir nicht nur jedes Mal bewusst, »mit dem Verstand« handeln, sondern harmonisch aufeinander abgestimmt, ja dass wir sogar in manchen Fällen um der Sicherheit willen sogar ein paar fahrpraktische Techniken außer Acht lassen, denn sonst könnte unser Fahrstil schwerfällig und in manchen Momenten sogar gefährlich werden.

So ist es auch mit der geistlichen Lesung. Viele von uns müssen die geistliche Lesung heute neu erlernen. Wir können dankbar sein für die Grundlagen, die uns bereits gegeben sind. Sollte es einen Lernprozess erfordern, den eingeübten Schritten weitere hinzuzufügen, so ist es ratsam, das anzugehen. Die Aneignung neuer Gewohnheiten braucht Zeit, damit wir dann bereit sind, betend zu lesen und lesend zu beten. Wenn wir meditierend die Heilige Schrift lesen, dann wird das Lesen nicht nur unserem Gebet aufhelfen, sondern dann wird das Lesen selbst zum Gebet.

4. In der inneren Kammer: *Wie im Himmel, so auf Erden*

Bislang haben wir die verschiedenen Wege des wahrheitssuchenden Gebets abgeschritten. Wir begannen mit der Würde des Schweigens bzw. Hörens, um deutlich zu machen, dass es sich lohnt, das Schweigen zu erlernen oder nochmals aufzufrischen. Ratsam schien es zu sein, mit der Frage »Warum ist es gut, zu schweigen?« zu beginnen«, denn das Meditieren bringt keine spektakulären Ergebnisse, sondern trägt nur langsam Früchte. Wer im Schweigen keinen Wert sieht, wird bald überzeugende Gegenargumente dafür finden, warum das Meditieren reine Zeitverschwendung ist. Er wird das Beten bald aufgeben und sich mit Dingen beschäftigen, die auf kurze Sicht rentabler erscheinen. Wer weiß, warum er schweigt, wird bald den Weg des richtigen Schweigens finden. Ein solcher Mensch hat gute Chancen, die Schätze des Gebets zu heben. Er wird nicht weniger ringen müssen, aber er wird mit umso größerem Eifer vorangehen, ja selbst seiner eigenen Bequemlichkeit trotzen, weil er weiß, dass das Kapitulieren zu einem größeren Verlust führen würde als die Fortsetzung der Bemühungen. Das aufmerksame Hören ist ein Grundelement und eine Grundausrichtung menschlichen Seins. Weder das im Alten Testament gelehrte Gebet noch das Gebet Jesu kann ohne das Schweigen existieren.

Gleich danach haben wir uns mit unseren Beziehungen beschäftigt, mit dem, was es heißt, in unseren Mitmenschen Gott zu suchen und zu erkennen. Wir könnten Gott kaum besser hören als in der Bereitschaft und Fähigkeit, einander anzuhören. Auch das ist Gottessuche, Hören-auf-Gott und Meditation.

Sodann widmeten wir uns der Schriftbetrachtung als Teil der Gebetsschule, in der wir lernen, wie uns das geschriebene Wort den Weg zur Begegnung mit dem lebendigen Wort, mit Christus, ebnen kann.

Aus alldem wird ersichtlich, dass die Meditation weder ein Fach für Fortgeschrittene noch eine akrobatische Darbietung einer geistlichen Elite ist, sondern zum Gebet eines jeden Gläubigen gehört. Sie ist die Lebensfunktion einer gesunden Seele.

Jetzt werden wir unsere Aufmerksamkeit dem inneren Gebet zuwenden, denn meditieren kann man sowohl unter den Mitmenschen als auch mit geistlichen Texten in der Hand und im Herzen, aber auch ohne sie. Die Gottessuche hat viele Formen. Hier scheint es mir an der Zeit, jenes Gebet anzusprechen, das der Mensch in der Abgeschiedenheit zu üben pflegt, denn dieser »innere Ort« ist verborgen und für Weisungen unzugänglich. In dieser einsamen Betrachtung achtet der Mensch weder auf seine Mitmenschen noch auf irgendwelche Texte, sondern geht in seine »innere Kammer«, macht die Tür zu und ist dort mit Gott und mit sich selbst allein.

Für die ersten Schritte der Betrachtung braucht es sichtbare Wegweiser

Bei der Einübung der Betrachtung gehen wir von sichtbaren, tastbaren, hörbaren Stützpunkten aus. Das kann ein Mitmensch sein, durch den wir die Gegenwart Gottes erfahren, das kann aber genauso auch ein geschriebener Text sein, dessen Lesung unsere Aufmerksamkeit auf Gott lenkt. Unsere Suche beginnt bei ihnen, um schließlich über sie hinaus Gott zu suchen. Zum Erlernen der Meditation brauchen die meisten von uns diese sichtbaren Stützpunkte.

Genauso könnten wir das aber auch mit einer kleinen Blume tun oder vor einem riesigen Felsen, in einer sanften Brise, am Ufer des rauschenden Meeres oder unter dem Sternenhimmel. Wenn wir unsere Aufmerksamkeit auf diese sichtbaren und hörbaren Wirklichkeiten richten, dann gleitet sie viel leichter dem unendlichen Gott entgegen.

Wer leicht die Möglichkeit hat, die Welt der Wiesen, Wolken und Vögel zu bestaunen, braucht keine weiteren Anweisungen dazu, wie er Gott als die über sie hinausweisende Quelle aller Ordnung und Schönheit wahrnehmen kann. *Die Himmel rühmen die Herrlichkeit Gottes, vom Werk seiner Hände kündet das Firmament* (Ps 19,2). *Danken sollen dir, Herr, all deine Werke und deine Frommen dich preisen* (Ps 145,10). Für den in der Nähe der Natur lebenden Menschen ergibt sich die Möglichkeit der Betrachtung auf ganz natürliche Weise. Diese Orientierungspunkte sind wie die Türpfosten oder Türschwellen, die zuerst ertastet werden müssen, um dann über sie hinweg in die Welt des Unsichtbaren eintreten zu können. Jede Kreatur Gottes kann für uns eine solche »Türschwelle« sein.

Auch die Wirklichkeit Jesu zeigt über das hinaus, was die Augen oder der Verstand des Menschen erfassen können. Das wahre Wesen Jesu offenbart sich in der Beziehung zum Vater. Diese Beziehungswirklichkeit geht von der sichtbaren, tastbaren und erfassbaren Dimension aus, übersteigt sie jedoch. Als die Apostel Jesus kennenlernten, begannen sie zuerst mit dem Sichtbaren. Der Mensch, der Sohn Josefs, zog die Aufmerksamkeit des Philippus auf sich. Das erzählte er sogleich dem Natanael: *Wir haben den gefunden ...: Jesus aus Nazaret, den Sohn Josefs* (Joh 1,45). Denn die Jünger identifizierten Jesus zuerst als Mann aus Nazaret (Joh 1,46).

Es brauchte Zeit, bis die Jünger ihn aufgrund seiner Beziehung zum Vater erkannten und betrachteten, bis sie ihn so sahen, wie der Vater ihn sah. In der theologischen Fachsprache heißt das: Nur durch die göttliche Offenbarung kann die Fülle Jesu erkannt werden. Als der Apostel Petrus eines Tages zu Jesus sagte: *Du bist der Messias, der Sohn des lebendigen Gottes!* (Mt 16,16f), gratulierte ihm Jesus nicht zu seiner Antwort, sondern sagte ihm, dass er jetzt etwas empfangen hatte. Petrus hatte nicht selbst herausgefunden, dass Jesus der *Sohn des lebendigen Gottes* war, sondern der himmlische Vater hatte es ihm offenbart.

Darum sagt auch der Apostel Paulus, dass er Jesus in Wirklichkeit erst dann erkannte, als er mithilfe des Heiligen Geistes ihn aus dem Blickwinkel Gottes kennenlernte. Einst kannte er Jesus nur nach dem Fleische – danach, was er auf natürliche Weise von ihm wusste, hörte und ihm gegenüber verspürte –, später jedoch auch nach dem Geiste (2 Kor 5,16).

Als die frühen Christen der Ostkirche die revolutionäre Bedeutung der Menschwerdung erkannten, fassten sie das mutig in Worte. Von dem Wunder, dass das Wesen Jesu auf die »Welt dort drüben« verweist, sprachen sie wie von einer lebendigen, offenen Brücke. Jesus ist die Brücke von der erschaffenen Welt zum ungeschaffenen Gott, eine Verbindung, die in dieser Fülle zuvor nicht existierte. In Jesus erhielt das menschliche Sein, ja sogar die ganze Schöpfung eine neue Chance, an der göttlichen Wirklichkeit Anteil zu haben: Denn *wie im Himmel, so* soll es auch *auf Erden* sein. Durch die Menschwerdung Jesu zog Gott unter uns ein, schlug er unter uns sein Zelt auf. Unser Sein sowie unsere Lebenswelt wurden dadurch verherrlicht. In der Person Jesu umschloss das Ewige das Vergängliche.

Das fleischgewordene Wort ermöglichte es, den Unsichtbaren, den Schöpfergott durch das Sichtbare zu erkennen. Die frühen Christen stellten diese Wirklichkeit in den Ikonen dar. Das offenbart sich in der vom westlichen Menschen seit den ersten Jahrhunderten immer wieder missverstandenen Ikonenmalerei: Durch die erschaffene Welt eröffnet sich ein Weg zum Schöpfer, die Ikonen sind »Fenster der Ewigkeit«. Genauso wie Jesus das sichtbare Abbild des unsichtbaren Gottes ist.

Seit Jesus betrachten wir die verschiedenen Formen der erschaffenen Welt in einem neuen Licht, denn sie alle können für uns zu »Ikonen«, das heißt zu »Fenstern«, zur göttlichen Welt werden. Im Lichte der Geburt und Verherrlichung Jesu wissen wir, dass die erschaffene Welt nur derjenige angemessen wertschätzen kann, der über die erschaffenen Dinge hinaus auf den Unsichtbaren schaut.

Der orthodoxe Theologe Timothy Ware kommentierte in diesem Sinne eines der Werke von George Herbert:

Wer ins Fenster schaut,
dem erscheint ein Spiegelbild,
Wer jedoch in die Ferne blickt,
Dem eröffnet sich eine andere Welt.

Wenn wir nur auf das Glas schauen – sagt Ware mit eigenen Worten –, *nehmen wir nur das »So-sein«, die Eigenheiten der einzelnen Dinge wahr, aber wenn wir durch das Glas hindurchblicken und den Himmel erforschen, dann nehmen wir mittels allem und in allem Gottes Gegenwart wahr.*[27]

Folgendes geschieht also, während wir mit der erschaffenen Welt beten: Wie der Mensch durch das Fensterglas schaut, so »schauen« auch wir »über das hinaus«, was unsere Sinne zu erfassen vermögen, und erkunden den Ewigen. Die Betrachtung lehrt uns, jedes Glied der erschaffenen Welt wie eine »Ikone« zu betrachten.

Nach den Türschwellen und Krücken

Nach Einübung der Meditation mit greifbaren Anhaltspunkten kann es an der Zeit sein, zu einem nächsten Kapitel der Meditation überzugehen. Denn unser geistlicher Freund, der uns bislang begleitet hat, ist möglicherweise für uns nicht mehr erreichbar. Oder wir haben uns geografisch voneinander entfernt, oder Gott hat ihn zu sich gerufen. Vielleicht hat er uns enttäuscht, was noch schwerer zu ertragen ist.

Oder das Lesen bietet uns nicht mehr das, was es uns früher geboten hat. Es wird trocken. Dafür kann es verschiedene Gründe geben; wie dem auch sei, geraten wir zeitweise an einen Punkt, an dem uns die sichtbaren Wegweiser bei der Suche nach dem Unsichtbaren nicht mehr weiterhelfen. Früher erschien es unvorstellbar, Gott ohne diese Mittel näherkommen zu können, denn die Erkenntnis Gottes und die Wahrnehmung der erschaffenen Welt gehörten für uns untrennbar zusammen. Jetzt sind wir womöglich über uns selbst erstaunt, dass wir auch ohne die Geschöpfe oder Texte bereit sind, uns dem Schöpfer zuzuwenden.

Ja, es kann uns sogar passieren, dass diese vielgeliebten Texte, Musik oder Freunde zwar zur Verfügung stehen, wir könnten unsere alte »Ikone« hervornehmen, und doch tun wir es nicht. Wir beten lieber allein. Eine Sehnsucht entflammt in uns zu einer *direkteren* Gottessuche. Solange wir Gott durch andere Geschöpfe suchen, erwarten wir, dass sie Gottes Liebe und Licht zu uns bringen. Doch sehnen wir uns nach einem unmittelbaren Weg.

Sosehr es für uns zuvor in Ordnung gewesen ist, dass die erschaffenen Dinge in unserem Leben eine ähnliche Stellung einnahmen wie die Mutter für das Kleinkind, genauso ist es nun in Ordnung, dass wir zur gegebenen Zeit erwachsen werden und in der Einsamkeit Gott genauso suchen wie früher durch die Vermittlung anderer.

Zu Beginn unseres Gebetsweges unterstützen wir unseren Geist durch Argumente (wir lesen oder hören inspirierende Gedanken), wir erfahren durch die Anwesenheit eines anderen die Gegenwart Gottes oder richten unseren Blick auf einen sichtbaren Punkt, damit unsere abschweifende Aufmerksamkeit immer wieder neu zu diesem Punkt zurückkehren kann. Im Wald spazierend, Musik hörend oder etwas Schönes gestaltend »schreiten« wir immer geübter über das Sichtbare »hinaus«. Der »Bruch« zwischen unserem alltäglichen Leben und unserem Gebet wird immer geringer. Unser meditatives Gebet bedarf immer weniger der sinnlichen, gedanklichen oder Gefühlsebene. Die Meditation bedeutet für uns nicht mehr eine Art »Moduswechsel«. Je mehr die meditative Haltung unser Leben durchwächst, umso mehr fließen das Alltagsleben und die Gebetszeiten ineinander.

Deshalb ist es ein gesunder Schritt, wenn wir auf diesem Weg an einem Punkt sagen, dass uns das Lesen von Texten und die Gesellschaft gottesfürchtiger Menschen oder die erschaffene Welt Gottes nicht mehr reichen. Wir möchten Gott in uns selbst berühren.

So wenig wie das Gehen ohne Krücken lässt sich das Meditieren in der Abgeschiedenheit beschleunigen. Der Wechsel gelingt nur zu seiner Zeit. Lange scheint es undenkbar für uns, ohne Menschen oder Gegenstände Anhaltspunkte für das Gebet zu finden. Doch die Zeit kommt, in der wir in der Abgeschiedenheit nicht mehr nur Unsicherheit erleben, sondern auch Freiheit. Die Einsamkeit wird mit der Zeit nicht nur zur Entbehrung, sondern immer mehr zu einer sich öffnenden Möglichkeit. Und dann ist es an der Zeit, »die Krücken niederzulegen«, denn wenn wir ihren Gebrauch forcieren wollten, würde die Entwicklung unseres Gehvermögens stocken. So werden wir zwar wankenden Schrittes losgehen und hier und da ins Taumeln geraten, doch wird die Richtung unseres Ganges eindeutig. Je vertrauter uns die letzte Wirklichkeit wird, umso wertvoller wird für uns diese Einsamkeit, die wir nun freiwillig wählen, um mit Gott allein zu sein.

Das einsame Gebet wird nicht zu einer »Gebetsform« neben anderen, sondern zum Kern jeden Gebets, wie wir das in diesem Kapitel noch sehen werden.

Das einsame Gebet ist nicht nur eine Möglichkeit, sondern auch ein Bedürfnis

Die Hirnforscher messen mit Instrumenten, wie stark die Reize den Menschen in Anspruch nehmen. Während wir unsere Augen offenhalten, sind zwei Drittel unseres Gehirns mit der Aufarbeitung der durch die Augen aufgenommenen Reize beschäftigt. Allein durch die Tatsache, dass wir unsere Augen schließen, werden zwei Drittel unserer nervlichen Tätigkeit frei. Wenn wir in wachem Zustand nur für zehn Minuten unsere Augen schließen, wird unser Nervensystem weitgehend ruhiggestellt und für die Aufarbeitung von Reizen befreit, zu denen es sonst aus Kapazitätsgründen nicht imstande wäre.

Das gilt für all unsere Sinnesorgane: Wenn wir uns zurückziehen und das Aufnehmen von Bildern, Klängen und Daten für eine Weile aussetzen, bleibt uns mehr Energie, um uns mit dem zu verbinden, was wirklich wichtig ist. Dieser Ansatz ist sehr pragmatisch, doch in einer Zeit, in der wir einer ständigen Reizüberflutung ausgesetzt sind, sind das wichtige praktische Gesichtspunkte.

Das Ziel unseres Rückzugs in die Abgeschiedenheit des Gebets ist, Gott unsere Aufmerksamkeit so schenken zu können, dass wir sie nur auf ihn richten. Im einsamen Gebet gehen wir dorthin, wo der Vater schon auf uns wartet – im Verborgenen. Jesus selbst ruft uns dazu, uns in unserem Gebet zeitweilig ganz zurückzuziehen. *Du aber geh in deine Kammer, wenn du betest, und schließ die Tür zu; dann bete zu deinem Vater, der im Verborgenen ist* (Mt 6,6).

Schließ die Tür zu – das bedeutet wahrhafte Zurückgezogenheit. Unsere *innere Kammer* ist ein Ort, wo die meisten Faktoren, die um unsere Aufmerksamkeit wetteifern, nicht hineinkommen können. In der inneren Kammer ist Gott *im Verborgenen* mit uns, wie ein Spielgefährte unserer Kindheit, mit dem wir uns im Schrank hinter den Kleidern versteckt hielten, bis uns unsere Eltern gefunden haben. In unserer *inneren Kammer* verbirgt sich Gott mit uns. Hier achten wir nur aufeinander: Wir richten unsere Aufmerksamkeit ganz auf ihn und versuchen alle Störfaktoren auszuschalten, und Gott wendet sich ganz uns zu und offenbart sich uns auf eine ganz eigene Art und Weise.

Die Lebenskunde des »Nein«-Sagens

Das kritische Moment des Eintretens in die innere Kammer ist das Heraustreten aus etwas anderem. Wenn wir uns in die innere Kammer begeben – sei es ein anderer Ort, ein kurzer Spaziergang, die Stille des Morgens oder eine kühle Kirche –, dann treten wir immer aus etwas heraus. Vielleicht verlassen wir eine halb fertige Arbeit oder ein ungelöstes Problem. Wir sagen Nein zu interessanten Möglichkeiten: Wir schalten das Radio oder den Computer aus, schalten das Telefon stumm, legen den Kugelschreiber weg, klappen das Buch zu. Wir nehmen einen Verlust hin.

Mit all dem sagen wir nicht nur zu anderem nein, sondern auch zu uns selbst. Denn diese »störenden« Faktoren zerstreuen und vergnügen uns. Vielleicht lenkten sie unsere Aufmerksamkeit auch von quälenden Gefühlen ab.

In dieser inneren Kammer lassen wir sogar die Herrschaft über uns selbst vor der Tür, und das ist schwer. Wir treten in einen Zustand des Ausgeliefertseins ein. Von jetzt an halten nicht wir die Herrschaft über unsere innere Welt in der Hand, sondern erlauben Gott, dass er frei darüber verfügen darf, *wie im Himmel, so auf Erden* – auch in uns. Diese innere Kammer ist nicht nur frei von äußeren Stimmen und Einwirkungen, sondern auch von der Erfüllung unserer eigenen Forderungen. Die innere Kammer tut sich uns auf, indem wir uns von der äußeren Welt, mitsamt ihrer Bequemlichkeit und ihrem Lärm, immer mehr entfernen und uns in uns selbst dorthin begeben, wo Gott »im Verborgenen« auf uns wartet.

Bei denen, die ihre innere Kammer nicht erreichen können, fehlt es nicht am »Ja«, sondern am »Nein«. Bruder Lorenz stellte im 17. Jahrhundert traurig fest: *Dennoch sage ich, dass es bei geistlichen Personen ein verbreiteter Irrtum ist, nicht von Zeit zu Zeit die Außenwelt zu verlassen, um Gott in sich selbst anzubeten und dort in Frieden Seine göttliche Gegenwart einige Augenblicke lang zu genießen.*[28]

Der Weg in die innere Kammer ist bei weitem nicht angenehm

Menschen, die die innere Kammer nur von außen kennen, denken oft, dass dies der Inbegriff der Selbstverhätschelung sei. Doch das ist ganz und gar nicht so, denn der Weg in die innere Kammer ist bei weitem nicht angenehm. Denn wenn wir uns physisch zurückziehen, nehmen wir all unsere Gedanken und Gefühle und unsere Willenskraft mit uns mit. Je mehr die äußeren Impulse verstummen, umso lauter dröhnen die Stimmen unseres inneren Lebens. All die Wünsche, Ambitionen, Gefühle und Schatten, die auch früher schon in uns waren, doch durch den Geräuschpegel der äußeren Einflüsse in den Hintergrund getreten sind, kommen nun hoch. Ja, es stellt sich sogar heraus, dass viele unserer Lasten, die wir äußeren Umständen zugeschrieben haben, in Wirklichkeit Teil unseres inneren Lebens sind.

Man darf sich also nicht wundern, wenn diese Turbulenzen denjenigen unvorbereitet antreffen und in Angst und Schrecken versetzen, der sich anschickt, das Meditieren zu erlernen. Viele glauben, dass mit ihnen etwas nicht stimmt, und meinen, dass das Beten nur bei ihnen nicht funktioniert.

Doch ist es ein wesentlicher Teil des einsamen Gebets, dass wir lernen, mit unserem inneren Leben gut umzugehen. Dabei kann eine gute geistliche Begleitung sehr hilfreich sein. Denn unsere inneren Kräfte sind äußerst real. Wir müssen lernen, mit unseren Bedürfnissen und Wünschen, mit der Kraft des Bösen, mit unseren Gedanken, Gefühlen und Plänen entsprechend umzugehen. Es ist weder wünschenswert, sie zu unterdrücken, noch, sie ins Zentrum zu stellen (im 2. und 3. Teil des Buches wird das noch ausführlicher dargestellt). Die *innere Kammer* ist anfangs nicht still, sondern lärmig, und der Weg dorthin ist in vielerlei Hinsicht mühselig. Zwar werden wir am Ende Frieden finden, doch bis dahin steht noch ein langer Weg vor uns.

Der erste Schritt des einsamen Gebets: das Ankommen

Was sollen wir tun, wenn wir einsam beten? Wie können wir in die verborgene Kammer unserer Seele eintreten? Wie können wir jenseits des uns bestimmenden Lärmes in jenen Ort eintreten, an dem es eher Gott ist, der unser Leben immer mehr bestimmt?

Zuallererst: ankommen. Das größte Hindernis des Gebets ist nicht, dass Gott für uns nicht präsent ist, sondern dass wir für Gott nicht gegenwärtig sind (und womöglich weder für uns selbst noch für andere). Dabei können an sich albern erscheinende Übungen, wie das Entspannen, auf unseren Atem achten, langsame Bewegungen oder das Fokussieren auf einen Punkt, sehr hilfreich sein. Diese Übungen sind noch kein Gebet, sondern Momente, die unsere Selbstwahrnehmung und unser Bewusstsein steigern, dennoch sind sie wichtige Schritte der Vorbereitung. Genauso, wie wir das Festessen nicht verspeisen, ohne vorher den Tisch gedeckt zu haben, so braucht auch unser Gebet eine entsprechende Vorbereitung.

Für die Meditation müssen wir mit Leib und Seele da sein. Wenn wir nur körperlich präsent sind, doch innerlich fern, dann können wir zwar für unsere Probleme beten und Gott bitten, uns zu helfen, aufmerksam zu sein, jedoch haben wir nicht alles getan, was in unserer Macht steht. Wenn wir »fern« von Gott leben, versteckt sich unser Inneres in der Regel entweder in der Vergangenheit – wir tun so, als ob wir an bestimmten Punkten unserer Vergangenheit leben würden – oder flüchtet sich in die Zukunft oder in die Welt der Prinzipien. Doch die Nostalgie und die Fantasie trennen uns vom Gebet. Wenn wir wahrhaft ankommen, nehmen wir die Gegenwart ernst: unser eigenes Dasein sowie die uns umgebende Wirklichkeit.

Stehen bleiben und aufmerksam sein: Damit beginnt die Meditation. … Ein Mensch betet, wenn er ähnlich wie Mose angesichts des brennenden Dornbuschs seine Schuhe beziehungsweise die Last der Gewohnheit und der tödlichen Langeweile auszieht und erkennt, dass der Ort, an dem er gerade steht, ein heiliger Ort ist.[29]

Kinder und einfache Leute verstehen das oftmals viel schneller als die, die ausgeklügelte Abstraktionen suchen. Ankommen bedeutet, unsere Aufmerksamkeit auf das zu richten, was hier und jetzt wahrnehmbar ist. Gott können wir nur in der Gegenwart begegnen. Vielleicht stellt uns Jesus gerade in diesem Kontext die Kinder als Beispiel vor Augen, denn sie leben meist ganz ungekünstelt in der Gegenwart. Henri Nouwen schreibt darüber: *Gebet ist eine Übung des Verweilens in der Gegenwart. Während des Gebets treten wir in die Gegenwart Gottes ein, dessen Name: Gott mit uns ist. Beten heißt, achtsam Dem zuzuhören, Der uns hier und jetzt beim Namen nennt.*[30]

Der zweite Schritt des einsamen Gebets: die Suche nach Wahrheit

Wenn wir im Gebet »ankommen«, hören wir nicht nur mit halbem Ohr hin – hin- und hergerissen zwischen unserer eigenen Welt, unseren Gedanken und Gefühlen, unseren Wünschen und Vorstellungen auf der einen Seite und Gott auf der anderen Seite –, sondern wir trachten wahrhaftig danach, dass alles *wie im Himmel, so auch auf Erden* sei. Deshalb ist die zweite Phase der einsamen Meditation die Gottessuche.

Genau in dieser Gott zugewandten Aufmerksamkeit können wir uns durch die zwischenmenschlichen Beziehungen und das Leben Übung verschaffen, wenn wir in ihnen Christus suchen. Je vertrauter wir den Schritt aus dem Sichtbaren ins Unsichtbare tun, desto besser werden wir der Gegenwart Gottes überall, in allen Dingen und in uns selbst, gewahr.

Die »innere Kammer« ist in uns

Die innere Kammer, von der Jesus spricht, ist nicht nur ein physischer Raum, sondern ein seelischer. Wer hier eintritt, der durchdringt nicht nur seine Freuden und Ängste, Sehnsüchte und Sorgen, sondern gelangt noch tiefer, an den Ort, wo Gott schon auf uns wartet und uns im Verborgenen ansprechen will. Es bedarf des physischen Rückzugs, damit wir in unser Herz eintreten können. Die innere Kammer ist der innerste Bereich unseres Wesens, dessen Bewohner Gott selbst ist.

Der bereits erwähnte Karmeliten-Koch Bruder Lorenz sagt vom regelmäßigen Besuch der inneren Kammer: *Wir sollen während unserer Arbeit und anderen Tätigkeiten, selbst wenn wir etwas lesen oder schreiben, auch wenn es sich um geistliche Dinge handelt, ja, ich gehe noch weiter zu sagen: während unserer äußeren Andachtsübungen und mündlichen Gebete, kurz innehalten, sooft wir dies können, um Gott in der Tiefe unseres Herzens anzubeten, das heißt Ihn wenn auch im Geheimen zu verkosten. Da ihr wisst, dass Gott gegenwärtig ist in all euren Handlungen, dass Er in der Tiefe und Mitte eurer Seele ist, warum solltet ihr dann nicht zumindest ab und zu eure äußeren Tätigkeiten unterbrechen und sogar eure mündlichen Gebete, um Ihn in euch anzubeten, Ihn zu loben, Ihn zu bitten, Ihm euer Herz anzubieten und Ihm zu danken? Was kann Gott wohlgefälliger sein, als so oft wie möglich (abertausendmal) am Tag alles Geschaffene zu verlassen, um sich zurückzuziehen und Ihn in seinem Inneren anzubeten?*[31]

Das einsame Gebet ist eine ausdauernde Suche nach Gott. Es bedarf eines konsequenten Blicks »hinter die Kulissen«, einer ständigen Suche nach der Wahrheit. Wir ruhen nicht, bis die Wirklichkeit uns ganz tief in unserer Seele berührt. In alledem suchen wir nicht nach Erlebnissen, sondern nach Gott selbst. Der Beter wartet wie die Braut auf den Tag der Vermählung oder wie die Mutter auf die Stunde der Niederkunft oder wie der Nachtwächter auf das Morgengrauen. *Ich hoffe auf den Herrn, es hofft meine Seele, ich warte voll Vertrauen auf sein Wort. Meine Seele wartet auf den Herrn mehr als die Wächter auf den Morgen. Mehr als die Wächter auf den Morgen* (Ps 130,5f).

Wenn dieses Warten unseren Alltag durchwebt, dann kann das einsame Gebet zu einer alles durchwirkenden Geisteshaltung werden. Wer das einsame Gebet übt, tut das nicht nur, wenn er eben Lust dazu hat oder wenn die Voraussetzungen ideal sind, sondern auch ungeachtet oder eben trotz der Lebensumstände. Das einsame Gebet ist eine Lebensübung. Das spiegelt das Gebet Davids wider: *Nur eines erbitte ich vom Herrn, danach verlangt mich: Im Haus des Herrn zu wohnen alle Tage meines Lebens* (Ps 27,4).

Diese Übung fällt mal leichter, mal schwerer. Eins ist jedoch sicher: Für die Stärkung einer Sichtweise braucht es Verbindlichkeit und beharrliche Übung, wie es einer der Wüstenväter zu sagen pflegte: *Das einsame Gebet muss der Mensch bis zu seinem letzten Atemzug üben.*[32]

Ein Ja zur Einsamkeit und zur Geselligkeit

In Bezug auf die Übung des einsamen Gebets müssen wir auf eine praktische Frage eingehen. Wie viel Zeit sollten wir allein bzw. in Gesellschaft verbringen? Wie lange sollten wir uns zurückziehen und wie sehr die Gesellschaft anderer suchen? Wann ist es Zeit für das eine, wann für das andere?

In dieser Frage können wir viel aus unserem christlichen Erbe schöpfen, sofern wir nicht nur aus unseren eigenen Fehlern lernen wollen.

Ein gesundes soziales Leben ist Voraussetzung für die Einsamkeit. Denn wer allein ist, kann ungeteilten Herzens auf den Herrn achten. Wie Paulus sagt, ist es »gut«, wenn der Mensch allein bleibt.[33] Es gibt Inhalte in unserem Leben, die sich nur in der mit Gott gelebten Einsamkeit aufklären können. Wenn sie in der Einsamkeit nicht an ihren Platz gelangen, können sie sich zu derartigen Erwartungen oder Forderungen entwickeln, die die Gemeinschaft, in die wir sie hineintragen, stark belasten, ja sogar krankmachen kann. Wir selbst werden bestenfalls durch sie enttäuscht. Alle Zeit der Welt würde nicht ausreichen, um jene inneren Kämpfe gemeinsam durchzusprechen, die wir allein vor dem Angesicht Gottes aufarbeiten können.

Der Gemeinschaft tut es gut, wenn unsere Gefühle geklärt sind und in der Einsamkeit vor Gott an ihren Platz gelangen. Eheleute, die den Nutzen des einsamen Gebets kennen, gönnen ihren Gatten gern einmal eine Auszeit, um sich ganz und gar zurückziehen zu können. Denn sie bekommen ihn als einen besseren Menschen zurück. Wenn wir uns selbst in Gott gefunden haben, werden wir bereit für das Gemeinschaftsleben; dann brauchen wir keine Erwartungen an die Gemeinschaft zu stellen, die sie uns niemals erfüllen kann. Wenn wir innerlich frei geworden sind, wenn wir nicht nur bekommen, sondern auch geben wollen, dann werden wir zu nützlichen Gliedern einer Gemeinschaft. Im 12. Jahrhundert riet Bernhard von Clairvaux einer Ordensfrau, die ihre Gemeinschaft verlassen wollte, um in die Einsiedelei zu gehen, sich nicht nur ihr eigenes Wohl vor Augen zu halten, sondern auch das ihrer Gemeinschaft. *Entweder bist Du eine der törichten Jungfrauen oder der klugen. Gehörst Du zu den törichten Jungfrauen, dann brauchst Du die Gemeinschaft; gehörst Du aber zu den klugen, dann braucht die Gemeinschaft Dich.*[34]

Selbstverständlich können die meisten Wunden, die wir meist durch die Gemeinschaft erhalten haben, auch durch menschliche Beziehungen heilen. Gott hat uns als soziale Wesen erschaffen. Für ihre Heilung brauchen wir liebende Gemeinschaft. Nur wenn wir wissen, dass wir geliebt sind, werden wir wirklich frei: Auch in der Einsamkeit brauchen wir die Gewissheit, dass wir durch die Liebe von Menschen aus Fleisch und Blut getragen sind. Denn die Bibel sagt ebenso: *Es ist nicht gut, dass der Mensch allein bleibt* (Gen 2,18).

Wir können unsere Aufmerksamkeit Gott nur dann ganz zuwenden, wenn unsere zwischenmenschlichen Beziehungen in Ordnung sind. Nur unter Gefährten können wir unser wahres Selbst finden. Es tut uns gut, in einer wirklichen Gemeinschaft zu leben, nicht nur zu unserem eigenen Wohlergehen, sondern auch, weil wir so im Sinne des Gebotes der Nächstenliebe zum Wohle anderer die Hände und die Gegenwart Jesu für andere sein können.

Einsamkeit und Gemeinschaftsleben gehören untrennbar zusammen. Die Herausforderung ist das rechte Maß beider Anteile im Alltag.

Rhythmus

Das gesunde Verhältnis zwischen dem einsamen Gebet und dem Gemeinschaftsleben ist wie das von Ebbe und Flut. Der Rückzug geschieht nur für eine gewisse Zeit, damit die Rückkehr später umso besser gelingt. Es braucht beide Pole, denn wir können weder den einen noch den anderen für längere Zeit entbehren. Wir sind an unserem Platz, wenn wir den wechselnden Rhythmus von Einsamkeit und Geselligkeit bewahren. Dieser Rhythmus ist eine grundsätzliche Voraussetzung für das Gebet.

Aidan, ein keltischer Ordensmissionar aus dem 7. Jahrhundert, stellte mithilfe eines Bildes, das er tagtäglich vor Augen hatte, dar, wie das einsame Gebet und das Gemeinschaftsleben sich zueinander verhalten. Die Halbinsel Northumbria, seine Missionsstation, die bis zum heutigen Tage der Sitz einer Ordensgemeinschaft ist, ist nur durch einen schmalen Landstreifen mit dem Festland verbunden. Bei Ebbe ist der einzige Weg, der zum Kloster führt, trocken, doch bei der Flut wird alles vom Wasser überströmt, und das Kloster kann nicht mehr trockenen Fußes betreten werden. Die Halbinsel wird dann zu einer Insel. Aidan erlebte so zweimal täglich den Wechsel zwischen Einsamkeit und Verbundenheit mit anderen. Aus dieser Erfahrung heraus spricht er sein Gebet:

Lasst mich mit Gott allein,
soweit wie möglich.
Wie die Flut die Küste überströmt,
so mache mich zu einer Insel,
abgeschieden, mit dir allein, mein Gott,
als dein Heiligtum.

Doch wenn die Strömung sich wendet,
bereite mich vor, deine Gegenwart
drüben in die lärmende Welt hineinzutragen,
die auf mich einstürmt;
bis die Wasser wiederkommen
und mich zu dir zurückführen.[35]

Die Suche schmiegt sich ins Zulassen

Zu Beginn der Meditation ist unsere Aufmerksamkeit besonders von der Gottessuche gefesselt sowie von der konsequenten Ausdauer – also dem, was wir tun können –, um unser Gebet »in der richtigen Richtung zu halten«. Gerade deshalb beschäftigen sich die Kurse und Schriften über Meditation mit den entsprechenden Techniken und Methoden.

Meditation ist eine Suche, bei der es der Selbstbeherrschung bedarf. Größtenteils liegt es an uns, ob unsere Aufmerksamkeit immer wieder neu zur Suche nach Gott zurücklenkt und wir diese Suche nicht aufgeben.

Im Verlauf des Gebets wird die Erkenntnis, dass unsere Suche letztendlich nur eine Antwort ist, zunehmend wichtiger, denn sie ist eine Antwort auf die Suche Gottes nach uns: Wir können Gott lieben, weil er uns zuerst geliebt hat. Die Apostel Johannes und Paulus so wie viele andere, etwa Augustinus, Bernhard von

Clairvaux, Blaise Pascal oder Therese von Lisieux, wiederholen das immer wieder: Wir könnten Gott nicht suchen, wenn er uns nicht zuerst gesucht hätte.

Den Wert unserer Suche bestimmt die Suche Gottes nach uns. Er zieht uns zu sich. Wenn wir beten, ist alle Selbstbeherrschung, Selbstverleugnung, alles, was wir tun, nur ein Teil der Annäherung. Angesichts ihrer Bedeutung ist sie lediglich der kleinere Teil. Aus nächster Nähe betrachtet erkennen wir, wie gering ihre Bedeutung wahrhaftig ist.

Für den Menschen, der auf dem Weg der Meditation voranschreitet, wird es immer klarer, dass unsere Suche geführt ist. Unsere Gedanken und unser Reden sind bestimmt von der Tat Gottes, von der Liebe des Vaters, dem Frieden des Sohnes und der Gemeinschaft des Heiligen Geistes. Unsere Suche wird nicht schwächer, vielmehr sind die Akzente verschoben: Immer häufiger vollzieht sich in uns das Gebet Jesu: *wie im Himmel, so auf Erden*. Immer mehr lassen wir zu, dass die Dinge, die wir wahrnehmen, so sein dürfen, wie sie sind; dass die Dinge, die wir suchen, uns finden dürfen, ohne dass wir auf sie Einfluss nehmen, ohne dass wir sie verändern, analysieren oder einen Nutzen aus ihnen ziehen wollen. Wir erkennen und akzeptieren, dass wir den Ausgang der Dinge nicht selbst bestimmen. Unsere Suche nach Gott und nach der Wahrheit wird mehr und mehr vom Geist der Einwilligung durchdrungen.

Jetzt sind wir ein wenig vorausgeeilt. Doch bevor wir unsere Aufmerksamkeit auf die liebevolle Einwilligung und Selbstüberlassung lenken, wie wir das im dritten Teil, *dem Gebet als Kontemplation*, tun werden, steht noch eine große Herausforderung vor uns: unsere eigenen Bedürfnisse und unseren gegenwärtigen Zustand ins Gebet zu schließen. Wenn wir den Gedanken des Vaterunsers weiterspinnen, lehrt uns Jesus in seiner Schule des Gebets, wie wir unsere Bitten vor Gott tragen können. Da wir jedoch durch das betende Suchen Gott besser kennenlernen können als durch Abhandlungen über ihn, sei hier jetzt, wie Bernhard sagt, *Schluss mit den Worten, doch nicht mit der Suche.*[36]

II. Teil – Das Gebet als Bitte: Gib uns

Bislang haben wir uns mit einer Gebetsart auseinandergesetzt, die der Herrschaft und dem Willen Gottes immer besser zum Durchbruch verhelfen will. Die biblische Tradition nennt das Meditieren. Die Meditation ist die Grundlage für jede Suche nach Wahrheit und nach Gott. Ohne sie können wir gar nicht erst von Gebet sprechen.

Damit jedoch unsere Beziehung mit Gott echt und gegenseitig sein kann, ist es unerlässlich, uns selbst in das Gebet mit einzubeziehen: Unsere eigene Welt muss im Gebet ihren Platz finden. Unser Leben bildet einen wichtigen Teil des Dialogs, denn in Kontakt kann man nur mit dem treten, der es wagt, sich selbst zu offenbaren. Wer sein wahres Gesicht versteckt oder seine innere Welt nicht mitteilen will, zollt vergeblich Aufmerksamkeit und Dienstbereitschaft, er ist nicht in der Lage, eine gegenseitige Beziehung aufzubauen – und wird auch nicht beten können. Jeder Mensch weiß, wie schwierig es ist, eine tiefere Beziehung mit einer Person zu pflegen, die zwar nett und hilfsbereit ist, ihr eigenes Ich jedoch nicht aufdecken will. Beim Beten müssen wir lernen, offen und wahrhaftig unser eigenes Selbst vor Gott offenzulegen.

Jesus hält das für so wichtig, dass der längere Teil des Vaterunsers von unseren Bedürfnissen spricht. Das betont er auch in anderen Unterweisungen über das Beten, wenn er oft von Bitten und Danken redet.

Dasselbe finden wir im Gebetbuch des Alten Testamentes, in den Psalmen: Sie sind eine wahre Fundgrube der vor Gott gebrachten Bedürfnisse, Fürbitten und Dankbarkeit für Gottes Barmherzigkeit.

Wie wir bereits darauf hingewiesen haben, geht das Gebet weit über die Bitte und den Dank hinaus, allerdings meinen wir, wenn wir über Gebet sprechen, meistens das Bittgebet und die Danksagung. Deshalb wollen wir unsere Aufmerksamkeit in diesem Teil des Buches gezielter darauf richten. Wie beten wir? Können wir im Gebet unserem ganzen Sein wahrhaftig in die Augen schauen und es vor Gott bringen? Wie bringen wir im Gebet unsere Bedürfnisse so zum Ausdruck, dass wir dabei unsere Glaubwürdigkeit nicht verlieren oder zu Tyrannen unserer selbst werden?

5. Unsere Bedürfnisse: *Unser tägliches Brot gib uns heute*

Alles, was wir haben, ist von Gott. Zwar erwartet er von uns, dass wir unseren eigenen Teil beitragen, die Kraft und die Ressourcen stellt er uns jedoch zur Verfügung. Er kümmert sich um unsere Nöte.

Es gibt Bedürfnisse, die unsere Abhängigkeit zum Ausdruck bringen: der Herzschlag, der Atem, die Erdrotation, die Sonnenwärme. Wenn die Dinge gut gehen, fällt es uns nicht ein, für sie zu beten, wir halten sie für »biologische« oder »physische« Gesetzmäßigkeiten.

Es gibt jedoch auch situationsbedingte Bedürfnisse: Wenn jemand während eines Gesprächs unseren Gerechtigkeitssinn verletzt, wenn wir bei einer Wanderung Durst bekommen oder ein Schmerz in unseren Körper sticht, wenn wir also Erfahrungen unserer Zerbrechlichkeit machen, dann fangen wir an zu beten.

Wir haben aber auch Bedürfnisse, die eher psychischer Natur sind: unser Sicherheitsbedürfnis oder Wunsch nach Anerkennung. Sie sind immer präsent und bestimmen uns. Nur wenn sie fehlen, werden wir ihrer bewusst. Dann bewegen sie uns zum Beten.

Einige psychologische Modelle sprechen von einer Hierarchie der Bedürfnisse: Es gibt elementare Lebensnotwendigkeiten (Nahrung, Kleidung usw.), die sich sofort und unaufschiebbar melden, während andere Bedürfnisse erst dann zur Geltung kommen, wenn erstere befriedigt sind. Ein hungernder Mensch kümmert sich kaum um sein Bedürfnis nach Musik. Hat er sich jedoch satt gegessen, gewaschen und ordentlich gekleidet, dann dürfen sich auch die tiefer liegenden Bedürfnisse Geltung verschaffen: die emotionalen, sozialen und spirituellen Bedürfnisse. Wir können also die größere Bandbreite unserer Bedürfnisse nur kennenlernen, wenn wir ein gewisses Gefühl der Zufriedenheit erfahren, wenn unsere körperlichen und vordergründigen emotionalen Bedürfnisse weniger fordernd geworden sind. Wer hungert, Not leidet oder Gewalt erfährt, interessiert sich weniger für die geistlichen, spirituellen Dimensionen des Lebens.

Im Gebet Jesu bekommen alle Bitten Raum, nichts darf aus dem breiten Repertoire der menschlichen Bedürfnisse fehlen. Im Vaterunser sprechen wir drei verschiedene Bitten aus, die alle Bereiche unseres Lebens einschließen: Wir bitten um das tägliche Brot, das heißt um die notwendige Lebensgrundlage; wir bitten den Vater um Vergebung, das heißt, wir bitten ihn, die Ketten unseres inneren Lebens zu zerbrechen, damit wir in unseren Beziehungen zu Gott und zu den Menschen frei werden können; und schließlich bitten wir ihn, uns vom Bösen zu befreien, das heißt von den zerstörerischen Kräften. Calvin schreibt darüber: *Alles, was wir von Gott erbitten müssen und können, ist für uns in diesem Gebet niedergeschrieben, Christus, der beste Lehrmeister des Gebets, hat es uns gleichsam als Regel für das Gebet überlassen.*[37]

Bitte und Vertrauen

Für Jesus existieren keine kleinlichen Bitten. Es gibt kein Bedürfnis, das wir im Gebet »nicht aussprechen dürften«. Unsere tägliche Nahrung, Kleidung, Unterkunft – also unsere grundlegendsten Lebensnotwendigkeiten – bekommen einen besonderen Platz, denn sogar die Haare auf unserem Kopf sind gezählt. Jesus spornt uns an, mutig zu bitten.

Jesus sagte ihnen durch ein Gleichnis, dass sie allezeit beten und darin nicht nachlassen sollten: In einer Stadt lebte ein Richter, der Gott nicht fürchtete und auf keinen Menschen Rücksicht nahm. In der gleichen Stadt lebte auch eine Witwe, die immer wieder zu ihm kam und sagte: Verschaff mir Recht gegen meinen Feind!

Lange wollte er nichts davon wissen. Dann aber sagte er sich: Ich fürchte zwar Gott nicht und nehme auch auf keinen Menschen

Rücksicht; trotzdem will ich dieser Witwe zu ihrem Recht verhelfen, denn sie lässt mich nicht in Ruhe. Sonst kommt sie am Ende noch und schlägt mich ins Gesicht. Und der Herr fügte hinzu: Bedenkt, was der ungerechte Richter sagt. Sollte Gott seinen Auserwählten, die Tag und Nacht zu ihm schreien, nicht zu ihrem Recht verhelfen, sondern zögern? Ich sage euch: Er wird ihnen unverzüglich ihr Recht verschaffen. Wird jedoch der Menschensohn, wenn er kommt, auf der Erde (noch) Glauben vorfinden? (Lk 18,1–8).

Im Einklang mit dem Alten Testament stellt Jesus uns den Vater als jemanden vor, der sich um seine Geschöpfe kümmert, ihre Bedürfnisse ernst nimmt. Konkrete Notlagen gaben Jesus den Anlass für den Großteil seiner Lehre. Immer ruft er uns dazu auf, uns mutig an den Vater zu wenden.

Die Frage ist eher, ob wir unsere Bedürfnisse nicht als zu mickrig ansehen, um sie im Gebet vor Gott zu tragen. Wenn wir ein Anliegen für »zu unbedeutend« hielten, um es im Gebet vor Gott zu bringen, drücken wir damit in Wirklichkeit aus, dass wir gar nicht mit Gottes Hilfe rechnen. Seien wir doch so mutig, uns in unserer Notlage an Gott zu wenden! Jesus ruft uns dazu auf. Vor Gott ist kein Anliegen so »schlimm«, dass es nicht ausgesprochen werden dürfte.

Wenn ein Kind seinen Eltern sagen würde, dass es etwas braucht, aber selbst auf ihr Drängen hin um keinen Preis verraten wollte, um was es geht, aus Angst, die Bitte wäre zu groß, und wenn das nicht nur einmal vorkäme, sondern jahrelang, dann würden seine Eltern bestimmt anfangen, sich wegen der Vorsicht ihres Kindes Sorgen zu machen. Ein liebender Vater, eine liebende Mutter hofft auf das Vertrauen ihres Kindes: »Sag, was du brauchst! Ich verspreche dir zwar nicht, dass ich dir immer geben werde, um was du mich bittest, aber ich möchte, dass du mir deine Wünsche nicht vorenthältst, sondern mir vertraust.« Es kommt, was die Lebensentwicklung des Kindes angeht, beim vertrauensvollen Bitten sicher nicht in erster Linie darauf an, ob die konkrete Bitte erfüllt werden kann oder nicht (obwohl das nun die Vermutung eines Erwachsenen ist, ein Kind würde bestimmt etwas anderes sagen). Auf lange Sicht gesehen zählt die Vertrauensbeziehung mehr, die durch das konkrete Aussprechen der Bitten sogar noch weiter genährt wird.

Dasselbe gilt für unsere Gottesbeziehung. Wer bittet, gibt Zeugnis von seinem Gottvertrauen. Gott wendet sich uns liebevoll zu wie ein irdischer Vater bzw. noch liebevoller als ein irdischer Vater! Denn Gott ist gut und alles, was er tut, ist gut für uns. Das Herzstück unseres Bittgebets ist also, dass wir mit seiner Güte rechnen. Dazu fordert Jesus uns auf: *Dann sagte er zu ihnen: Wenn einer von euch einen Freund hat und um Mitternacht zu ihm geht und sagt: Freund, leih mir drei Brote; denn einer meiner Freunde, der auf Reisen ist, ist zu mir gekommen, und ich habe ihm nichts anzubieten!, wird dann etwa der Mann drinnen antworten: Lass mich in Ruhe, die Tür ist schon verschlossen und meine Kinder schlafen bei mir; ich kann nicht aufstehen und dir etwas geben? Ich sage euch: Wenn er schon nicht deswegen aufsteht und ihm seine Bitte erfüllt, weil er sein Freund ist, so wird er doch wegen seiner Zudringlichkeit aufstehen und ihm geben, was er braucht.*

Darum sage ich euch: Bittet, dann wird euch gegeben; sucht, dann werdet ihr finden; klopft an, dann wird euch geöffnet. Denn wer bittet, der empfängt; wer sucht, der findet; und wer anklopft, dem wird geöffnet. Oder ist unter euch ein Vater, der seinem Sohn eine Schlange gibt, wenn er um einen Fisch bittet, oder einen Skorpion, wenn er um ein Ei bittet? Wenn nun schon ihr, die ihr böse seid, euren Kindern gebt, was gut ist, wie viel mehr wird der Vater im Himmel den Heiligen Geist denen geben, die ihn bitten (Lk 11,5–13).

Der Vater verschenkt sich selbst an die, die ihn darum bitten, er gibt sogar seinen Geist. Keiner muss sich fürchten, wenn er den Vater um etwas bittet.

Fehlt uns der Mut, eine Bitte auszusprechen, dann liegt das höchstwahrscheinlich an unseren zwischenmenschlichen Beziehungen, in denen wir schlechte Erfahrungen gemacht haben oder falsch beraten waren. Es gibt Lehrmeinungen, die den Menschen Angst vor Gott einflößen. Gläubige, die in solchem Misstrauen leben, sind verängstigt, wenn sie Fehler begangen haben, sie fürchten sich vor unbekannten spirituellen Einflüssen und vor der Strafe Gottes. Sie projizieren *ihre* Angst auf Gott. Jesus hingegen sagt eindeutig: Der Glaube an Gott kann nie *zu groß* sein, höchstens zu klein.[38]

Meistens fehlt es uns an bedingungslosem Vertrauen, damit sich unsere Gottesbeziehung vertiefen kann. Wenn Jesus uns das bedingungslose Vertrauen lehrt, tut er das für die Vertiefung unserer Beziehung zu Gott, dem Vater: Eine reife Liebesbeziehung kann nur auf Vertrauen gründen, auf sonst nichts.

Selbstverständlich gibt es auch eine respektlose Art, mit Gott in Beziehung zu treten, eine Art kumpelhafter Umgang oder unreife Vertrauensseligkeit. Das Problem ist jedoch nicht das Maß des Vertrauens, sondern der mangelnde Respekt.

Jeder von uns hat in der Vergangenheit Dinge erlebt, die ihn tief darin bestimmen, wie nah er jemanden an sich heranlassen oder jemandem vertrauen kann. Je nachdem, ob die Erfahrungen traumatisch oder stärkend waren, wirken sie sich auch maßgeblich auf unsere Gottesbeziehung aus.

Von Letzterem möchte ich eine Geschichte erzählen. Im Jahr 1996 wurde ich im Regent College im kanadischen Vancouver auf ein Gespräch aufmerksam. Als ich auf dem Flur an einer offenen Bürotür vorbeikam, sah ich, wie zwei Männer sich voneinander verabschiedeten. Einer von ihnen war Michael Card, ein bekannter amerikanischer Sänger neuer geistlicher Lieder, der in diesen Wochen gerade an der Fakultät unterrichtete. Er sprach mit seinem Gast über den Kartenverkauf und die Ehrenkarten für sein nächstes Konzert. Da ich mit meiner Frau sehr sparsam lebte, war mir bald bewusst, dass wir keine dieser teuren Konzertkarten kaufen könnten. Aber als ich das Gespräch so hörte, kam mir ein Gedanke. Ich holte tief Luft, trat an die bereits geschlossene Tür und klopfte an. Ich war Michael Card noch nie persönlich begegnet, kannte ihn nur vom Hörensagen und von seinen CDs. Ich stellte mich ihm vor und gestand, dass ich draußen auf dem Flur ungewollt das Gespräch über die Ehrenkarten hörte, und obwohl ich nicht unverschämt sein wollte, sagte ich ihm, dass wir gerne sein Konzert besuchen wollten und ob es möglich sei, Ehrenkarten zu bekommen. Michael Card wandte sich mir bereitwillig zu und antwortete mit den Worten des Apostels Jakobus: *Ihr erhaltet nichts, weil ihr nicht bittet.* Dann fügte er hinzu, dass er uns gerne ein paar Ehrenkarten geben würde, ich sollte nur sagen, wie viele ich bräuchte. Bald fand ich mich wieder draußen auf dem Flur mit zwei Ehrenkarten in der Hand. Freude und Verblüfftheit rührten in mir. Michaels Antwort prägte sich mir für den Rest meines Lebens tief ein: *Ihr erhaltet nichts, weil ihr nicht bittet.*

Jesus lehrt uns, dass ein anklopfendes und »draufgängerisches« Gebet *gut* ist. Wenn Gott sich um die Lilien des Feldes und die Vögel des Himmels kümmert, warum sollte er sich nicht auch um uns kümmern, selbst um unsere kleinsten Anliegen? Scheuen wir uns nie, Gott unsere Bitten hinzuhalten. Sollte er etwas anderes wollen, wird er uns das bestimmt zu verstehen geben. Im Namen Jesu zu bitten heißt, so zu bitten, als ob er selbst den Vater für uns bitten würde. Jesus bat den Vater wie jemand, der glaubte, dass er erhalten wird, um was er bittet. Das lehrte er seinen Jüngern: *Und alles, was ihr im Gebet erbittet, werdet ihr erhalten, wenn ihr glaubt* (Mt 21,22).

Was macht sie »glücklich«?

Während man das Evangelium liest, hat man oft den Eindruck, als ob Jesus sich auf die Schwachen spezialisiert hätte. Im Gegensatz zu den Theorien der heutigen Ausbildung von Führungskräften verbrachte Jesus den Großteil seiner Zeit mit den Ausgestoßenen, Kranken, Trauernden und Armen seiner Zeit. Er umgab sich nicht mit einflussreichen Menschen, mit denen er aus »strategischen Gesichtspunkten« hätte rechnen können. Als Zielgruppe wählte er nicht die Starken und Einflussreichen. Warum verkündete er das Evangelium vom Reich Gottes zuerst den Kranken, Prostituierten und Kindern? Warum wandte er sich mit solch starker Aufmerksamkeit gerade denen zu, die Lasten trugen und voll mit Anliegen waren?

Vielleicht, weil sie sich ihrer Bedürftigkeit bewusst waren und ihre Abhängigkeit akzeptierten. Wenn wir mit unseren Bedürfnissen konfrontiert werden, kommen wir unserem wahren Selbst näher, jenem Teil unseres Selbst, mit dem Gott in uns zu tun hat. Wenn wir uns Gott so annähern, können wir ihm nicht nur unsere Stärken und Gaben besser überlassen, sondern auch unsere Gebrechlichkeit und Fehlbarkeit, unsere Wunden und Schwachpunkte. Ähnlich wie ein Ertrinkender, der erschöpft ist vom Um-sich-Schlagen und deshalb loslassen und sich dem anderen ganz überlassen kann.

Auch ich hatte Gelegenheit, von diesem Ausgeliefertsein zu kosten. Zwar ist es schon gut zehn Jahre her, aber ich erinnere mich noch deutlich an dieses Erlebnis in der Karibik. Ich wurde etwa 100 Meter vom Ufer entfernt zwischen den Korallenriffs und Wellen auf dem offenen Wasser hin und her geworfen, nachdem ich an einem freien Tag der Konferenz mit meiner Frau und mehreren Kollegen aus eigenem Antrieb dorthin gefahren war, um die Wunder der Unterwasserwelt zu bestaunen. Allerdings war ich zu weit geschwommen und ermüdete. Ich war allein. Je kraftloser ich wurde, desto mehr Salzwasser begann ich zu schlucken. Auf einmal griff mir jemand unter den Arm und sagte, ich solle keine Angst haben. Es war Keith, ein zertifizierter Rettungsschwimmer, einer meiner Kollegen. Ich überließ ihm die Führung. Nicht, weil ich so weise gewesen wäre, sondern weil ich keine andere Wahl mehr hatte. Ich überließ mich ihm mit meiner ganzen Wirklichkeit.

Keith sagte mir am nächsten Tag mit einem Lächeln: »Du schuldest mir dein Leben.« Er hatte schon anderen das Leben gerettet und wusste daher aus Erfahrung, was ich früher nur aus den Erzählungen anderer kannte: Solange der Ertrinkende Kraft hat, tut er alles, um sein Leben zu retten, er schlägt wie verrückt mit den Armen um sich. Es ist schwer, solch einen Menschen zu retten. Daher warten die Rettungsschwimmer oft so lange, bis derjenige ganz erschöpft ist, damit sie ihn aus dem Wasser ziehen können.

Der Prophet Jonas war jemand, der auf der Flucht war, lange mit Gott stritt und Pläne schmiedete. Bis er dann im Bauch des Fisches landete, wo ihm keine Wahl mehr blieb. Dort begann er zu beten.

Das ganze Volk Israel lernte so das Beten: in Babylon, als sie weder Tempel noch Priester noch Gottesdienste hatten und ihrem religiösen Leben keine äußerliche Stütze mehr blieb. Das war der Moment, als Israel sich die alten Gebete wieder ins Bewusstsein rief und neue formulierte. So entstand das Buch der Psalmen. Genau dann, als das Volk sich verloren sah, als es mit den Worten des Propheten von sich sagte: *Wir tasten uns wie Blinde an der Wand entlang und tappen dahin, als hätten wir keine Augen. Wir stolpern am Mittag, als wäre schon Dämmerung, wir leben im Finstern wie die Toten* (Jes 59,10).

Wer entbehren muss, fängt oft entgegen seinen Prinzipien an zu beten. Denn die Kranken brauchen den Arzt, nicht die Gesunden. (Lk 5,31f). Wer Not leidet, ob zwischen Wellen oder in Gefangenschaft, schert sich wenig darum, wie er vor anderen erscheint. Der erschöpfte Mensch lässt die Selbstdarstellung fallen wie eine unnütze Maske nach einem Faschingsball. Ermüdet stellt sich der Mensch nicht mehr als Held dar, sondern kehrt zu seinem eigentlichen Selbst zurück.

Jesus spricht die Ermüdeten an, die Lasten tragen und verachtet werden. Denn sie wissen, dass sie Gott brauchen. Sie verbergen das nicht mehr, sondern nehmen es hin und stellen sich so vor Gott.

C. S. Lewis hatten wahrscheinlich die Worte des Apostels Paulus an die Christen in Korinth inspiriert, als er in seinem Roman *Du selbst bist die Antwort*, einer Neufassung des alten griechischen Mythos über Orual, die verbitterte und hässliche Halbschwester Psyches, schrieb, die mit Gott und den Menschen nur so lange haderte, solange sie ihr wahres Gesicht verbarg. In diesem Werk, von dem er gestand, dass es von all seinen Büchern am meisten seine eigene Seele widerspiegele, zeigte Lewis, dass nur jener Mensch Gottes »Antlitz« suchen könne, der selbst mit unverdecktem Gesicht wandelt.[39]

Nur ohne Masken, wenn wir unser wahres Gesicht zeigen, können wir hoffen, den lebendigen Gott kennenzulernen. Wer zu Gott sagt: *Dein Angesicht suche ich, Herr*, muss sich darauf vorbereiten, sein wahres Gesicht vor ihm aufzudecken.[40] Diese unverhüllte Ehrlichkeit ist für das Gebet von Vorteil, denn wer ehrlich bittet, trägt sein wahres Wesen vor Gott und daraus entsteht eine echte Begegnung. Selig die Armen, denn ihnen gehört das Himmelreich.

Zwei verschiedene Fluchtwege

Unsere Bedürfnisse sind von Gott geschenkte Rettungsringe, die grundlegendsten Bezugspunkte zwischen Gott und Mensch, die uns helfen, in unserer Gottesbeziehung und in unserem Gebet für unser vergängliches, verletztes und auf andere angewiesenes Sein einzustehen. Keinem von uns fällt es leicht, sich mit seinen eigenen Schwächen konfrontiert zu sehen. Oft gestehen wir sie nur ein, wenn es sein »muss«. Wir haben uns daran gewöhnt, dass die beste Verteidigung in dieser Welt ist, die Schmerzen hinter einer Maske zu verbergen, unsere Schwächen zu verdecken.

Kierkegaard enthüllt scharfsichtig diesen Fluchtversuch vor Gott. Er erinnert uns daran, dass der Mensch auf zwei verschiedene Weisen versuchen kann, der Gegenwart Gottes aus dem

Weg zu gehen. Eine Form der Flucht ist, dass der Mensch jemand anderer sein will, als er wirklich ist. Er fabriziert Fantasien, sucht Idole, mit denen er sich identifiziert und in deren Rolle er zu schlüpfen versucht. Das ist der Weg des Idealisten. Der zweite Fluchtversuch ist, wenn der Mensch sich selbst ablehnt. Er hält sein wahres Selbst für zu abstoßend und wendet sich von sich selbst ab. Er tut alles, um seine Aufmerksamkeit von sich abzulenken. Sei es Unterhaltung, Suchtkrankheiten oder Arbeitswut. Er engagiert sich so sehr, dass ihm keine Energie mehr für sich selbst bleibt.

Kierkegaard weist darauf hin, dass beides aus derselben Verzweiflung hervorgeht. Beide Fluchtwege entfernen uns von der Wirklichkeit. Ihre Korrektur ist das Hintreten vor Gott. Genau das geschieht im Bittgebet.[41]

Die Werkstatt

Wenn wir unser wahres Selbst vor Gott bringen, treten wir in eine Werkstatt ein, in der unsere Seele geformt wird. Denn wenn der Geist Gottes dem Geist des Menschen begegnet und ihn berührt, geschieht etwas Unaussprechliches. In dieser Begegnung bleibt der Mensch nicht mehr der alte. Eine geheimnisvolle und wesensmäßige Umgestaltung nimmt ihren Lauf.

Diesen Veränderungsprozess vergleicht Teresa von Avila im 16. Jahrhundert gerne mit dem Bild des Schmetterlings. Wie die Seidenraupe sich verpuppt, im Kokon in der völligen Verborgenheit sich umwandelt, damit der Schmetterling, wenn die Zeit des Ausfliegens gekommen ist, seine Flügel entfaltet und fortfliegt, genauso formt sich die Seele im »Kokon« des Gebets, in der Begegnung mit Gott.

Das Gebet ist eine kraftvolle »Werkstatt«. Unser altes Selbst, das wir hineintragen, bleibt nicht mehr dasselbe, wenn wir es wieder zurückbekommen. Das Grundmaterial, das, was wir hier und jetzt sind und sein können mit unseren Gefühlen, Gedanken, Absichten und mit unserer körperlichen Wirklichkeit, wird zu einer »neuen Schöpfung«, zur Neuschöpfung Gottes, wenn es aus der Werkstatt des Gebets herauskommt.

Eugene Peterson sagt deshalb: *Beten wir so, wie wir wirklich sind, und nicht, wie wir uns vorstellen, sein zu müssen. Im Gebet ist nicht alles süß und strahlend. Das Gebet ist nicht die Verdeckung unserer hässlichen Gefühle, damit sie anständiger aussehen, sondern ihre Aufdeckung: damit diese Gefühle im Königreich auch in die Arbeit eingespannt werden.*[42]

Wenn jemand in der Zeit des Alten Testaments Gott seinen Dank ausdrücken, um Vergebung bitten oder etwas versprechen wollte, brachte er dem Priester stets eine Opfergabe mit. Diese Gabe war etwas, für das er hart gearbeitet hatte, was er gepflegt und gezüchtet hatte, was sein Eigentum war: ein Sack Getreide, duftende Kräuter oder ein Lamm. (Die Wahl dieser Gaben wurde im mosaischen Gesetz einheitlich geregelt und so der Giftzahn des Wettstreits zwischen den Menschen schon von vornherein gezogen). Was der Mensch auf dem Opferaltar darbrachte, stellte ihn selber dar. Es war ein Teil seiner selbst.

Das Opfer wurde dann vom Priester verbrannt; nichts als Glut, Asche und Rauch blieben davon übrig und der Duft. Und genau das zählte für Gott. Auf dem Altar werden alle menschlichen Opfergaben vernichtet, sie verschwinden fast spurlos, was übrig bleibt, ist ihr aufsteigender Duft. Das ist das Zeichen der Huldigung. Das gefällt Gott.[43]

Im Gebet geschieht etwas Ähnliches. Wenn wir uns vor Gott hinstellen, sind wir selbst das lebendige Opfer und unser Gebet ist der Altar. Was wir zurückbekommen, gesetzt den Fall, dass wir uns wirklich selbst dargebracht haben, ist etwas anderes, als was wir vorher waren. Das Wesen des im Gebet dargebrachten Opfers wird »verwandelt«.

Ein solches Gebet ist eine »Verschwendung«. So, wie im Evangelium für Judas das Handeln der Frau, die die Füße Jesu mit ihrem teuren Öl salbte, eine reine Verschwendung war, so ist für unseren utilitaristisch geprägten Verstand das Gebet nur eine reine Verschwendung von Zeit und Energie. Wenn wir jedoch den Duft des Opfers »schnuppern«, erahnen wir etwas von seinem Geheimnis. In der Gegenwart Gottes für uns selbst einzustehen und uns freiwillig und ganz und gar darzubringen ist gut und wertvoll.

Könnte Gott das ohne unsere Bitten nicht vollbringen?

Der vollkommen freie und allmächtige Gott, der uns, ohne uns zu fragen, erschaffen hat und auch heute noch handelt, verlangt von uns, dass wir ihn bitten. Hat er das nötig? Könnte er ohne unsere Bitten uns nicht glücklich machen? Wie sollen wir das verstehen?

Aus dem Leben Jakobs kennen wir viele Einzelheiten, sein Leben ist auf vielerlei Weise sehr lehrreich (vgl. Gen 32). Das Schicksal und Leben eines der Patriarchen Israels ist symbolisch. Er kommt als »Betrüger« zur Welt (das heißt übersetzt der hebräische Name Jakob, den er bei der Geburt erhalten hat), verbringt sein Leben damit, sich auf Kosten anderer zu bereichern, aber eines Tages wird er zum »Gottesstreiter« (das bedeutet sein neuer Name: Israel).

Wir begegnen Jakob als jemandem, dessen Leben anscheinend aus nichts anderem besteht als aus Flucht und Betrug. Er flieht schon aus Gewohnheit: vor Gott, vor den Menschen und vor sich selbst. Er war unfähig, für sich selbst einzustehen. Er arbeitete, überlistete und manipulierte andere, um sich Vorteile zu verschaffen. Seinen sterbenden Vater Isaak täuschte er, spielte seinen Bruder Esau aus, plünderte seinen Verwandten Laban, der ihn 20 Jahre lang bei sich aufgenommen hatte. Und jetzt geht er nach Hause.

Wo kommt er her? Indem er den Hunger seines Bruders ausgenutzt und ihm das Erstgeburtsrecht weggenommen hatte, schnappte er sich durch eine Lüge den väterlichen Segen. Jetzt floh er aus Angst vor der Rache seines Bruders, sodass er noch nicht einmal beim Tod seiner Mutter zu Hause ein konnte. 20 Jahre lang wohnte er bei seinem Onkel Laban. In Laban hatte er seinen Meister gefunden. 20 Jahre konnten sie sich nicht verständigen, sie konnten sich nicht einigen, wem was gehört. Jakob zögerte nicht länger, eines Nachts floh er. Er bestahl Laban, nahm ihm seine Herde weg und machte sich erneut auf die Flucht.

Nach diesen Ereignissen kommt er zu dem Entschluss, dass es so nicht mehr weitergehen kann. Nicht nur, weil jeden Menschen einmal seine eigene Vergangenheit einholt, sondern auch, weil Gott selbst ihn zu einer Begegnung ruft. Vorspiel dieser Begegnung war, dass Laban Jakob nachjagte und ihn bald einholte. Sie besprachen die Sache und schlossen einen Bund. Jakob stand endlich für seine Taten ein. Er gab ein ehrbares Versprechen. Dieses Ereignis hat ihn auf eine viel gewichtigere Begegnung vorbereitet. Nach 20 Jahren nähert er sich seiner Heimat, wo Esau wohnt.

Jakob steuert auf sie zu und fürchtet sich. Je näher er kommt, desto größer wird seine Beklemmung. Als er seinen Bruder das letzte Mal sah, wollte Esau ihn umbringen. Jetzt kehrt der »Betrüger« nach Hause zurück.

Als er schon ganz in der Nähe ist, sendet Jakob Boten vor sich her, um bei Esau irgendwie sein Wohlwollen zu finden. Als der ältere Bruder die Nachricht hört, dass sein jüngerer Bruder sich nähert, geht er ihm mit 400 Mann entgegen. Jakob packt das Entsetzen. Er weiß, dass er seine Glaubwürdigkeit längst verspielt hatte. Er hat also nur geringe Chancen. Er teilt seine Mitreisenden schnell in zwei Gruppen ein – in der Hoffnung, dass Esau nur die erste Gruppe niedermetzeln würde –, und versieht sie mit allen möglichen Ratschlägen: Sie sollten etappenweise ankommen, damit ihm immer mehr Zeit bleibe und Esau sich hoffentlich in der Zwischenzeit mit ihm aussöhne. Jakob stellt wieder Berechnungen an. Er geht nicht selbst als Erster voran, sondern schickt einen Teil seiner Söhne, Männer und Tiere als Wiedergutmachung voraus.

Während dieser Vorbereitungen wird es dunkel. Jakob wendet sich an Gott. Er fleht ihn an. Er bittet um seine Befreiung. Er gesteht Gott seine Angst. Als sich alles zur Ruhe gelegt hat und er mitten in der Nacht ganz allein geblieben ist, beginnt sein einsames Gebet: der wahre Kampf. Jakob kämpft hier nicht mehr gegen Menschen, sondern mit dem Engel Gottes. Er begegnet hier seiner Wahrheit, in einem Bibliodrama: All seine Ängste verleiblichen sich in diesem Kampf. Das Ringen dauert die ganze Nacht. Die Gegner wirken bis zum Morgengrauen gleich stark, keiner kommt dem anderen bei. Bei Tagesanbruch wird Jakob allerdings an seiner Hüfte verletzt. Sein Gang wird ein Leben lang die Erinnerung an diesen Kampf verraten. Dann gibt ihm der Engel einen neuen Namen: *»Nicht mehr Jakob wird man dich nennen, sondern Israel (Gottesstreiter); denn mit Gott und Menschen hast du gestritten und hast gewonnen.«*

Ein außerordentlicher Sieg war das. Er erinnert Jakob daran, dass er jetzt für sich selbst geradegestanden hat: Denn er kämpfte dort, kein anderer, er hat mit Gott stundenlang gerungen. Er war es, der letztendlich offen tat, was er wollte. Er stand für sich selbst ein. Sein neuer Name verweist nicht nur auf seine eigene Tat, sondern auch auf das Handeln Gottes. Sein Sieg war der Sieg Gottes. Wie könnte denn das Hinken das Zeichen für einen Sieg sein? Nur so, dass in dem Moment, als er Gott in seinem Leben zum Zuge kommen ließ, weniger von ihm übrigblieb als vorher. Das wurde ihm zum Segen. Sein Sieg war seine Fügsamkeit. Es braucht viel Demut, damit ein Mensch um den Segen dessen bittet, mit dem er gerade kämpft. Deshalb sagte Jakob am Ende des Kampfes: *Ich lasse dich nicht los, wenn du mich nicht segnest.*

Der alte Mensch empfängt den neuen Namen nach einem erbitterten Kampf. Durch ein furchtbares Gotteserlebnis wird Jakob zu Israel. Die Begegnung am nächsten Tag, bei der sein älterer Bruder ihn mit brüderlicher Liebe empfängt und umarmt, ist wunderbar, doch nur »das Sahnehäubchen«. Denn Jakob ist bereits Israel geworden.

In jedem bittenden Gebet geschieht etwas Ähnliches. Wie Jakob können auch wir die Begegnung hinauszögern, jahrelang sind wir imstande, vor uns selbst, vor Gott und den Menschen zu flüchten. Doch wenn wir an unseren Fluss Jabbok geraten, wenn für uns die Zeit der Begegnung gekommen ist, werden auch wir vor die Wahl gestellt. Gott lädt uns ein, uns an dem Ort, den er für uns gewählt hat, in seiner Gegenwart mit unserer Vergangenheit und uns selbst zu konfrontieren. Die Konfrontation ist schmerzhaft. Auch von hier können wir fliehen, doch wir können uns ihr auch stellen. Wenn wir Letzteres tun, liefern wir uns Gott aus. An diesem Punkt berühren sich Himmel und Erde, und die Erde wird verherrlicht. Der Wille Gottes verwirklicht sich in uns. Der »neue Mensch« ist ein Gottesstreiter.

Wer es wagt, Gott zu bitten, soll sich in Acht nehmen, denn er betritt die Werkstatt Gottes, den Ort, an dem das verzehrende Feuer und die Liebe alles verwandeln. Wenn wir so kommen, wie wir sind, mit all unseren Bedürfnissen, und nicht wie wir sein könnten, wenn wir anders wären oder sein müssten, dann überlassen wir Gott unser Leben wie den Lehm der Hand des Töpfers.

Wir können das Bittgebet nie auswachsen. Bis wir im Himmel angekommen sind, werden wir immer der Verwandlung bedürfen, die durch das Bittgebet geschieht. Wir werden unser neues Ich immer erhalten auf Wegen, die wir selbst begehen, und wenn wir Gott bitten, wie es Jakob tat.

Ohne wählerisch zu sein

Damit Gott unser Inneres umwandeln kann, muss der gesamte Inhalt unserer Gedanken- und Gefühlswelt in die Hände Gottes gelegt werden. Dazu müssen wir zu ihnen stehen, ohne wählerisch zu sein.

Allerdings ist nicht jeder dazu bereit. Die Welt drängt Freude und Schmerz gezielt in verschiedene Kanäle und will uns dazu bringen, dass wir die Erfahrung von positiven und negativen Reizen selber steuern, wir selbst sollen bestimmen, wann wir uns in welche Richtung bewegen. Wir legen Parks für die Unterhaltung an und geben der Kranzniederlegung einen gesonderten Rahmen. Freude und Trauer sind strikt getrennte Bereiche. Wir versuchen, dem Schmerz und Ausgeliefertsein möglichst aus dem Weg zu gehen.

Wahre Freude und wahrer Schmerz existieren nie separat voneinander. John White schreibt über die Beziehung beider: *Je lebendiger ich bin, desto mehr bin ich der Freude und dem Leid ausgesetzt.*[44] Beide gehen Hand in Hand: Wir brauchen nur an die Geburt zu denken, wo Plackerei und Erleichterung, Weinen und Lachen völlig miteinander vermischt sind. Die wahrste Freude geht immer mit Schmerz einher. Denken wir nur daran, wenn wir etwas Schönes erleben und traurig werden, dass die Person, die wir lieben, nicht bei uns sein kann. Selbst im tiefsten Leid gibt es eine geheimnisvolle Glückseligkeit.

Je mehr wir die Fülle des Lebens umschließen, desto lebendiger wird unser »Herz aus Fleisch«. Wir werden die Wirklichkeit der Freude erst dann richtig erleben können, wenn wir uns auch der belastenden Wirklichkeit aussetzen. Der Apostel Paulus folgt den Fußspuren seines Meisters, wenn er sich sowohl in der Fülle wie auch in der Not zu Hause fühlte: *Freut euch mit den Fröhlichen und weint mit den Weinenden!* (Röm 12,15). Seien wir also nicht wählerisch mit dem, womit wir uns konfrontieren lassen und was wir im Gebet vor Gott tragen wollen. Er wird das schon auswählen und umformen, wenn er will. Gott hat unsere Seele so erschaffen, dass wir am gleichen Ort Freude und Leid spüren können. Wenn wir ein Leben in Fülle leben wollen, darf unsere Wahrnehmung nicht abstumpfen. Wer nicht wählerisch ist, der entscheidet sich für die Empfindlichkeit. Der nimmt die Dimensionen der Wirklichkeit auf. *Weinen und Trauer sind der Ort, wo die Choreografie deines Tanzes geschrieben wird … Das ist das Mysterium des geistlichen Lebens.*[45]

Je vollkommener wir am Leben Jesu teilnehmen, desto mehr setzen wir uns den negativen und positiven Gefühlen aus. Reife Persönlichkeiten können ein viel weiteres Spektrum der Wirklichkeit erfassen: Sie sind empfänglich für die Welt, können aber auch die Selbstoffenbarung Gottes in einer größeren Bandbreite wahrnehmen. Wie Jesus, der angesichts des Leidens weinte, zärtlich mit den Schwachen umging, doch die Händler im Tempel strikt zurechtwies.

Im Gebet sollten nicht die einzelnen Empfindungen im Zentrum unserer Aufmerksamkeit stehen, egal, ob sie negativ oder positiv sind, sondern wir sollten wahllos dazu stehen, was wirklich in uns ist. *Mit einem Gefühl von Halleluja ist es leichter, ehrlich vor Gott zu stehen, schwieriger wird es, unser Leid offen auf den Tisch zu legen, und fast unmöglich scheint es zu sein, aufrichtig unser Hassgefühl vor Gott einzugestehen. Deshalb versuchen wir in der Regel unsere negativen Gefühle zu verdrängen, sofern wir nicht krankhaft auf sie hinweisen.*[46]

Gelegentlich scheint es leichter, unsere Aufmerksamkeit nur auf die positiven Gefühle zu richten. Wir hoffen dabei, dass die leidvollen abstumpfen werden. In anderen Momenten scheint das Leid Vorrang zu haben und wirklicher zu sein. Wie immer wir uns fühlen mögen, seien wir darauf bedacht, unsere Gefühle wahllos vor Gott zu bringen. So wird in uns sein Wille geschehen. Es geht nicht darum, dass Leiden erstrebenswert wäre. Wir brauchen das Leid nicht zu suchen, sollten es aber auch nicht ableugnen. Es kommt ohnehin von selbst. Wenn wir in unsere Täler hinabsteigen, die dunkel und armselig sein können, dann lassen wir zu, dass die Kraft der Erlösung uns durchflutet. Gott fängt seine Arbeit dort mit uns an, wo wir gerade sind, wie es uns ganz real ergeht.

Gott bittet auch

Das Vaterunser beginnt nicht mit Petitionen. Jesus betet für physische und psychische Notlagen, nachdem er schon darum bat, dass die Andersartigkeit Gottes unter uns und in uns zur Geltung kommen möge, *wie im Himmel, so auf Erden.* Die Bitten sind in eine Beziehung eingebettet. In eine Beziehung, die von der Gegenwart Gottes bestimmt wird.

Jesus erkennt Gott zuerst als Gott an. Erst danach folgen die menschlichen Bedürfnisse. Wer »im Namen Jesu« betet, taucht immer wieder neu in die Beziehung zwischen Vater und Sohn ein. Das wird zum Ausgangsort für seine Bitten. Wir können in eigener Sache nur dann gut beten, wenn wir vorher bitten konnten, *geheiligt werde dein Name, dein Reich komme, dein Wille geschehe!* Diesen folgt *unser tägliches Brot gib uns heute.* Unsere Bedürfnisse und Anliegen sind dann an ihrem Platz, wenn unser ganzes Sein in die Welt Gottes eingetaucht ist.

Wenn sich die Reihenfolge ändert, wenn unser Gebet von unseren eigenen Wünschen und Nöten bestimmt wird, werden wir leer ausgehen. Dann werden wir auf die Dimension unserer Bedürfnisse und unseres Bewusstseins zusammenschrumpfen und in unserem Gebet Gott nach deren Bild und Gleichnis formen. Wenn wir in unseren Bitten Jesus nicht repräsentieren, werden unsere Anliegen bald Ausdruck der Eigengesetzlichkeit: Anstelle des Dialogs wird nur ein Monolog laufen. Gott wird unsere arroganten Bitten nicht erhören. Wie der Apostel Jakobus sagt: *Und selbst wenn ihr euch an ihn wendet, werden eure Bitten nicht erhört, weil ihr in verwerflicher Absicht bittet: Das Erbetene soll dazu beitragen, eure selbstsüchtigen Wünsche zu erfüllen* (Jak 4,3f).

Im Gebet sind also die Suche und die Reihenfolge der Bitten sehr wichtig. Während wir Gott bitten, lassen wir zu, dass er uns auch um etwas bitten darf. Wenn wir darauf achten, unser Herz offen vor dem lebendigen Gott auszuschütten, müssen wir damit rechnen, dass Gott uns sogar im Reden zuvorkommt. Er fordert uns auf, ihn als Gott anzuerkennen. Die Psalmen sind ein einzigartiger Ausdruck dieser Gegenseitigkeit. Es heißt zu Recht, dass die Psalmen die erste Gebetsschule des Gottesvolkes sind. Wer die Psalmen kennt, weiß genau, dass unsere Bittgesuche nur dann Sinn machen, wenn wir wissen, an wen wir uns mit Vertrauen wenden, an den Heiligen, den Herrscher des Universums.

Kann es der Wille Gottes sein, dass jemand genau das Gegenteil von dem will, was Gott will?

Schauen wir noch, was passiert, wenn unser Wille dem Willen Gottes nicht entspricht. Hat das einen Platz in unserem Bittgebet?

In diesem Zusammenhang ist es gut, das letzte Gebet Jesu vor seiner Verhaftung und Hinrichtung zu betrachten. Als ob in Jesus alles dazu drängte, dass *nicht* der Wille Gottes geschehe. Neben den vielfältigen äußerlichen Erwartungen und inneren Qualen greift ihn auch noch der Versucher mit voller Kraft an. Jesus leidet innere Qualen. Als ob alles darauf hinauslaufen wollte, dass er sich gegen den Vater wende und auf dem Weg des äußersten Leidens nicht im Willen Gottes verbleibe. Im Wirbel der auf ihn einwirkenden Kräfte geht Jesus hinaus in den Garten Getsemani, um dort wie gewohnt zu beten. Dort bittet er: *Vater, wenn du willst, nimm diesen Kelch von mir!* Jesus wünscht sich, diesen bitteren Trank des Leidens nicht austrinken zu müssen.

P. T. Forsyth stellte im letzten Jahrhundert eine gewagte Frage: War es wohl der Wille des Vaters, dass Jesus an diesem Punkt sich das Gegenteil wünschte wie der Vater? Könnte es nicht auch sein, dass der Vater sich wünschte, sein Sohn würde ihm widersprechen?[47]

Jesus lernte den Gehorsam nicht in einem abgelegenen, sterilen Raum, sondern *durch das Leiden,* beim Aufeinandertreffen zweier wahrhaftiger Willen, eben durch das Kollidieren dieser beiden Willen. Alles entscheidet sich daran, ob Jesus sich aus Liebe zum Vater freiwillig entscheidet, sein Leben hinzugeben, oder aus Zwang, wie jemand, dem Gewalt angetan wurde. Jesus fällt seine Entscheidung, indem er seine Gegenmeinung zum Ausdruck bringt. Er lässt seinen Willen mit dem Willen des Vaters kollidieren. Er widerspricht, damit sein persönlicher Wille sich mit dem Willen des Vaters in seiner eigenen Wirklichkeit treffen kann. Dieser Konflikt wird zum Schauplatz der Verwandlung. Die Entscheidung, sein Leben hinzugeben, hat er in seinem eigenen Herzen gefällt. Zu Recht kann er sagen, dass niemand sein Leben weggenommen hatte, sondern dass er es selbst niedergelegt hat und aus eigenem Willen ans Kreuz ging. Diese Entscheidung Jesu, sein Leben niederzulegen, konnte in keiner anderen Situation gefällt werden als in dieser Konfrontation in seinem Herzen.

Ein vergleichbares Beispiel ist die Bitte des Apostels Paulus, dass Gott den »Stachel« entfernen möge. Paulus bat den Herrn dreimal. Es mag ein körperlicher Schmerz oder eine Krankheit sein, die ihn plagte, er sagt nicht genau (viele denken hier an eine Krankheit). Sicher ist jedoch, dass es Paulus nicht an Glauben fehlte, denn er hatte sehr mutig gebeten. Er wollte gerne, dass dieser »Stachel« entfernt wird. Doch er blieb stecken. Daraus, wie Paulus in seinem Brief an die Korinther dieses Gebet vergegenwärtigt, können wir sehen, dass zwar die Krankheit bis zum Schluss des Gebets bestehen blieb, der »Stachel« war immer noch derselbe, doch die Klage wurde von Worten der Freude abgelöst. Paulus nennt den »Stachel« Quelle der Freiheit und der Kraft. *Viel lieber also will ich mich meiner Schwachheit rühmen, denn wenn ich schwach bin, dann bin ich stark.* Woher kommt nun diese Freude, da er doch kurz zuvor noch von der peinigenden Wirkung des Stachels gesprochen hat? Die Verwandlung ist im Hochofen des Gebets entstanden, in dem Gott sich ihm offenbart hat.

Äußerlich über die Gebetswerkstatt zu reden ist sinnlos, denn man kann sie nur innerlich kennenlernen. In dieser Werkstatt formt sich, verwandelt sich die Seele. Während wir in unserer Not Gott um Hilfe bitten, bittet auch er uns – und zwar darum, seine Herrschaft anzuerkennen und seine Wahrheit kennenzulernen. Es ist möglich, dass sich in diesem wechselseitigen Bitten unsere Willen nicht nur begegnen, sondern auch gegeneinanderprallen. Doch in dieser Begegnung verändert sich etwas von innen her. Wie in Jakob, Jesus und Paulus, so verändert sich während unseres Gebets auch etwas in uns. In der Finsternis strahlt ein Licht auf, und die Erlösung durchströmt neue Bereiche unseres Lebens.

Gott will, dass unsere Liebe und unser Gehorsam aus unserem eigenen Herzen entspringen. *Wahrhaftig, Gehorsam ist besser als Opfer* (1 Sam 15,22f).

»Was hast du in der Hand?«

Unsere Bitten sind oftmals wie der Stab in der Hand des Mose. Er musste den Stab in seine Hand nehmen, damit er durch ihn Wunder wirken konnte. Wenn wir erkennen und dazu stehen, dass wir unser Leben vor Gott »in die Hand nehmen«, wenn wir »damit beten«, dann eröffnet sich vor uns die Möglichkeit, dass Gott es verwandelt. Der Pharao konnte die Macht Gottes dadurch erkennen, dass Mose den Stab in die Hand nahm.

Aber dazu müssen wir unsere wirklichen Wünsche vor Augen stellen. Wir müssen sie aussprechen oder niederschreiben, damit wir uns zu ihnen bekennen können. *Was willst du, dass ich für dich tun soll?* In unserem geistlichen Gestaltungsprozess durchläuft unser Wille oft eine sehr mühsame Bahn, wie bei Jesus und Paulus. Doch wenn wir mutig bitten und unseren Emotionen erlauben, in ihrer harschen Wirklichkeit auf uns einzuwirken, dann lassen wir zu, dass die verschiedenen Momente unseres inneren Lebens im Kraftfeld des Geistes nach dem Plan Gottes gestaltet werden. Wenn wir vor Gott Farbe bekennen, werden wir zur seelenformenden Arbeit Gottes beitragen, auch wenn wir Widerstand leisten.

Im Bittgebet ist also jede »Behutsamkeit« zu vermeiden. Von wahrem Vertrauen kann es nie zu viel geben. Auch das Aufbegehren gegen Gott hat seinen Platz in unserem Gebet. Bringen wir doch all das vor Gott, was wirklich in uns ist, ohne zu wählen, einschließlich der Worte des Zornes, mit denen wir Gott zur Rechenschaft ziehen, oder mit Worten der Verzweiflung, des Zweifels, der Verzagtheit, des Aufbegehrens, der Sehnsucht, der Freude, des Dankes und der Feierlichkeit. Ohne Filter. Der Rest ist nicht unsere Sache.

6. Unsere Sünden: *Vergib uns unsere Schuld*

Einige unserer Bedürfnisse zeigen an, dass wir unserem momentanen Zustand etwas hinzufügen müssen, damit unser Leben in die Fülle kommt. Das sind hauptsächlich physische Bedürfnisse, wie Hunger, Durst oder Bekleidung. Diese Bedürfnisse werden gestillt, wenn wir von diesen Dingen mehr bekommen. Die erste Bitte des Vaterunsers lautet deshalb: *Unser tägliches Brot gib uns heute.*

Es gibt aber auch Bedürfnisse, die nicht so sehr nach »mehr«, sondern nach »weniger« trachten. Auch sie sind gravierend, denn ohne sie wäre unser Leben nicht vollendet. Dazu gehören Bedürfnisse wie Vergebung und Befreiung. In diesem Fall sehnen wir uns danach, dass das *bereits Bestehende* besser funktionieren möge. Und dazu braucht es oft ein Loslassenkönnen, um innerlich frei zu werden.

Ähnlich wie bei Lazarus aus Bethanien, den Jesus von den Toten auferweckt hatte. Nachdem er wieder lebendig wurde und aus dem Grab hervorkam, brauchte er nichts mehr, denn er hatte ja eben sein Leben auf wundersame Weise zurückbekommen. Jetzt war sein größtes Verlangen, dass ihm etwas weggenommen würde: Sein Körper war rundherum mit Leichentüchern umwickelt, die ihn beim Gehen behinderten. Er brauchte jetzt vor allem, was Jesus anordnete: *Befreit ihn von den Tüchern und lasst ihn gehen!* (Joh 11,44).

Wenn unsere Beziehungen gesund bleiben sollen, brauchen wir solche befreiende Hilfe, damit wir aus unserem wahren Selbst heraus leben können, aus dem, was wir in der Tiefe sind. Wir brauchen es, von bestimmten Bindungen befreit zu werden. Die Werte, die in uns verborgen sind, können sich nur entfalten, wenn diese Fesseln von uns abfallen.

Die zweite und dritte Bitte des Vaterunsers bezieht sich deshalb auf solche Bedürfnisse: Die zweite bittet Gott um die Vergebung der Sünden, die dritte um die Erlösung von dem Bösen.

Zerstörung von Beziehungen

Heutzutage gibt es ein breites Spektrum dessen, was Menschen unter Sünde und Schuld verstehen. Die Wirklichkeit der Sünde lässt sich von ganz verschiedenen Richtungen aus betrachten. Zum einen als psychologische Kategorie: Wir könnten uns mit dem Schuldbewusstsein und seiner Pathologie sowie mit seinen psychologischen und physiologischen Auswirkungen auseinandersetzen; doch könnte man sich auch mit der Leugnung der Sünde und deren Dynamik beschäftigen. Auch ließe sich die historische Entwicklung der Sünde in einer bestimmten Zeit und Ära untersuchen oder ethische Gesichtspunkte als Kollision gewisser Werte, die in bestimmten Entscheidungen zutage treten oder die in einem dauerhaften System Gestalt gewinnen, das die Menschen, die darin leben, weitgehend bestimmt. Man könnte die Verantwortung des einzelnen Menschen prüfen, aber auch den gesellschaftlichen Zwang, der durch ein diktatorisches System entsteht. Außerdem könnte eine Revision der juristischen Konsequenzen, der notwendigen Gesetzgebung sowie der Wiedergutmachung unternommen werden. Es gibt also so viele Ansätze wie Richtlinien, so viele Gesichtspunkte wie Einstellungen. Alle enthalten Einsichten, die in verschiedenen Situationen von großem Nutzen sein können.

In diesem Buch stand bislang unsere persönliche Beziehung zu Gott und zu den Menschen im Zentrum unserer Aufmerksamkeit. Darauf wollen wir uns jetzt erneut konzentrieren und die Sünde aus dieser Sicht untersuchen. Unsere Hauptfrage ist also: Welche Wirkung hat die Sünde auf unsere Gottesbeziehung und auf die Beziehung zu unseren Mitmenschen, und was können wir damit anfangen?

Neben den vielen oben genannten Herangehensweisen hält uns die Heilige Schrift vor allem *diesen Ansatz* vor Augen. Nach der »Definition« der Bibel ist die Sünde ein Bestreben, das Beziehungen erschwert, ja sogar schädigt.

Ihre kritischste Wirkung ist, dass sie unsere Beziehungen angreift. Das Gebet ist eine Beziehung zu Gott, und alles, was gegen diese Beziehung wirkt, wirkt gegen das Gebet, sei es völlig im Verborgenen oder ganz offensichtlich. Es gibt Situationen, in denen keiner die Verfehlung bemerkt, ein andermal kriegen es alle mit. Von Zeit zu Zeit spüren wir den Schaden, den die Sünde uns zufügt, am eigenen Leib und bei anderer Gelegenheit nehmen wir ihn gar nicht wahr und sind uns gar nicht bewusst, was wir angestellt haben. Es kommt vor, dass unseren Taten tiefes Schuldbewusstsein folgt, ein andermal sind wir guter Dinge. Wie dem auch sei, aus biblischer Sicht ist die Sünde deshalb »Sünde«, weil sie die Gegenseitigkeit behindert und kontaminiert. Zuerst mit Gott, dann mit unseren Mitmenschen und mit uns selbst und schließlich mit der ganzen Welt.

Auf die Realität der Sünde verweist eine Praktik im antiken Israel, die uns heute morbid erscheinen mag, jedoch bestimmt keinen Zweifel darüber lässt, dass die Sünde eine »blutige Wirklichkeit« ist. Wenn in Israel jemand gesündigt hatte, musste er mit einem gesunden Tier zum Priester gehen, damit dieser es nahm, in seinem Beisein tötete und verbrannte. Wer Schuld auf sich geladen hatte, musste mit anschauen, wie das unschuldige Tier verendete, er musste spüren und sehen, dass seine Sünde blutige Folgen hatte: *ohne das Blut eines Opfers gibt es keine Vergebung* (Hebr 9,22). Der Zweck des Tieropfers war es nicht, die Tat ungeschehen zu machen, denn Wiedergutmachung wurde auf andere Weise geregelt, sondern es war notwendig zur Wiederherstellung der Beziehung zwischen Gott und dem Menschen.

Wenn wir die Entstehung, Wirkung und Gruppierung der Sünde untersuchen wollten, müssten wir endlose Analysen anstellen, gehen wir jedoch vom Schöpferplan Gottes für das menschliche Leben aus, wird das Bild viel klarer. Sünde ist alles, was Gemeinschaft zerstört, was gegen die Beziehung mit Gott und somit gegen alle lebensspendenden Beziehungen wirkt.

Die wahre Realität der Sünde kann nur im Lichte der Gemeinschaft bestimmt werden, die durch die Sünde verletzt oder zerstört wurde. In der geschaffenen Welt ist nur das hervorragendste Geschöpf zur Sünde fähig. Die Quallen, Schildkröten, Schwertfische, Adler oder Pferde können keine Sünden begehen, egal wie wunderbar sie geschaffen sind, denn sie können sich nicht gegen jene innige Gemeinschaft mit Gott versündigen, die dem Menschen vorbehalten ist.

Wer kann unsere Schuld tilgen ...?

Das Maß der Schuld ist nicht das menschliche Bewusstsein. Der Mensch neigt dazu, einige Fehler aus seiner subjektiven Sichtweise heraus zu überdimensionieren. Dabei verurteilt er sich selbst oder seine Mitmenschen (manchmal auch für Dinge, für die das gar nicht nötig wäre), ein andermal nimmt er gar nicht wahr, dass er Schaden verursacht hat. Die Sünde ist eine »objektive« Wirklichkeit, sofern ihre Konsequenz über die einzelne Person hinausgeht und ihre Auswirkungen im zwischenmenschlichen Bereich erfasst werden können.

Dass die Last der Sünde wie ein Klotz am Bein ist, wird mit künstlerischer Feinfühligkeit in Filmen wie *»Mission«* oder *»Frühling, Sommer, Herbst, Winter... und Frühling«* dargestellt. Diese Filme zeigen sehr anschaulich, wie unsere Sünde uns in jeder Beziehung begleitet. Das ist ihre Natur.

Die Sünde lässt sich natürlich auch als ein zu lösendes Problem behandeln. Dann werden unzählige Ratschläge zur »Behebung« des Problems erteilt. Doch wenn die Sünde die wirklich innige und gegenseitige Beziehung verhindert und uns vom Wesentlichen, von Gott, abwendet, taugen diese Ratschläge lediglich zur

Oberflächenbehandlung. Unsere Schuld begrenzt uns von innen her und zerstört die lebensspendenden Beziehungen. Wie die Parasitenpflanzen auf einem Baum saugt sie von innen her die Energie ab. Deshalb kann uns nur eine umfassende Befreiung helfen: keine »Schönheitschirurgie«, sondern eine »Wurzelbehandlung«.

Wer kann jedoch die Fäden abschneiden, die die Tiefe unserer Seele an solch negative Kräfte bindet? Nur der, der die tiefen Bindungen in unserer Seele berühren kann, der unser Wesen berühren kann. Von Zeit zu Zeit bricht aus unserer Tiefe ein Hilfeschrei hervor: »Rette mich! Hilf mir, damit meine Vergangenheit keine Gewalt mehr über mich hat! Berühre meine Lippen, tilge meine Schuld!« (vgl. Jes 6,6f). Das kann nur Gott tun, die Vergebung der Sünden ist allein sein Privileg.

»Deine Sünden sind dir vergeben«

Die Tatsache, dass Gott dem Menschen grundsätzlich *vergeben kann*, ist nicht so schwer zu akzeptieren. Viel schwieriger ist es zuzulassen, dass er jemandem wahrhaftig und konkret vergibt: sei es gerade mir oder dem anderen dort.

Jesus war sich dieser Schwierigkeit wohl bewusst. Einmal, als er eben in einem Haus in Kafarnaum lehrte, kamen viele Leute zusammen. Diejenigen, die zu spät kamen, konnten seine Worte nur von draußen mitverfolgen. Dann wurde ein Gelähmter gebracht. Seine Freunde trugen ihn auf einer Bahre. Sie hatten keine Chance, hineinzugelangen. Zumindest nicht durch die Tür ... Aber da sie sich nicht so schnell entmutigen ließen, fingen sie an, das Dach abzudecken, damit sie dort ihren Freund direkt vor Jesus hinablassen konnten. Man kann sich leicht die verblüfften Gesichter der Menschen vorstellen. Noch dazu zeigte Jesus ganz offensichtlich Anerkennung für diesen komischen Auftritt, unterbrach seine Rede und wandte sich mit den Worten dem Kranken zu: *Mein Sohn, deine Sünden sind dir vergeben!*

Für die ordnungsliebenden Menschen war das zu viel. Was glaubt dieser Jesus wohl, wer er ist? Nur Gott hat die Macht, Sünden zu vergeben, er allein und niemand sonst. Wenn jemand behauptet, dass die Sünden eines Menschen vergeben sind, maßt er sich etwas an, was Gott allein zustand. Ist Jesus nun an die Stelle Gottes getreten? Die Schriftgelehrten feilen innerlich bereits an einer Antwort, als Jesus sie anspricht: *Jesus erkannte sofort, was sie dachten, und sagte zu ihnen: Was für Gedanken habt ihr im Herzen? Ist es leichter, zu dem Gelähmten zu sagen: Deine Sünden sind dir vergeben!, oder zu sagen: Steh auf, nimm deine Tragbahre und geh umher?* (Mk 2,8f).

Jesus tut etwas, was er sonst nicht zu tun pflegte. Wenn Menschen sonst Zeichen verlangten, wich er ihren Forderungen aus. Jetzt aber zeigte er seine Macht, obwohl sie kein Wunder von ihm verlangt hatten. Er wusste, dass Gott Vater ihm die Macht zur Sündenvergebung übertragen hatte, aber er war sich auch im Klaren darüber, dass die Anwesenden unfähig waren, das zu begreifen und zu akzeptieren. Er wollte, dass sie sahen, dass seine Sündenvergebung echt war. Wenn der Kranke gesund wird, ahnen sie vielleicht, dass auch er Macht hat, die Sünden zu vergeben. Deshalb fügte er hinzu: *Ihr sollt aber erkennen, dass der Menschensohn die Vollmacht hat, hier auf der Erde Sünden zu vergeben. Und er sagte zu dem Gelähmten: Ich sage dir: Steh auf, nimm deine Tragbahre, und geh nach Hause! Der Mann stand sofort auf, nahm seine Tragbahre und ging vor aller Augen weg. Da gerieten alle außer sich; sie priesen Gott und sagten: So etwas haben wir noch nie gesehen* (Mk 2,10–12).

Die körperliche Genesung, so außerordentlich sie auch sein mag, dient hier eher zur »Demonstration«. Jesu Ziel war die seelische Genesung: Die Menschen sollen erkennen, dass Gott ihm die Kraft geschenkt hat, Sünden zu vergeben.

Wenn wir an das Gewicht unserer eigenen Sünden denken, können wir uns nur schwer vorstellen, dass uns jemand diese Last von den Schultern nehmen könnte. Gerade deshalb tut es so gut, die alt- und neutestamentlichen Weissagungen zu lesen. *Keiner wird mehr den andern belehren, man wird nicht zueinander sagen: Erkennt den Herrn!, sondern sie alle, Klein und Groß, werden mich erkennen – Spruch des Herrn. Denn ich verzeihe ihnen die Schuld, an ihre Sünde denke ich nicht mehr* (Jer 31,34). *Denn ich verzeihe ihnen ihre Schuld und an ihre Sünden denke ich nicht mehr* (Hebr 8,12).

Ein Leben lang wurde uns eingeprägt, dass uns etwas nur dann gehören kann, wenn wir den Preis dafür bezahlt haben. Gibst du mir, so geb ich dir. Doch die Vergebung Gottes lässt sich weder erkaufen noch sicherstellen. Für viele von uns ist das Schwierigste sich vorzustellen, dass unser tiefster Wunsch wirklich in Erfüllung gehen kann: dass Gott unsere Schuld vergibt.

Jesus übernimmt die Rechnung

Genau damit hat Luther als junger Augustinerbruder zu Beginn des 16. Jahrhunderts gerungen. Damals waren die Verheißung des ewigen Lebens und die Vergebung der Sünden zum einen an die Buße und zum anderen an den schon gut 200 Jahre langen Brauch der »Ablassbriefe« gebunden. Für Luther war das völlig unbefriedigend. Wer die Offenbarungen Gottes und die Wirklichkeit der Sünde so blutig ernst nimmt (wie Luther), der macht sich mit seinen menschlichen Bestrebungen keine großen Hoffnungen. Denn der Knackpunkt dieser Bestrebungen lag in den Werken und in der Opferbereitschaft des Menschen. Angesichts der Macht seiner Sünde ist dem Menschen jedoch bewusst, dass er sich bei der Erlösung aus den Sünden nicht auf seine eigene Kraft verlassen kann.

Luther sah, dass die Sünde wirklich von Gott trennt und dass jeder menschliche Versuch, diesen Vorgang aufzuhalten, unzureichend ist. Ihm war klar, dass keiner das Lösegeld für sich selbst bezahlen kann. Das Gefühl der Hilflosigkeit frustrierte ihn sehr. Er sagte, er fürchte sich vor dem Tag des Zornes Gottes und vor der Verdammnis, was auch viele Psalmen ausdrücken.[48]

Schon seit Jahren wirkte Luther als Theologieprofessor, als er im Jahr 1517 endlich nach ernsthafter Wahrheitssuche, Buße und Kritik an der Ablasspraxis sowie durch die Studien der neutestamentlichen Briefe zur Erkenntnis gelangte, dass allein die unentgeltliche Gnade Gottes Aussicht auf eine Vergebung der Sünden gewähren konnte. Er verstand, dass gerade diese Aussicht das Wesen des Evangeliums darstellt. Nämlich, dass Gott die Welt so sehr liebte, dass Jesus für uns gestorben ist und uns aus der Finsternis und der Knechtschaft der Sünde erlöst hat, als wir noch Sünder waren. Und dass Jesus das »Verdienst« des Sündenerlasses schon für uns erworben hat. Durch seinen Kreuzestod hat er das Lösegeld bereits bezahlt und durch seine Auferstehung seine Macht über das Böse und die Sünde schon bewiesen. Gott hat aus Liebe alles dafür getan, dass der Mensch durch seinen Glauben an Jesus Christus die Möglichkeit der unentgeltlichen Vergebung empfangen kann.

Von da an öffnete Luther die Augen hunderttausender Menschen für die Rechtfertigung aus Glauben als Kernstück der frohen Botschaft, die Jesus in die Welt gebracht hatte und die der Mensch durch den Glauben erhält, wie es der Apostel Paulus und lange nach ihm Augustinus und Bernhard von Clairvaux verkündeten.

Die Rechtfertigung erfolgt »aus Glauben«, da der Mensch nur durch den Glauben gerecht werden kann. Zwar braucht es nicht mehr dafür als nur den Glauben an Jesus, doch weniger reicht auch nicht aus. Der sündige Mensch kann nur »durch den Glauben« in eine innige und lebendige Beziehung mit Gott treten. Grundlage dieses Glaubens ist Jesus selbst, sein Kreuzestod.[49] Denn am Kreuz hat Christus die Strafe für unsere Sünden auf sich genommen und die Hölle des Getrenntseins von Gott durchlitten. Er hat unsere Schulden auf seine eigene Rechnung geschrieben und hat erwirkt, dass wir vor Gott ein unbeschriebenes Blatt bekommen. Allein durch sein Verdienst. Deshalb verkündete Luther mutig: »*Jeder Christ, der wirklich bereut, hat Anspruch auf völligen Erlass von Strafe und Schuld, auch ohne Ablassbrief.*«[50]

Wer durch die von Jesus vermittelte Barmherzigkeit eine solche Beziehung mit Gott eingeht, verändert sich radikal in Bezug auf seine Entscheidungen und Beziehungen.

Ähnliches lehrte Calvin in einer anderen Region Europas, größtenteils unabhängig von Luther, doch etwa zur gleichen Zeit. *Wenn also der Herr einen Menschen in seine Gemeinschaft aufnimmt, dann heißt es: er rechtfertigt ihn; denn er kann ihn nicht in Gnaden annehmen, kann auch keine Verbindung mit ihm eingehen, wenn er ihn nicht aus einem Sünder zu einem Gerechten macht ... Es steht also fest, die Menschen, welche Gott annimmt, können nur dadurch gerecht werden, dass der durch die Vergebung der Sünden alle ihre Makel tilgt und sie reinigt. Solche Gerechtigkeit kann man also mit einem Wort als Vergebung der Sünden bezeichnen!*[51]

Luther und Calvin weisen darauf hin: Die Vergebung der Sünden hängt weder von der Leistung des Menschen noch von politischen Mächten oder von der Absolution durch die Institutionen der Kirche ab. Sie ist für alle zugänglich. Viel mehr noch: Für den, der an Jesus glaubt, ist sie garantiert, denn Jesus selbst bürgt dafür.

So ist es kaum verwunderlich, dass diese Lehre in wenigen Jahren die politischen und kirchlichen Strukturen der Zeit erschütterte. Die Kraft der Vergebung wirkte mit solch elementarer Macht auf die Zusammenhalt stiftende, jedoch spannungsreiche feudale Gesellschaftsordnung jener Zeit und auf die tiefe spirituelle Verunsicherung, mit der sich die Menschen herumquälten. Luther attackierte die Institution der Ablassbriefe, ihre aufrechterhaltende Ordnungsmacht und die kirchlichen Würdenträger sowie alle Bestrebungen der Menschen, die auf ihre eigene Kraft bauten. Er tat das, damit wir uns mit aller Kraft auf Jesus stützen und damit dieser Glaube an das Verdienst Christi durch nichts in den Hintergrund gedrängt werde.

Das Geschenk der Vergebung im Gebet

Diese Lehre wurzelt im Neuen Testament, nur wurde sie vor Luther selten so stark betont wie von ihm. Während er diese Seite betonte, hat Luther im Eifer des Gefechts die andere Seite willkürlich verkürzt und manchen kostbaren Schatz des Ordenslebens verworfen, der zutiefst evangeliumsgemäß war. Dennoch: Die in Jesus Christus erschienene bedingungslose Liebe Gottes ist de facto Teil der frohen Botschaft Jesu. Eine Gottesbeziehung, die darauf basiert, verändert den Menschen von Grund auf. Die Vergebung stellt unser Leben auf ein ganz neues Fundament und befähigt uns dazu, in die von Gott angebotene Gemeinschaft einzutreten.

Wohl dem, dessen Frevel vergeben und dessen Sünde bedeckt ist. Wohl dem Menschen, dem der Herr die Schuld nicht zur Last legt und dessen Herz keine Falschheit kennt (Ps 32,1f). Durch die Vergebung werden wir fähig, eine solch innige Beziehung einzugehen, zu der wir ohne sie nie in der Lage gewesen wären. In dieser Umarmung der Liebe Gottes findet der Mensch zu sich selbst, wie er das ohne sie nirgends und nie erreichen würde.

Wer an Jesus glaubt, aus dem werden, wie die Schrift sagt, *Ströme von lebendigem Wasser fließen* (Joh 7,38). Und sie werden noch üppiger fließen als zu der Zeit, als Jesus diese Botschaft zum ersten Mal auf dem Laubhüttenfest verkündete, denn durch seinen Erlösungstod öffneten sich weitere Schleusen der Liebe Gottes. Dadurch, dass Jesus unsere Schuldscheine am Kreuz getilgt hat, eröffnete er uns die Möglichkeit zu einem neuen Leben, einem Leben wie das seine.

Ihr wart tot infolge eurer Sünden …; Gott aber hat euch mit Christus zusammen lebendig gemacht und uns alle Sünden verge-

ben (Kol 2,13f). Diese Gewissheit kann unserem Gebet eine unaussprechliche Sicherheit, Kraft, Hoffnung und Mut verleihen. Wenn der Vater, zu dem wir beten, uns in Jesus durch sein stellvertretendes Opfer in einen derart bedingungslosen und ewigen Liebeszustand versetzt bzw. versetzt hat, wer kann uns dann noch von der Liebe Gottes trennen? Die Freude des Apostels Paulus kann auch unsere Freude und die Freude aller Menschen werden, die an Jesus glauben.

Jesus hat am Kreuz unsere persönlichen Schulden übernommen und beglichen und damit die Macht der Sünde in der Welt und in uns, die wir an ihn glauben, gebrochen. Gott hat die wohlverdiente Strafe für unsere Sünden durch das Verdienst Christi getilgt und vergeben. Ja, er hat uns sogar dazu befähigt, der Sünde die Stirn zu bieten. Jetzt sind wir nicht mehr Sklaven der Sünde, sondern wir können als freie Menschen leben.[52]

Bitten wir um Vergebung

Wenn Jesus uns beten lehrt, ruft er uns zur Begegnung mit dem barmherzigen Vater und in die Kraft der beispiellosen göttlichen Liebe hinein. Dieses Geschenk *anzunehmen* ist jedoch bei weitem nicht für jeden selbstverständlich.

Jesus lehrte seine Jünger im *Vaterunser*, so zu bitten: *Vergib uns unsere Schuld.* Damit drückte er gewissermaßen aus, dass wir das Geschenk der Vergebung nur annehmen können, wenn wir darum bitten. Diese Bitte ist sozusagen eine der »Voraussetzungen« für die Sündenvergebung, die wir erfüllen.

Der Frage, was wir von unseren eigenen Sünden denken und was wir diesbezüglich fühlen, können wir nicht ausweichen. Größtenteils wird unsere Gottesbeziehung und so auch unser Gebet davon bestimmt, wie wir uns selbst sehen und bewerten. Nur wer sich mit seinen eigenen Sünden konfrontiert und um Vergebung bittet, kann die Erfahrung machen, dass Gott ihn von seinen Sünden befreit. Wer meint, keine Sünden zu haben, kann auch nicht von der zerstörerischen Wirkung der Sünde befreit werden, die sie auf Beziehungen hat.

Einmal lud ein Pharisäer Jesus in sein Haus ein. Jesus nahm die Gelegenheit wahr, die Voraussetzung der Vergebung zu lehren. Während des Mahles kam eine Sünderin ins Haus und ging ohne Umschweife auf Jesus zu, begann zu weinen, mit ihren Tränen die Füße Jesu zu benetzen und sie mit ihrem Haar abzutrocknen. Die Gastgeber, die zutiefst moralische Menschen waren, verfolgten das Geschehen wie versteinert, weil sie wussten, dass diese Frau eine Prostituierte war. Daraufhin erzählte Jesus ihnen ein Gleichnis und wandte sich an die Frau, obwohl seine Worte sich in Wirklichkeit an Simon, den Gastgeber, richteten: *Siehst du diese Frau? Als ich in dein Haus kam, hast du mir kein Wasser zum Waschen der Füße gegeben; sie aber hat ihre Tränen über meinen Füßen vergossen und sie mit ihrem Haar abgetrocknet. Du hast mir (zur Begrüßung) keinen Kuss gegeben; sie aber hat mir, seit ich hier bin, unaufhörlich die Füße geküsst. Du hast mir nicht das Haar mit Öl gesalbt; sie aber hat mir mit ihrem wohlriechenden Öl die Füße gesalbt. Deshalb sage ich dir: Ihr sind ihre vielen Sünden vergeben, weil sie (mir) so viel Liebe gezeigt hat. Wem aber nur wenig vergeben wird, der zeigt auch nur wenig Liebe* (Lk 7,36–50).

Nur derjenige, der all seine Scham vor Jesus bringt, hat die Möglichkeit, zu erfahren, dass der Druck der Sünden nachlässt. Deswegen »müssen« wir um die Vergebung unserer Sünden bitten.

Wie bei den anderen Bedürfnissen auch können wir die Sündenvergebung nur erleben, wenn wir unser wahres Selbst vor Gott bringen, wenn wir Gott im Gebet nicht nur ein Phantombild von uns hinhalten, hinter dem wir uns verstecken können, sondern unverhüllt zu dem stehen, der wir wirklich sind. Dann wird sich Gott uns offenbaren und uns in die Freiheit der Beziehung mit ihm hineinführen.

Es gibt verschiedene Möglichkeiten, sich an einen Arzt zu wenden. Wir können ihm als gleichrangigen Partner auf dem Markt oder im Bus begegnen. In diesem Fall werden wir über alles Mögliche mit ihm reden. Dabei muss nicht alles zur Sprache gebracht werden, weil es der Sache keinen Abbruch tut, höchstenfalls irren wir uns in dem einen oder anderen Punkt. Wenn wir jedoch in seiner Praxis sitzen, werden wir uns ganz anders an ihn wenden. Viel schutzloser. Wenn wir vor ihm zu unserer Krankheit stehen, werden wir anders, doch das wird uns helfen. Wenn ein Mensch wirklich krank ist, wird alles auf einmal echter.

Wie es scheint, können Intensivstationen und Herzkliniken trotz aller Schmerzen und Gefahren erfrischend wirken. Hier verschwinden alle gekünstelten Verhaltensweisen und verlieren ihre Bedeutung. Am Abend vor der Operation werden die meisten Menschen mit ihrem Leben abrechnen und sich von ihren Familienmitgliedern verabschieden. Ich kenne diese Situation aus eigener Erfahrung: Das ist wie eine Kollektivbeichte, unabhängig davon, ob jemand religiös ist oder nicht. Die bisherigen Verdienste, Erfolge oder Auszeichnungen interessieren dabei wenig. Der berühmte ungarische Herzspezialist Dr. Lajos Papp sagte, dass er es während seiner jahrzehntelangen Arbeit schon mit mehreren Tausend Menschen zu tun hatte, unter anderem mit Politikern, Lehrern, Parteisekretären, gebildeten und ungebildeten Menschen. Doch hatte er vor einer Herzoperation noch nie einen Atheisten getroffen.

Jesus selbst sagte: *Nicht die Gesunden brauchen den Arzt, sondern die Kranken. Ich bin gekommen, um die Sünder zur Umkehr zu rufen, nicht die Gerechten* (Lk 5,31–32 [Mk 2,17; Mt 9,12]).

Das Sündenbekenntnis ist eine Übung, die der Anerkennung der eigenen Krankheit und Bedürftigkeit Raum gibt. Wenn wir behaupten, keine Sünden zu haben, täuschen wir uns selbst, und die Wahrheit wird in uns keinen Raum finden. Deshalb fordern die Apostel uns dazu auf, unsere Sünden voreinander zu bekennen und füreinander zu beten, damit wir gesund werden. Die

Heilige Schrift regelt nicht, wie das geschehen soll, doch ruft sie ganz eindeutig dazu auf, das zu üben. Wer die Praxis des Sündenbekenntnisses verachtet, sägt am eigenen Ast.[53] Die Befreiung von den Sünden müssen wir *wollen und erbitten.*

»Wie auch wir vergeben unseren Schuldigern«

Die Vergebung ist wie eine Schleuse. Wenn sie sich öffnet, werden elementare, maßlose Energien im Menschen frei. Wer Vergebung erfährt, vor dem öffnen sich unaussprechliche Perspektiven. Dieses Strömen braucht »Raum«. Denn wie die Wassermengen, die hinter einem Staudamm aufgestaut sind, sich ihren Weg bahnen, wenn der Staudamm geöffnet wird, so reinigt auch die Vergebung den Menschen mit elementaren Kräften und verändert ihn von Grund auf. Doch nicht nur diese Veränderung zählt, sondern auch unsere Lebensweise, denn wir müssen den »Strom« der Vergebung aufrechterhalten.

Wer Vergebung erfährt, ist voll Freude und fühlt sich reich beschenkt. Er fühlt sich frei, voll Energie, als ob er Flügel bekommen hätte, und spürt, dass die Aufgabe, anderen zu vergeben, nicht mehr ausgeschlossen ist. Es fällt ihm nicht mehr schwer, die Kraft der Vergebung in sich selbst zu erfahren und sich von ihr erfüllen zu lassen. Oft kann es jedoch passieren, dass man sich mit der Zeit an diese Neuheit gewöhnt. Wenn man wieder verletzt wird, kann es passieren, dass man im Nu die Vergebung wieder »vergisst«.

Im Vaterunser lehrt uns Jesus, Gott um die Vergebung der Schuld zu bitten, *wie auch wir vergeben unseren Schuldigern.* Jesus deckt hier einen wichtigen Zusammenhang auf: Nur derjenige kann in der Liebe verweilen, der bereit ist, immer wieder neu weiterzugeben, was er selbst erhalten hat. So wie wir die Flügel verleihende Vergebung umsonst erhalten haben, müssen wir sie ebenso unentgeltlich und mit freigiebiger Leichtigkeit anderen weitergeben. Im Vaterunser gibt es nur einen einzigen Satz, der die Erfüllung des Gebets an menschliche Voraussetzungen knüpft: *Vergib uns unsere Schuld, wie auch wir vergeben unseren Schuldigern.*

Ein verziehenes Leben ist dynamisch. Wir können nur dann in der von Gott uns angebotenen Vergebung leben, wenn wir auch unseren Mitmenschen vergeben. Das bestimmt weitgehend, wie sehr wir die Liebe Gottes als einen von ihm geschenkten Zustand erleben können.

Jesus spricht in einem Gleichnis von einem Diener, dem sein Herr eine riesige Schuld erlassen hatte. Dieser Diener hatte sich vorher so stark bei ihm verschuldet, dass er nur noch »auf den Vollstrecker wartete«. Er konnte sich selbst nicht mehr helfen und verdankte sein Leben allein der Huld des Herrschers. Bald darauf traf er wiederum jemanden, der mit einem viel kleineren Betrag bei ihm in Zahlungsrückstand war. Daraufhin begann er, dem gerade zuvor seine ganze Schuld erlassen wurde, von seinem Gefährten einzufordern, was dieser ihm schuldete. Er packte und würgte ihn. Wenn wir diese Geschichte lesen, werden wir uns wahrscheinlich empören, wie jemand so bösartig sein kann. Obwohl dergleichen uns gar nicht so fremd ist. Es kann passieren, dass wir zum Beispiel in einen Bus einsteigen wollen und kaum Platz haben, weil alle in der Tür stehen und nicht weiter reingehen. Wir regen uns darüber auf, machen vielleicht Bemerkungen. Wenn wir es jedoch geschafft haben, einzusteigen, und bei der nächsten Station jemand zusteigen will und uns bittet, weiter reinzugehen, dann sind wieder wir es, die meckern.

Im Gleichnis Jesu kam dem König die Gewalttätigkeit des Dieners zu Ohren. Er ließ ihn sofort rufen und stellte ihn zur Rede: *Hättest nicht auch du mit jenem, der gemeinsam mit dir in meinem Dienst steht, Erbarmen haben müssen, so wie ich mit dir Erbarmen hatte?* Daraufhin entbrannte die Wut des Königs und er übergab ihn den Folterknechten, bis er seine ganze Schuld bezahlt hatte. Damit versetzte er ihn nicht in einen neuen Zustand, sondern quittierte und handhabte konsequent die Situation, die im Herzen des Dieners bis dahin entstanden war. Denn indem der Diener die Vergebung in seinem Herzen nicht überfließen ließ, öffnete er eine Schleuse und ließ den Strom der Vergebung versiegen. Die Schleuse funktioniert in zwei Richtungen: nicht nur in Richtung einer anderen Person, sondern auch in die Richtung der eigenen Person. Das Leben wird kraft der Vergebung zu einem offenen, gemeinschaftlichen Leben. Sollte dem nicht so sein, gelten auch uns die Worte Jesu: *Ebenso wird mein himmlischer Vater jeden von euch behandeln, der seinem Bruder nicht von ganzem Herzen vergibt* (Mt 18,35).

Es ist wichtig, es uns im Herzen einzuprägen: Wenn wir andere als Schuldner betrachten, qualifizieren wir uns selbst erneut zu Schuldnern herab. Wir etablieren eine neue Abhängigkeit, die uns beide gefangen hält. Wenn wir nicht vergeben, setzen wir uns wieder auf die Schuldnerbank.

Nur der kann Nutzen aus der Vergebung ziehen, der sie nicht für sich selbst behält. Die Aussagen »Ich habe keine Schulden, sie sind mir erlassen worden« und »Keiner liegt in meiner Schuld, ich habe sie erlassen« stehen miteinander in organischem und engem Zusammenhang. Nur ein Mensch, der auch die Fesseln der anderen nicht in seiner Hand hält, kann ohne Fesseln leben. Denn wenn wir jemand anderen freilassen und zulassen, dass er er selbst sein darf, wird auch uns die Freiheit der Versöhnung durchströmen. Der Weg in die eigene Freiheit ist der Weg der Freigabe anderer.

Das lehrt uns Jesus unmissverständlich auch zu anderer Gelegenheit: *Und wenn ihr dasteht und betet, so vergebt, wenn ihr etwas gegen jemand habt, damit auch euer Vater im Himmel euch eure Verfehlungen vergibt. Wenn ihr aber nicht vergebt, so wird auch euer Vater im Himmel eure Verfehlungen nicht vergeben* (Mk 11,25f). Wem Gott die Schuld erlassen hat, der soll auch in dieser Vergebung leben. Wirkt die Kraft Gottes in uns, dann wird sie auch *durch* uns wirken. Den ausströmenden Geist Gottes können wir nicht in Besitz nehmen, doch wir können ihn weitergeben.

Auch uns selbst

Oft gehören auch wir selbst zu »unseren Schuldigern«. Deshalb müssen wir uns selbst ebenso verzeihen.

Unsere Freiheit wird häufig von unserer Selbstanklage geraubt, weil wir uns nicht aus dem Gefängnis unserer Wut entlassen können. Selbsthass und Selbstverachtung belasten uns genauso sehr wie die Wut und die Verachtung anderen gegenüber, manchmal sogar noch heimtückischer. Denn während wir uns durch die Vergebung von den Vorhaltungen anderer befreien können, kann uns die Liebe anderer nur sehr langsam von Selbstanklagen und Selbstverachtung befreien.

Wenn wir längere Zeit uns selbst grollen und uns tief verachten, stellen wir die Vergebung Gottes ebenso infrage. Der Mensch wird so zum erbarmungslosesten Gefängniswärter seines Selbst. Schon aus diesem Grunde ist es sehr wichtig, sich selbst zu vergeben, weil der, der Groll gegen sich selbst hegt, auch anderen gegenüber unfrei ist. Nur dann sind wir fähig anderen Liebe, Barmherzigkeit und Zärtlichkeit zu schenken, wenn wir das uns selbst gegenüber auch zulassen können, wenn wir lernen, uns selbst mit der Liebe, Barmherzigkeit und Zärtlichkeit zu begegnen, wie Jesus das tut. Gott hat den Preis der Versöhnung schon bezahlt, er hat uns vergeben, damit die völlige Befriedung Wirklichkeit werden kann.

Auf den inneren Kampf gegen die Selbstanklage werden wir im nächsten Kapitel noch näher eingehen. Denn der Böse zielt genau darauf ab, seine Anklage als göttliche Gegenwart zu tarnen, um uns Kraft, Hoffnung und Mut zu rauben, damit wir glauben, mit unserer Selbstverurteilung Gott einen Gefallen zu tun. In diesem Zusammenhang können wir kategorisch behaupten, dass die »erzieherische« Redewendung »schäme dich« ganz und gar böse ist, auch wenn wir das anderen oder uns selbst mit der besten Absicht sagen. Denn es ist der Böse, der uns anklagt und zerstört, nicht Gott. Gott ist Liebe und kann sich selbst nicht verleugnen. Mit jedem Tadel zeigt er uns zugleich einen Ausweg und ruft uns zu sich und will uns nicht zerstören. Er bleibt uns treu, auch wenn unser Glaube versagt, er wird uns von jeder Falschheit befreien. Damit wir also als Vergebene leben und auch anderen vergeben können, müssen wir auch uns selbst verzeihen. Und zwar immer wieder aufs Neue.

Die heilende Kraft der Vergebung

Die Vergebung ist also ein sehr wirksames »Aus-dem-Weg-Räumen von Hindernissen«. Für den, der vergibt, genauso wie für den, dem vergeben wird. Zuerst wird der Weg für die Vereinigung mit Gott frei, was aber auch in anderen Bereichen unseres Lebens neue Wege eröffnet. Wenn unsere Gottesbeziehung wieder in Ordnung kommt, gelangen wir wieder in den Zustand des ursprünglichen göttlichen Planes, und die Dinge in den verschiedenen Lebensbereichen gelangen dann wieder an ihren Platz. Wer durch die Pforte der Vergebung tritt, kann eine elementare Heilung erfahren. *Wenn ich euch von all euren Sünden gereinigt habe, mache ich die Städte wieder bewohnbar und die Ruinen werden wieder aufgebaut* (Ez 36,33).

Durch die Vergebung können wir von vielem psychischem Elend und sogar von körperlichen Gebrechen befreit werden.[54] Die positive Wirkung der Vergebung kann sehr vielseitig sein, was eine ganz wunderbare Sache ist. Da wir aber in einer Zeit leben, in der die Welt vor allem subjektiv betrachtet wird, kann gerade hier die Gefahr der Verzerrung entstehen. Der Akzent im Umgang mit der Vergebung hatte sich (ab dem späten Mittelalter) von der Erfahrung der Versöhnung in Richtung der persönlichen Befriedigung verschoben, in den Mittelpunkt der Aufmerksamkeit rückten der persönliche Trost, die Wiederherstellung und die Heilung. Heutzutage wird das Versöhnungsgeschehen eher aus therapeutischer Sicht gedeutet (z. B. die Wirkung der Vergebung auf den, der vergibt, und auf den, dem vergeben wird). Dabei kommen der Reinigung und Rechtfertigung des Einzelnen manchmal mehr Bedeutung zu als der Wiederherstellung der Beziehung selbst. Der individuelle Nutzen scheint heute wichtiger zu sein als die gemeinschaftliche Versöhnung.[55]

Während wir uns zu Recht über die neuerliche Aufwertung der heilenden Wirkung der Vergebung freuen, sollten wir nicht vergessen, dass die eigentliche Bestimmung der Vergebung – mitsamt dem persönlichen Nutzen und der Heilung als Begleiterscheinung – die Wiederherstellung der Beziehung ist. Wir sollten nicht halben Weges stehenbleiben, denn wenn sich die Vergebung auf die Ebene der individuellen Psychologie beschränkt, verliert sie ihre Essenz: den bedingungslosen Erlass.

Im Hinblick auf die Vergebung kann die einzelne Funktionsfähigkeit, d. h. die Funktionalität der Vergebung, nie Hauptratgeber sein, da sie die Aufmerksamkeit auf die Bedingtheit lenkt. Ist das Ziel die persönliche Heilung, dann wird die Vergebung verkürzt. Nach dem Gesichtspunkt der Beziehung ist die Heilung des Einzelnen eher eine Randerscheinung und nicht ihr Maß. Das Wesen der Vergebung ist der Fluss des Gemeinschaftslebens. Wie eine Definition der Sünde nur möglich ist, wenn sie sich nicht auf die innere Welt des Einzelnen beschränkt, sondern in ihrer gemeinschaftszerstörenden Wirkung beurteilt wird, so gilt das auch umgekehrt: Eine Definition der Vergebung ist unmöglich, wenn wir nicht auf die Beziehung achten, die sie wieder in Ordnung bringt.

Die Vergebung strömt aus

Die Vergebung der Sünden führt nicht nur dazu, dass wir die Sünden des anderen nicht mehr aufrechnen oder dass wir an bestimmten Kränkungen nicht mehr festhalten, sondern auch dazu, dass wir in immer mehr Bereichen unseres Lebens die gegenseitige Aufnahme und Akzeptanz pflegen. Das Erlassen wird zu einer Lebensform. Von seinem Nutzen profitiert die ganze Schöpfung.

Die Vergebung Gottes beginnt in uns wie ein dünnes Rinnsal, welches uns später überströmt, sich ausbreitet und zuerst zu einem Bach, später zu einem breiten Strom wird. Die Vergebung vollendet sich in der Versöhnung. Der Strom der Versöhnung spendet allen Menschen in unserer Nähe, aber auch in unserem weiteren Umfeld Leben, ja sie ergießt sich sogar in die ganze Gesellschaft und Schöpfung. In dem Maße, wie sich für uns der Weg zu einer innigen Beziehung mit Gott und zu den Mitmenschen öffnet, werden auch wir zu Katalysatoren der Versöhnung für andere.

Jesus ruft uns im Umgang mit unseren eigenen Sünden zu einer anderen Haltung als angesichts der Sünden anderer. Bezüglich unserer eigenen Sünden fordert er uns auf, realistisch zu sein: zu ihnen zu stehen und sie zu bekennen. Und um Vergebung für sie zu bitten. Den Sünden anderer gegenüber mahnt er uns zur Großzügigkeit.

Oft gehen wir jedoch in entgegengesetzter Weise vor, was nicht der Weg der Freiheit ist. Wer andere verurteilt, rechtfertigt sich damit, die Sünden ernst zu nehmen. Jesus mahnt uns jedoch, für uns selbst die Sündenvergebung zu erbitten und uns nicht mit den Sünden anderer zu beschäftigen, sondern mit ihrem Erlass. *Ja, Gott war es, der in Christus die Welt mit sich versöhnt hat, indem er den Menschen ihre Verfehlungen nicht anrechnete und uns das Wort von der Versöhnung (zur Verkündigung) anvertraute. Wir sind also Gesandte an Christi statt, und Gott ist es, der durch uns mahnt. Wir bitten an Christi statt: Lasst euch mit Gott versöhnen!* (2 Kor 5,19f).

Einander vergeben

Die Vergebung ist für uns so viel wert, wie wir sie leben. Es gibt Menschen, die als geliebte Menschen leben und diese Liebe an ihre Nächsten weitergeben: Ihre Gegenwart wirkt auf andere befreiend, wertschätzend, bedingungslos annehmend und bejahend.

In einigen christlichen Kreisen gibt es Menschen, die die Rechtfertigung aus der Gnade Gottes und die Gerecht-Sprechung durch den Kreuzestod Christi als Grundlage der göttlichen Vergebung selbst im Schlafe aufsagen könnten und es wichtig finden, ihren Kindern diese Begriffe beizubringen. Die Menschen in ihrer Umgebung haben dennoch leicht das Gefühl, in ihrer Schuld zu stehen, ja von ihnen sogar verachtet zu werden.

James Houston, einer meiner geschätzten Professoren, pflegte zu sagen, es gebe wohl keine andere Glaubenslehre, die so leicht zu verstehen und so schwer zu leben sei wie die Rechtfertigung aus Glauben. Wir könnten die Vergebung viel besser vermitteln, wenn wir den Menschen um uns herum nichts nachtragen, sondern ihnen mit Respekt begegnen würden. Unsere Theologie ist zwar abstrakt und genau, doch bekommen unsere Mitmenschen oft nur die Bedingungen mit, an die die Vergebung geknüpft ist.

Die Liebe verlangt von uns, anderen weiterzugeben, was wir selbst erhalten haben. Die Vergebung ist also nicht nur ein Gesetz des gemeinschaftlichen Zusammenlebens, sondern auch eine pragmatische Regel, die spirituelle Lebensvoraussetzung aller, ob sie nun Vergebung genießen oder gewähren. Wie wir oben gesehen haben, gehören Empfangen und Weitergeben der Vergebung eng zusammen. Vergebung ist zwiegerichtet wie die Pumpe im Herzen, die das Blut in zwei Richtungen pumpt. Ohne sie gäbe es kein Leben.

Jesus geht es nicht darum, ob uns die Bitte anderer um Verzeihung zusteht oder nicht oder unter welchen Voraussetzungen wir mit anderen Frieden schließen, sondern darum, dass wir immer wieder aufs Neue verzeihen müssen. Seine Worte sind unmissverständlich: *Habt Acht auf euch selbst: Wenn dein Bruder sündigt, so weise ihn zurecht, und wenn er es bereut, so vergib ihm! Und wenn er siebenmal am Tag an dir sündigt und siebenmal zu dir umkehrt und spricht: Ich bereue es; so sollst du ihm vergeben* (Lk 17,3f). Als Petrus daraufhin Jesus fragte: *Herr, wie oft soll ich meinem Bruder, der gegen mich sündigt, vergeben? Bis siebenmal? Jesus spricht zu ihm: Ich sage dir: Nicht bis siebenmal, sondern bis siebzigmal siebenmal!* (Mt 18,21f).

Im Gemeinschaftsleben, in der Familie und in der Ortsgemeinde legen die Apostel die Betonung immer auf eine aufnahmebereite Atmosphäre: *Vor allen Dingen aber habt untereinander eine anhaltende Liebe! Denn die Liebe bedeckt eine Menge von Sünden* (1 Petr 4,8). *Seid gütig zueinander, seid barmherzig, vergebt einander, weil auch Gott euch durch Christus vergeben hat* (Eph 4,32). Und wieder: *Ertragt euch gegenseitig und vergebt einander, wenn einer dem andern etwas vorzuwerfen hat. Wie der Herr euch vergeben hat, so vergebt auch ihr!* (Kol 3,13).

Franz von Assisi hat das so schön, so liebevoll und genau erfasst. Er sah sich als Botschafter des Friedens, aber nicht nur den Menschen gegenüber, sondern auch den Tieren und Gestirnen gegenüber. Denn er wusste, dass die ganze erschaffene Welt davon profitieren wird, wenn die Versöhnung mit Gott ausströmt. Sein wohlbekanntes Gebet spiegelt diese Gesinnung wider:

Herr, mach mich zu einem Werkzeug deines Friedens,
dass ich liebe, wo man hasst;
dass ich verzeihe, wo man beleidigt;
dass ich verbinde, wo Streit ist;
dass ich die Wahrheit sage, wo Irrtum ist;
dass ich Glauben bringe, wo Zweifel droht;
dass ich Hoffnung wecke, wo Verzweiflung quält;
dass ich Licht entzünde, wo Finsternis regiert;
dass ich Freude bringe, wo der Kummer wohnt.
Herr, lass mich trachten,
nicht, dass ich getröstet werde, sondern dass ich tröste;
nicht, dass ich verstanden werde, sondern dass ich verstehe;
nicht, dass ich geliebt werde, sondern dass ich liebe.

Denn wer sich hingibt, der empfängt;
wer sich selbst vergisst, der findet;
wer verzeiht, dem wird verziehen;
und wer stirbt, der erwacht zum ewigen Leben.

Bruder Roger Schutz nannte diese Berufung im 20. Jahrhundert den »Dienst der Versöhnung«. Wenn wir in der Vergebung leben, wenn wir in diesem Geiste beten und aus dieser Haltung heraus jeden Menschen zur Kraft der Verzeihung und der Akzeptanz rufen, dann verhelfen wir anderen dazu, mit Gott und miteinander Frieden zu finden. Der Dienst der Versöhnung offenbart sich nicht nur in den Worten, sondern vielmehr in den *Werken* der Annahme und der Vergebung.

Im Bewusstsein des Loslassens

Wir können mit unseren Sünden viel mehr tun, als sie endlos zu begründen und mit uns herumzuschleppen. Jesus ist die Vergebung unserer Sünden.[56] In ihm hat Gott uns seine Vergebung als göttliches Geschenk angeboten. *Das Lamm Gottes hat die Last von uns genommen und zum Vater getragen, der ihn freudig mit unseren Sünden auf seinen Schultern empfängt. Die Freude des Vaters ist, seine Barmherzigkeit uns anbieten zu dürfen.*[57]

Wem seine Sünden vergeben sind, kann aus dem Hamsterrad aussteigen. Er braucht seine eigene Geschichte oder die seiner Vorfahren nicht zu wiederholen. Er kann frei in die Gegenwart einsteigen. Gott selbst lebt auf diese Weise. Er präsentierte sich vor Mose als der »Ich-bin-da«. Als der Herr der immerwährenden Gegenwart. Er will, dass auch wir in der Gegenwart leben. Frei. Ohne jemandem etwas zu schulden, außer einer Sache: der gegenseitigen Liebe.

Stellen wir uns ein Leben ohne Tilgungsbemühungen oder Vergeltungswünsche vor. In dem keiner sich vor Zurückweisung fürchtet noch vor zwingender Notwendigkeit, sondern in der es nur die gegenwärtige Realität gibt. Das bedeutet »Vergebung«, Zustand der Freiheit. Himmelreich.

Was brauchen wir, um so leben zu können? Im Lichte des *Vaterunsers* sind es zwei Dinge. Das eine, vom Vater die Vergebung unserer Schuld zu erbitten, und das andere, auch anderen zu verzeihen.[58] Gott hat die ganze Welt durch Jesus mit sich versöhnt,[59] weil wir *durch sein Blut gerechtfertigt sind* (Röm 5,9; Lk 4,18f). Gott hat uns angenommen, und jetzt liegt es an uns, wie Menschen zu leben, die angenommen worden sind.

Das Ja zur Vergebung muss immer wie ein Grundton in unserem Gebet präsent sein, auch dann, wenn wir für andere Bedürfnisse beten.

7. Unsere Gefangenschaft: *Erlöse uns von dem Bösen*

Die Heilige Schrift lehrt uns, dass in der Welt ein Hindernis existiert, das nicht unserem Inneren entspringt: Es mag sein, dass wir uns manchmal aktiv dafür entscheiden und diese negative Kraft, die oft gerade durch uns wirksam wird, auch wollen – wir sind also keineswegs unbeteiligt an dieser Sache –, sie folgt aber eindeutig nicht aus unseren Sünden. Sie ist eine Kraft, die über uns hinausweist.

Eines Tages kommt das Kind, das seine Familie bislang als einen sicheren und bewahrenden Ort erlebt hat, nach Hause und bemerkt, dass alle schweigen. Es versteht die verzweifelten Blicke nicht. Dann wird auch ihm die Nachricht mitgeteilt, dass sein älterer Bruder gestorben war. Er kam in der vergangenen Nacht bei einem tragischen Autounfall ums Leben. Wie kann so etwas geschehen …?

In einer Kleinstadt im Nahen Osten bereiten sich die Schüler auf den Schulbeginn vor. Die Kinder und ihre Eltern sind aufgeregt. Manche treffen erst jetzt ein, andere warten bereits auf den Beginn der Feier. Keiner weiß, dass unterdessen die Türen verschlossen werden. Das Gebäude wird von Terroristen überfallen. Zu Beginn der Feier nehmen diese ihre Waffen hervor und treiben die unschuldigen Gäste in die Turnhalle. Das Drama dauert tagelang, am vierten Tag explodiert eine Bombe. Ein Feuergefecht entbrennt, bei dem mehrere hundert Kinder, Mütter, Väter, Großmütter und Großväter ihr Leben verlieren. Warum?

Oder denken wir nur an eine alltägliche Erfahrung, die jedem von uns passieren kann. Wir gehen nach der Arbeit nach Hause, um den Abend mit denen zu verbringen, die wir am meisten lieben. Dabei können wir ihnen zeigen, wie sehr wir sie wertschätzen. Endlich kommen wir nach Hause. Zu Hause wartet eine Aufgabe, die dringend erledigt werden muss, und gerade da kommt uns ein Familienmitglied in die Quere. Wir werden wütend. Wir sagen einen Satz, den wir selbst nicht so gemeint haben, der uns selbst überrascht. Im anderen hinterlässt er allerdings seine Spur. Eine tiefe, schmerzende Furche. Wir verletzen gerade die, für die wir noch vor kaum einer halben Stunde unser Leben gegeben hätten. Es ist zum Verzweifeln.

Im Europa des 18. und 19. Jahrhunderts glaubten viele, dass der Menschenverstand und die Technologie eines Tages alle glücklich machen würden. In den letzten Jahrzehnten sind diese optimistischen Stimmen immer leiser geworden. Viele haben das Gefühl, dass der moderne Mensch sich »zu viel versprochen« hatte. Mit der Entwicklung der Technik ist unser Leben nicht nur bequemer, sondern auch unmenschlicher geworden. Die vielen Entdeckungen der Naturwissenschaften, Psychologie und Informatik haben die Macht des Bösen nicht verringert, sondern eher verstärkt.

Dank unseres Wissens haben die Kriege im 20. Jahrhundert Verwüstungen von zuvor ungeahnter Tragweite hinterlassen. Dieses Jahrhundert ist das Zeitalter der gesellschaftlichen Katastrophen und Traumata, eine der dunkelsten Zeiten der Geschichte. Seine Grausamkeit reicht weit über die der letzten Jahrhunderte hinaus.

Die postmoderne Welt tappt in eine ganz andere Richtung als die früheren Zeiten: Sie sucht Abhilfe nicht im Aufbau von Machtstrukturen (vielleicht wird sie das erst dann tun, wenn sie den Missbrauch der Macht und deren Möglichkeiten endlich einschränken konnte), sondern in ihrem Abbau, und sucht die wahre Lösung darin, dem Individuum mehr Geltung zu verschaffen. Eine der Begleiterscheinungen dieses Strebens ist ein nie da gewesenes Maß an Manipulation, aggressiver Werbung und anderen Erscheinungsformen von Gewalt. Obwohl wir in der Zeit der Therapien leben, schnellt der Anteil der dysfunktionalen Beziehungen in die Höhe. Der Zerfall der Familien und die Umweltzerstörung nehmen rasant zu. Die Alarmglocken läuten. Ganz zu schweigen von den wachsenden Übergriffen gegen Kinder sowie dem Anstieg der Depression und der Suchtkrankheiten in der Gesellschaft.

Irgendetwas stimmt da nicht, irgendetwas läuft in der Tiefe falsch. Es scheint, dass weder die Ignoranz noch das Wissen, weder die Unterentwicklung noch die Entwicklung, weder Machtkonzentration noch die Macht beschränkende Interessen der Einzelnen das Übel aus der Welt schaffen können. Als ob die Fähigkeit des Menschen, gegen die zerstörerischen Kräfte vorzugehen, nicht ausreichen würde.

Der Feind Gottes, der seine Ordnung zu zerstören sucht

Die Heilige Schrift lehrt, dass es in der Welt eine böse Kraft gibt, die nicht nur das Fehlen des Guten, nicht nur die Konsequenz unserer Fehler und Sünden ist und keine bloße Funktionsstörung darstellt. Ihr Ursprung und ihre Kraft zeigen über uns hinaus. Sie hat sich hartnäckig zwischen uns eingenistet und lässt sich nicht ohne weiteres beseitigen.

Die Bibel spricht von der Natur des Bösen mit zwei vielsagenden Begriffen. Die erste Bezeichnung ist das hebräische Wort »Satan«, was Gegner oder Ankläger bedeutet. Satan wirkt gegen alles, was gut und wahr ist. Er ist der Widersacher Gottes und alles Lebenden: Er ist der Erzfeind.

Der andere biblische Begriff ist das griechische Wort »Diabolos«. Wörtlich bedeutet das der »Durcheinanderwerfer« oder »Zerwürfnisstifter«. Im deutschen Sprachgebrauch hat sich hauptsächlich das Wort »Teufel« verbreitet, doch könnte man mit vielen verschiedenen Begriffen die Wirklichkeit beschreiben, die nie etwas ins Sein ruft, sondern immer auf das Bestehende baut, dieses verzerrt und zerstört. Der Teufel vermag nichts zu erschaffen, nur zu zerstören.

Wenn wir die Bezeichnungen Satan und Teufel (Diabolos) zusammensetzen, entlarvt sich der Böse: der Feind des lebendigen Gottes und der Umstürzler der göttlichen Ordnung.

Wenn wir also nach der Existenz des Bösen fragen, müssen wir vorsichtig sein, damit wir ihm durch unser Herumrätseln keine größere Bedeutung zuschreiben, als er wirklich hat. Mit der Frage, warum Satan existiert, könnte man zwar einen philosophisch interessanten Diskurs entfachen, doch würde diese Frage das Gespräch auf eine Bahn lenken, auf der wir leicht das Wesentliche aus den Augen verlieren. Die Frage nach dem »letzten Grund« baut auf die Prämisse, dass das Bestehen des Bösen eine letzte Ursache, d. h. irgendeinen Sinn haben muss. Doch ist das Böse sinnlos, seine Existenz entbehrt jeglichen positiven Inhaltes. Satan ist absurd, sein Dasein ist durch nichts gerechtfertigt. Sein Wesen kann nur in Verbindung mit der Gemeinschaft Gottes, von innen heraus, aus der Erfahrung dieser Gemeinschaft, wahrgenommen werden. Das Böse kann nur im Kontrast zur Person und Ordnung Gottes sowie zur Reinheit des nach Gottes Antlitz erschaffenen Menschen enttarnt werden. Das Böse kann in sich gar nicht identifiziert werden. Es wird lediglich im Kontrast zum Leben, zur Schönheit, zur Güte und zur Ordnung sichtbar. Im Kraftfeld Gottes.[60]

Bitten ist gut

Der Mensch, der weiß, dass er einer Kraft gegenübersteht, die sein Leben übersteigt, wird instinktiv bei jemandem Hilfe suchen, dem er vertraut. Deshalb stellt sich die wichtige Frage, für wie stark wir Gott halten, oder vielleicht noch wichtiger, wie sehr wir ihm vertrauen können.

Jesus ermutigt uns ausgesprochen dazu, um alles zu bitten, was wir brauchen. Er duldet nicht nur, dass wir unsere Bitten vor ihm aufdecken, sondern fordert uns im Bereich unserer materiellen

Bedürfnisse wie auch im Kampf gegen das Böse dazu auf, zu bitten. Kernstück der Bitte ist das Vertrauen. Besonders dann, wenn wir um Schutz vor dem Bösen bitten. Jesus geht in einem Gleichnis ausdrücklich darauf ein. Er ruft uns dazu auf, den Vater um den Heiligen Geist zu bitten. Er charakterisiert diese Vertrauensbeziehung als Verhältnis zwischen Vater und Kind.

Oder ist unter euch ein Vater, der seinem Sohn eine Schlange gibt, wenn er um einen Fisch bittet, oder einen Skorpion, wenn er um ein Ei bittet?

Wenn nun schon ihr, die ihr böse seid, euren Kindern gebt, was gut ist, wie viel mehr wird der Vater im Himmel den Heiligen Geist denen geben, die ihn bitten.

Der Vater hat seine Freude daran, dass er uns beschenken darf, er würde uns sogar sich selbst schenken. Es ist gut, um seinen Heiligen Geist zu bitten.

In Gott gibt es keine Ambivalenz. Er hintergeht niemanden. Der Mensch, der Gott bittet, muss nie befürchten, dass der Vater ihm etwas Böses geben würde, wenn er ein bisschen fehlerhaft, egoistisch oder unbedacht bittet. Die Lehre Jesu bekräftigt, dass der himmlische Vater uns nie einen Dämon anstelle des Heiligen Geistes schicken würde, um uns zu bestrafen. Davor brauchen wir keine Angst zu haben.

Für einige scheint diese Angst töricht zu sein, anderen erscheint sie wiederum sehr real. Denn wenn es möglich wäre, dass sich plötzlich ein Dämon in unsere Seele einschleicht, während wir Gott um etwas bitten, dann erschrecken wir und wagen ihn nicht mehr zu bitten. Gerade deshalb konfrontiert uns Jesus mit der alltäglichen Erfahrung eines irdischen Vaters, der zwar unvollkommen ist, aber seinem Kind nie einen Skorpion geben würde, wenn es ihn um Nahrung bittet. Wie könnte dann der himmlische Vater, der vollkommen ist, demjenigen etwas Böses geben, der ihn um etwas bittet?

In Wirklichkeit ist es die Absicht des Bösen, das Misstrauen gegen den Vater in uns zu schüren. Allein Gott hat die Macht, uns vom Bösen zu befreien. Unsere einzige Chance ist, ihn zu bitten, denn Gott ist größer als das Böse. Wenn wir Gott gegenüber misstrauisch werden, welche Aussicht haben wir dann noch im Kampf gegen das Böse? Wer so stark von der Angst vor dem Bösen bestimmt ist, dass er selbst bei seiner Gottessuche Angst vor der Leid zufügenden Macht des Bösen hat, der wird Gott seine Seele nicht bedingungslos anvertrauen, er wird sich weder an Gott festhalten noch vertrauensvoll um etwas bitten. Genau mit diesem Misstrauen und mit dieser Angst verstellt ihm das Böse den Weg zur Befreiung.

Dabei können wir uns jederzeit mit Zuversicht an Gott wenden, damit er uns vor dem Bösen beschützt und von ihm befreit. Gott liebt es, die Menschen zu befreien. Daran erinnern uns im Alten Testament die Vornamen, die auf die Wurzel »Retter« bauen (es gibt 14 solcher Namen im Alten Testament). Im Neuen Testament verweist der Name Jesu auf Gott, den »Retter«. Das »Hosanna«, die feierliche Akklamation der Christen, die so viel bedeutet wie »rette uns«, gründet auf der Überzeugung, dass Gott rettet.[61]

Die Bitte um Befreiung baut auf das Vertrauen zu Gott. Die Angst vor Gott wird nicht von Gott selbst genährt. Wenn wir bitten »Nimm deinen Heiligen Geist nicht von mir«[62], wird Gott uns nicht hintergehen, denn er teilt sich uns gerne mit. Das dumpfe Misstrauen hat im Gebet nichts zu suchen. Furcht gibt es in der Liebe nicht, sondern die vollkommene Liebe vertreibt die Furcht. Wer sich fürchtet, ist noch nicht in der Liebe vollendet.[63]

Die wahre Natur des Bösen ist alles andere als offensichtlich

Das Böse zeigt sich nicht immer offen. Wenn es so wäre, würde jeder vor ihm erschrecken und einen weiten Bogen um ihn machen. Doch oft nähert sich das Böse, indem es so tut, als ob es unser Wohl suchen würde. Gewiss zeigt es sich zeitweise in gnadenlosen, gewaltsamen Taten, fällt mit Zweifeln und Anklagen über uns her, doch oft schmeichelt es sich unter dem Anschein des Guten mit anziehenden Bildern und vielversprechenden Angeboten in unsere Seele ein.

Wir hätten erwartet, dass Adam und Eva nach ihrem Sündenfall wieder zur Besinnung kommen und sich entsetzt über ihre Tat an den Kopf fassen würden: »Wie kamen wir nur dazu? Wie konnten wir nur so dumm sein?« Stattdessen lesen wir, dass »beiden die Augen aufgingen«, als ob sie etwas gewonnen hätten. Wofür haben sich wohl ihre Augen geöffnet? Etwa dafür, dass sie werden wie Gott, wie es der Böse ihnen als Gewinn versprochen hatte? Nein. Wenngleich ihnen doch genau dies »versprochen« wurde, so ist das nicht eingetroffen. Beiden gingen die Augen auf und sie erkannten, dass sie nackt waren.

Zuvor gab es in ihrem Wesen nichts, was sie hätten verbergen müssen. Alles in ihnen passte zusammen. Der Blick Gottes und des anderen verlieh ihnen Sicherheit. Ihre Nacktheit war für sie natürlich, gut und schön. In jenem Augenblick, als sie sich jedoch gegen Gott wendeten, entstand etwas, was sie verbergen mussten. In ihrem Wesen bildete sich etwas, was nicht dahingehörte.

Da nun ihr inneres Wesen nicht mehr nur Gott, sondern auch das Böse kannte, wurden sie jetzt nicht mehr von Gott allein bestimmt. Ihre Selbsterkenntnis wurde nicht nur zur Quelle der Sehnsucht nach Gott, sondern auch des Schuldbewusstseins vor Gott. In ihnen entstand ein Zwiespalt. Ein Teil ihres Wesens wollte ohne Gott leben, und von diesem Augenblick an sehnte sich weder ihr inneres noch ihr äußeres Wesen danach, für ihn erkennbar zu sein. Das Gefühl der Scham entstand. Sie wollten nur noch eines: sich verstecken. Die Erfahrung der inneren Harmonie mit Gott und miteinander verkümmerte zu einer bloßen Erinnerung. Als »Ausweg« blieb das Verdecken. Die Flucht vor Gott und vor sich selbst.

Das Verblüffende an der Geschichte ist, dass sie genau das Wichtigste nicht bemerkten, während sich ihre Augen öffneten, nämlich, dass sie sich von Gott getrennt hatten. Die Ironie der Situation ist, dass der Mensch den größten Verlust seines Lebens, nämlich die Trennung von Gott, als Erleuchtung erlebt, und nur der Leser erkennt das (weil der Narrator ihn das sehen lässt). Adam und Eva haben ihren Blick für das Wesentliche verloren. Sie sind damit beschäftigt, ihr Malheur vor Gott zu rechtfertigen. In der Heiligen Schrift gibt es wohl keine tragikomischere Feststellung als diese: *Da gingen beiden die Augen auf.*

Das Wesen der Versuchung hat sich bis heute nicht verändert. Wer in Versuchung fällt, verliert seinen Blick für das Wesentliche dermaßen, dass er zufrieden auf seine Tat schaut und meint, einen Schritt weitergekommen zu sein: *Da sah die Frau, dass es köstlich wäre, von dem Baum zu essen, dass der Baum eine Augenweide war und dazu verlockte, klug zu werden. Sie nahm von seinen Früchten und aß.* Es ist kein Zufall, dass die Bibel das Böse so charakterisiert: *Die Schlange war schlauer als alle Tiere des Feldes.*[64]

»Seid wachsam«

Damit wir den Kampf gegen Satan, den »Vater der Lüge«, dem jedwede Wahrheit fehlt, aufnehmen können, müssen wir ihn zuerst erkennen.

In meiner Heimatstadt Győr lebte eine Frau, die Magdi Beke hieß. Viele kannten sie durch ihre Weisheit. Zum Ende ihres Lebens wiederholte sie immer öfter: »Das Gottesvolk ist dazu berufen, wachsam zu sein.« Sie pflegte zu sagen, dass die Kinder Gottes einander beschwichtigen müssten: »Wach auf, Bruder, wach auf, Schwester! Steh auf, hab Acht, lass dich nicht hinters Licht führen!« Unsere natürliche Klarsicht gegenüber dem Satan ist unwirksam, weil der Böse sich tarnt. Wir müssen aufmerksam sein, das heißt, wir müssen uns Christus zuwenden. John Owen, einer der herausragenden Theologen des 17. Jahrhunderts, schrieb: *Wenn wir im Gebet nicht ausharren, verblei-*

ben wir in der Versuchung. Teil unseres täglichen Gebets sei: »Gott, bewahre meine Seele und erhalte mein Herz und all seine Wege, damit ich nicht in Gefangenschaft gerate!« Wenn wir so verfahren, werden uns die wiederkehrenden Versuchungen nicht besiegen. Während andere in der Sklaverei verweilen, bleiben wir frei.[65]

Die Wachsamkeit ist eher ein Zustand als die Frage einer momentanen Sensibilität. Für deren Aufrechterhaltung braucht es das ausdauernde, konsequente Gebet. Ein gutes Beispiel für das Wachstum eines Menschen in der Wachsamkeit gibt uns einer der Jünger Jesu: Wenn wir das Leben des Apostels Petrus betrachten, können wir sehen, wie er mit der Zeit immer wachsamer wurde.

Als Jesus auf eine Weise die Last der Sünden der Welt auf sich nehmen will, die jegliches menschliche Verstehen übersteigt, versucht das Böse ihn davon abzubringen. Auf dem Ölberg, wohin Jesus seine drei Jünger mit sich nimmt und seinen Kampf im Gebet aufnimmt, ist Petrus auch dabei. Jesus spricht mit folgenden Worten zu ihnen: *Meine Seele ist zu Tode betrübt. Bleibt hier und wacht mit mir!* Dann geht er ein Stück weiter, um zu beten.

Jesus ist gerade dabei, sein Leben ganz und gar hinzugeben. Der Teufel greift ihn mit elementaren Kräften an, um ihn davon abzuhalten. Der Widersacher will erreichen, dass Jesus eher auf seine Rechte und Möglichkeiten achtet, und zeigt ihm deshalb kleine Auswege, wie drei Jahre zuvor, als er ihn in der Wüste in Versuchung führte (dort lesen wir, dass der Teufel eine Zeit von ihm abließ). Jetzt kämpft er erneut um die Seele Jesu. Der Evangelist Matthäus beschreibt dieses Geschehen so, dass Jesus regelrecht mit Dämonen zu kämpfen hat.

Beim Beten macht Jesus eine Pause. Als er zu seinen Jüngern zurückkehrt, findet er sie schlafend. Kurz zuvor hatten sie ihm hoch und heilig geschworen, wenn nötig, sogar ihr Leben für ihn hinzugeben, doch in diesem Moment fehlt ihnen die Gabe, hinter die Kulissen zu schauen, und sie kennen weder sich selbst noch den Teufel. Auch Petrus. Genauso wie die anderen nimmt auch er die Wirklichkeit dieses Kampfes nicht wahr. Für sie ist diese Nacht wie eine der anderen: Jesus betet länger und sie haben einen langen, erschöpfenden Tag hinter sich, das ist alles.

Die Jünger schrecken auf und Jesus bittet sie erneut zu wachen, dann entfernt er sich wieder ein Stück und betet weiter. Kurz darauf geht Jesus wieder zu ihnen zurück und findet sie wieder schlafend. Seine Worte gelten allen dreien: *Konntet ihr nicht einmal eine Stunde mit mir wachen? Wacht und betet, damit ihr nicht in Versuchung geratet! Der Geist ist willig, aber das Fleisch ist schwach* (vgl. Mt 26,38–41).

Petrus verehrte Jesus aufrichtig. Nur fehlt es ihm an Selbstkenntnis und er vertraut naiv auf seine eigenen Kräfte. Er weiß mit der Aufforderung »zu wachen« nichts anzufangen. Warum sollte denn jemand wachsam sein, der glaubt, dass er bei Jesus ausharren würde, auch wenn jeder andere ihn verlassen würde?

Die Worte Jesu erreichen nur Jahre später ihr Ziel. Da spricht Petrus in einem ganz anderen Ton vom Ausharren. In einem seiner Briefe ermahnt er seine christlichen Brüder und Schwestern zur Nüchternheit (Wachsamkeit). Hier spricht einer, der weiß, dass nur die geistliche Bereitschaft Schutz gegen die Macht des Teufels bieten kann. In seinem Aufruf zur »Nüchternheit« klingen die Aufforderungen Jesu nach (in diesem kurzen Brief gibt es drei Aufrufe).[66] *Seid nüchtern, seid wachsam! Euer Widersacher, der Teufel, geht wie ein brüllender Löwe umher und sucht, wen er verschlingen kann. Leistet ihm Widerstand in der Kraft des Glaubens! … Der Gott aller Gnade aber, der euch in Christus zu seiner ewigen Herrlichkeit berufen hat, wird euch, die ihr kurze Zeit leiden müsst, wieder aufrichten, stärken, kräftigen und auf festen Grund stellen* (1 Petr 5,8.10).

Zu dieser Zeit wusste Petrus, dass der Böse mehr ist als ein zu lösendes Problem, zu dem man nur Mut brauchte. Er betrachtete ihn nicht mehr nur als einen kleinen Kiesel im Schuh, den man nur auszuschütteln braucht, damit wieder alles so weitergehen kann wie früher. Petrus musste zu dieser Nüchternheit und Besonnenheit aufwachsen.

Zur Einübung der Wachsamkeit, die unverzichtbar ist für die Befreiung vom Widersacher, ist uns über viele Jahrhunderte hindurch seit der Zeit der Apostel ein reiches Erbe hinterlassen worden.[67] Zum Beispiel schrieb Hesychios im 8. Jahrhundert: *Die Sünde beginnt mit der Einflüsterung des Teufels. Unsere Gedanken mischen sich mit ihr, und dadurch entsteht eine Beziehung zueinander. Die beiden halten Rat und fassen den Plan zu sündigen. Dann kommt es zum äußeren Akt, und die Sünde ist vollendet. Ist aber der Geist wachsam und nüchtern, so hindert er durch seine Kampfbereitschaft und die Anrufung Jesu Christi die Einflüsterungen, sich in der Phantasie zu entwickeln, und so bleiben sie ohne Folgen.*[68]

Aufmerksamkeit bedeutet »Hineilen zu Gott«. Das Leben eines modernen Menschen ist der Manipulation, der Erpressung und den verschiedenen Formen der Gewalt deswegen so ausgeliefert, weil ihm diese wachsame Besonnenheit fehlt. Während er sich auf einen Prozess einlässt oder an einer Beziehung teilnimmt, erkennt er nicht, was sich in seiner Seele abspielt.

Sind wir wirklich aufmerksam, dann erfüllt die Gegenwart Jesu unser Leben. Und in seiner Präsenz erkennen wir die Machenschaften des Bösen. Diese Überzeugung durchzieht die 2000-jährige Geschichte der Kirche. Mit den Worten Simeons aus dem 13. Jahrhundert: *Die geistige Nüchternheit (Wachsamkeit) und das Gebet … ergänzen sich gegenseitig. Ich möchte wahrhaftig sagen, dass Wachsamkeit und Gebet Pforten zum Leben oder zum Tode sind. Reinigen wir das Gebet durch die geistige Nüchternheit, so machen wir Fortschritte.*[69]

Eine Strategie des Teufels ist die Gleichgültigkeit

Diese »Pforte, die zum Leben oder zum Tode« führt, versucht der Widersacher oft durch die Gleichgültigkeit zu verschleiern. Die Seele eines gleichgültigen Menschen ist wie das Gesicht dessen, der beim Zahnarzt eine Narkosespritze bekommen hat. Der Arzt berührt den Zahn, doch der Patient nimmt das Geschehen nur verschwommen wahr. Am Ort der Anästhesie ist der Schmerz nur dumpf, nur mittelbar zu spüren. Die Indifferenz ist so eine Dumpfheit, die nicht nur in unserem Körper, sondern auch in unserem Bewusstsein unser Abwehrsystem außer Kraft setzt.

Die Gleichgültigkeit macht uns unfähig, das Wort zu hören, das jemand zu uns spricht, oder die Reize zu erfassen, die auf uns einströmen. Im desinteressierten Menschen macht sich eine innere Empfindungslosigkeit breit, durch die er die Fähigkeit verliert, dem Bösen zu widerstehen.

Die Wüstenväter, die im 4. Jahrhundert in die Wüsten von Ägypten und Syrien zogen, um dort ein wachsames Leben im Gebet zu führen, warnen oft vor der Gefahr, sich mit der Gleichgültigkeit zu befreunden. In ihren Sprüchen erinnern sie uns daran, dass der Widersacher diesen Zustand in uns hervorruft. Sie gaben diesem Zustand einen eigenen Namen: »akēdía«, was Trägheit des Herzens, Indifferenz bedeutet. Der Mensch erkennt nicht mehr, was mit ihm passiert, und wird deshalb schutzlos.

Die starke Lustlosigkeit und Niedergeschlagenheit gleicht den klinischen Symptomen der Depression, doch müssen hier zwei verschiedene Phänomene unterschieden werden. Die Depression ist ein Überlebensmechanismus, der dem Menschen dazu verhilft, trotz tiefer Verlusterfahrungen weiterleben zu können. Sie ist eine physiologische Reaktion, die ihre eigenen psychologischen und biologischen Ursachen hat. Ihre Behandlung verlangt oft einen therapeutischen und medikamentösen Eingriff. Die geistlich-spirituelle Gleichgültigkeit ist jedoch ein Angriff des Satans, mit dem er uns von der Gemeinschaft mit Gott abhalten will.

Die Wüstenväter sind sich darin einig, dass die Acedia nur mit Gebet geheilt werden kann. Sie raten dazu, diese Gleichgültigkeit in uns nicht zu tolerieren, sondern vor Gott zu bringen, damit seine Kraft verschwindet. Aber dazu muss sie als das entlarvt werden, was sie in Wirklichkeit ist: eine Versuchung. In der

Helligkeit verschwindet das Desinteresse wie das Dunkel durch Einwirkung des Lichts.[70]

Die Schutzlosigkeit des neugierigen Menschen

Heutzutage meinen viele, dass die Neugier ein Heilmittel gegen das Desinteresse sei. Sie hoffen, dass das unbegrenzte Interesse die Apathie auslöscht oder neutralisiert und durch prickelnde Lebendigkeit ersetzt. Das ist jedoch eine schwerwiegende Täuschung: Besonnenheit und Neugier sind nicht dasselbe. Mehr noch, von der Neugier profitiert der Teufel genauso viel wie von der Apathie.

So seltsam das für einen modernen Menschen, der die Neugier für eine Tugend hält und mit dem Wissensdurst gleichsetzt, auch erscheinen mag, aber das Wecken der Neugier ist ebenfalls eine Taktik des Teufels. Wir leben in einer Zeit, in der die Schädigung durch die Neugier genauso wenig ersichtlich ist wie die durch das Desinteresse. Deshalb müssen wir hier stehen bleiben und erwägen, was in einem neugierigen Menschen abläuft.

Die Neugier ist eine Art Erregungszustand, der zerstreut – dadurch bewirkt er Schutzlosigkeit. Die neugierige Hausfrau schaut mit dem Bewusstsein in ein Schaufenster, dass sie das Erspähte sowieso nicht kaufen wird. Der neugierige Student lernt nicht, was er auf einer Webseite liest, weil er das gar nicht vorhat. Er »interessiert sich« nur. Die Offenheit eines solchen Menschen ist fragmentarisch und trügerisch: Er verpflichtet sich dazu, sich nicht zu verpflichten. Genau deshalb wirkt die Neugier auf den konkreten Lernprozess kontraproduktiv, denn ein Studium verlangt ein Interesse für das Neue. Es scheint zwar, dass der neugierige Mensch ständig am Lernen ist, doch gelangt er nicht zur Erkenntnis der Wahrheit, weil er den Preis des Wissens nicht zahlen will. Die Behauptung, die Neugier würde die Menschheit weiterbringen, führt auf Abwege. Die Wahrheit ist, dass der Neugierige sich selbst zum Unwissen verurteilt.

Der neugierige Mensch ist dem Bösen gegenüber schutzlos ausgeliefert, denn seine Aufmerksamkeit wird von tausenden Eindrücken und Informationen überlastet, und es bleibt ihm keine Kraft mehr für die Wahrnehmung des Echten. Er leidet an Überfüllung. Die überflutete Seele ist nach einer Zeit unfähig, einen Unterschied zwischen Einbildung und Wirklichkeit, zwischen Wichtigem und dem Allerwichtigsten zu machen. Sein Wesen wird wie zu einer Durchgangsstation: Jeder darf das hineintragen und herausnehmen, was er will.

Wenn wir uns neugierig einer Sache zuwenden, tun wir so wie jemand, der seinen Hof für einen unbekannten Abfall öffnet. Nur, weil es interessant ist. Er lässt zu, dass sie den Schutt hereinbringen und bei ihm abladen, weil er sich sagt, dass das zu irgendetwas noch taugen könnte. Wer jede Annonce liest und jede Reklame anschaut, die ihm vor die Augen kommt, tut genau das Gleiche: Er füllt seine Seele mit Müll. Er lässt zu, dass die geschäftlichen und politischen Interessen anderer seine Sehnsüchte, Träume, Ängste und Gedanken bestimmen dürfen. Sich eine Internetreklame anzuschauen, nur weil sie interessant ist, oder ein Buch zu Ende zu lesen, nur weil es so spannend geschrieben ist, dass man es nicht ablegen kann, ist absurd. Denn der neugierige Mensch gibt seine kritische Einstellung dem Inhalt gegenüber auf.

Man könnte diese Worte einfach damit beiseiteschieben, dass wir nicht so leben können, als ob wir nicht von dieser Welt wären. Doch im Kampf gegen das Böse hilft kein Leugnen, nur die Besonnenheit. Der besonnene Mensch beschränkt seine Aufmerksamkeit, wacht über sie, damit sie sich wirklich an den richtet, der Leben spendet.

Das Zentrum der Aufmerksamkeit

Nur Jesus ist fähig, das Böse zu besiegen. Unser Kampf gegen das Böse ist letztlich der Kampf Jesu. Jesus ist darum bemüht, diejenigen, auf die der Teufel noch irgendeinen Einfluss hat, dem Vater am letzten Tag ausnahmslos zurückzugeben. Die bestehenden Gefechte, die sich auch in uns vollziehen, laufen alle darauf hinaus.

Danach kommt das Ende, wenn er jede Macht, Gewalt und Kraft entmachtet hat und seine Herrschaft Gott, dem Vater, übergibt. Denn er muss herrschen, bis Gott ihm alle Feinde unter seine Füße gelegt hat (1 Kor 15,24f). Was wir in diesem Kampf tun können, ist, uns auf die Seite Jesu zu stellen: uns an ihm festzumachen, uns mit ihm zu identifizieren und zuzulassen, dass sein Licht uns überflutet und die Finsternis in uns vertreibt. *Das ist die Botschaft, die wir von ihm gehört haben und euch verkünden: Gott ist Licht und keine Finsternis ist in ihm* (1 Joh 1,5).

Der Medizinprofessor Ferenc Kiss, der in der Rákosi-Ära als treuer, bekennender Mann standhaft blieb, wurde gefragt, wie er der Welt der Drohungen und des Drucks, einen Kompromiss einzugehen, die Stirn bieten und sich seine innere Freiheit und sein gutes Gewissen bewahren konnte. Er sagte: »*unser Schild ist das Licht*«[71].

Wenn wir auf Jesus achten, wenn wir Jesus anziehen, dann wird er die Finsternis auch in uns vertreiben. Der Apostel Johannes verkündet, dass der Sieg, der die Welt bezwungen hat, unser Glaube sei – unser Glaube in Jesus Christus. Der Apostel Jakobus drückt das folgendermaßen aus: *Unterwerft euch nun Gott! Widersteht aber dem Teufel! Und er wird von euch fliehen* (vgl. Jak 4,7). Wir können den Teufel bezwingen, wenn wir uns an Gott wenden und mit Jesus eins werden.

Anklagendes und falsches Schuldbewusstsein

Wenn wir Gott bitten: *erlöse uns von dem Bösen*, dann antwortet der Vater: Werde eins mit Jesus. Denn der Sohn Gottes ist erschienen, um die Machenschaften des Bösen zu vernichten.

Der Sieg Jesu über das Böse kann in uns wirksam werden, indem wir uns tief mit Jesus identifizieren und mit Vertrauen auf ihn gestützt leben.

Im vorigen Kapitel war davon die Rede, was das alles in Bezug auf den Sieg über unsere Sünden bedeutet: Die Sünde verliert ihre Macht, wenn wir in Jesus leben. Dasselbe steht für unseren Kampf gegen das Böse. Wenn wir teilhaben an dem, was Jesus gehört, dann können wir dem Bösen und der Versuchung genauso standhalten, wie Jesus es tat (vgl. 1 Kor 10,12f). Sein Sieg ist zugleich unser Sieg.

Genau deshalb hat der Satan keinen expliziteren Zielpunkt als das in Jesus gesetzte Vertrauen. Wenn er das untergräbt, werden wir im Kampf gegen das Böse kraftlos. Wie bei Hiob alles auf das Vertrauen hinauslief, so ist auch in unserem Leben das Vertrauen dem stärksten Angriff ausgesetzt. Sein Ziel ist auf jeden Fall, uns in der Liebe und Kraft Jesu zu verunsichern.

Deshalb ist es wichtig, den Konflikt mit dem Bösen, der in unserem Bewusstsein abläuft, zu enttarnen, denn sein Angriff ist hier am hinterhältigsten. Der Satan stellt uns den uns beistehenden und für uns bittenden Jesus vor Augen, als sei er ein Tyrann. Er greift uns an, indem er sich in unsere Gedanken einnistet, wie die Viren, die unsere eigenen Zellen dazu veranlassen, sich zu selbstzerstörerischen Einheiten zu entwickeln.

Je mehr wir Angst vor Gott haben, umso drückender wird die Last unserer eigenen Unzulänglichkeit und Schuld. Je mehr wir die Reinheit Gottes anerkennen, desto mehr werden wir mit unserer eigenen Unreinheit konfrontiert. Mit den Worten von Thomas von Kempen: *Wie werde ich mir getrauen, zu Dir zu kommen, da ich mir nicht bewusst bin, Gutes getan zu haben, wodurch ich Anspruch auf diese Gnade machen könnte?*[72]

Diese Ergriffenheit ist berechtigt und wendet sich an Gott. Der Böse spielt jedoch genau diese Ergriffenheit aus. Wie ein Wolf im Schafspelz baut er auf unsere Sensibilität und versucht uns in Verzweiflung zu stürzen und uns von Gott wegzureißen. Wenn er uns unsere eigene Schwachheit vor Augen führt, kann seine satanische Anklage so erscheinen, als ob uns Gott selbst mit ihr konfrontieren und verurteilen würde. Schenken wir seiner Arglist Glauben, dass Gott selbst unser Ankläger sei, können wir leicht in uns kehren und uns in unserer Verzweiflung sogar von Gott abwenden. Deswegen erklären wir eindeutig: Gott klagt seine Erwählten nicht an, die Erniedrigung stammt niemals von ihm.[73]

An diesem Punkt scheint mir die psychologische Klarsicht sehr wichtig zu sein: Solche Klagen und Rügen stammen nicht nur von Satan, sondern können auch von unseren eigenen Verletzungen herrühren. Vermutlich haben wir alle so viele seelische Verletzungen, dass die Selbstverachtung einen Nährboden in uns findet.

Wenn wir aus irgendeinem Grund bestraft, gedemütigt, abgelehnt oder verlassen wurden, dann hat sich das Urteil anderer tief in uns eingenistet. Es entspricht unserer Natur, dass wir uns die Meinung der Menschen bei der Ausbildung unseres Ichbildes zu eigen machen. Unabhängig von ihrer objektiven Richtigkeit haben sich ihre Einschätzung und Behandlung in uns eingraviert. Mit der Zeit kann daher ihre Geringschätzung und Ablehnung zu unserer Selbsteinschätzung werden, sodass wir uns selbst als Last empfinden und schämen. Diese Selbst-Identifikationen können so sehr mit unserem Selbst verschmelzen, dass wir »von Grund auf« aus diesen heraus reagieren, wenn wir uns unseren Schwächen stellen. Es braucht nur wenig, um diese tiefverwurzelten Gefühle in uns wachzurufen. Und wenn wir früher zutiefst zurückgewiesen oder ignoriert wurden, dann projizieren wir das alles auf Gott. Eine Zeile aus der Bibel, ein Umstand oder ein Misserfolg reichen aus, damit wir meinen, dass Gott wütend auf uns ist – auch wenn das Böse uns beschuldigt oder wir uns selbst beschuldigen.

Es ist sehr schwierig, das falsche Schuldbewusstsein zu »tilgen« oder zu »überschreiben«, weil keiner sein eigener Erlöser sein kann. Eines können wir jedoch tun: Wir können uns an

Jesus wenden, denn in seiner Gegenwart stellt sich heraus, dass diese Art von Anklage und Infragestellung, für die wir durch unsere inneren Verletzungen besonders anfällig geworden sind und die durch das Wissen um unsere Versäumnisse und Sünden noch verschärft werden, nur einem einzigen Interesse dienen. Nicht dem Interesse Gottes. Die Heilige Schrift lässt uns in der Offenbarung des Johannes, gleichsam in die Zukunft blickend, den Moment erkennen und hören, in dem Licht auf alles fällt und die letzte Rechenschaft darüber abgelegt wird, wer es ist, der uns Tag und Nacht vor Gott anklagt: *Und es wurde hinausgeworfen der große Drache, die alte Schlange, die da heißt: Teufel und Satan, der die ganze Welt verführt. Er wurde auf die Erde geworfen, und seine Engel wurden mit ihm dahin geworfen. Und ich hörte eine große Stimme, die sprach im Himmel: Nun ist das Heil und die Kraft und das Reich unseres Gottes geworden und die Macht seines Christus; denn der Verkläger unserer Brüder und Schwestern ist gestürzt, der sie verklagte Tag und Nacht vor unserm Gott. Und sie haben ihn überwunden durch des Lammes Blut …* (Offb 12,9–11a).

Die endlosen, Lebensenergie absaugenden Anklagen, mit denen so viele so sehr zu kämpfen haben, stammen vom Satan. Der Ankläger der Menschheit wird damals wie heute von jenen besiegt, die sich an dem festhalten, der für sie gestorben ist. Denjenigen, die die Macht Christi über sich anerkennen und zulassen, dass seine Liebe sie erhält und sie zu ihrem wahren Selbst werden lässt. Anklagen und Schuldbewusstsein finden an ihnen keinen Griff. Nicht, weil sie makellos sind, sondern weil sie nicht unter der Herrschaft des Anklägers stehen. Sie wissen, dass Gott selbst nicht nur über dem Bösen steht, sondern auch über ihrem eigenen Bewusstsein und über ihrem Selbstgefühl. Sie wissen, dass der Sieg durch das Blut des Lammes schon errungen wurde. Jesus klagt niemanden an.

Achten wir deshalb darauf, dass die vergebende und uns bestärkende Liebe Gottes im Zentrum des Religionsunterrichtes und der Erziehung steht. Der Unterricht oder die Zurechtweisung sollten niemals die Selbstbeschuldigungen nähren, vor allem, wenn jemand an zwanghaften oder eingefleischten Verhaltensweisen leidet.[74] Die Sündenzentriertheit stürzt in eine noch größere Tiefe. Ein krankhaftes Sündenbewusstsein verhilft nicht zum Ausweg, sondern schwächt und treibt so noch mehr zu schwachem oder sündigem Verhalten an. Stützen wir uns jedoch auf die Kraft Gottes und auf das Blut des Lammes, dann werden wir für den Kampf gegen das Böse genügend Kraft haben.

Zuletzt: Seid stark in dem Herrn und in der Macht seiner Stärke. Zieht an die Waffenrüstung Gottes, damit ihr bestehen könnt gegen die listigen Anschläge des Teufels (Eph 6,10).

Zwei Sackgassen

Das Böse unternimmt alles Erdenkliche, um zu bewirken, dass wir Gott aus den Augen verlieren. Sollte es durch Desinteresse, Neugier oder Misstrauen sein Ziel nicht erreichen, dann wendet es eine andere Taktik an. Ein wirkungsvolles Ablenkungsmanöver ist es, die Kraft des Lichts mit der Macht der Finsternis zu vermischen und damit die Existenz des Bösen zu bagatellisieren.

Es gibt Menschen, die das Böse nur als eine Fehlfunktion des menschlichen Bewusstseins betrachten oder als Betriebsstörung in der Welt, über die der Mensch leicht Herr werden könnte, wenn er gute Entscheidungen treffen und klar denken und zur rechten Selbsterkenntnis gelangen würde. Solche Herangehensweisen können technischer, psychologischer und religiöser Art sein. Die geläufigste Variante ist die technokratische Mentalität, die jedes Übel gleich zu einem bloßen Problem reduziert, d. h. zu einer Wirklichkeit, die der Mensch »bewältigen« kann. Wer diesen Weg geht, bestreitet die Existenz des »Widersachers«.

Der Teufel freut sich bestimmt über die Broschüren, in denen die Herausgeber mit großem Eifer darlegen, dass hinter den Problemen in Wirklichkeit nur entwicklungspsychologische, theologische oder technische Hindernisse stecken: Informationslücken, Fehler. Im Kreis seiner Mitteufel kann er zu Recht erleichtert mit den christlichen Referenten prahlen, die weder Geld noch Zeit scheuen, die Existenz des Teufels mit »wissenschaftlichen« oder »biblischen« Argumenten zu widerlegen. Auch die Analysen vieler Soziologen dürften den Bösen mit ebensolcher Genugtuung erfüllen, vor allem, wenn diese Berichte seinen Erfolg darstellen, indem sie zugleich seine Existenz leugnen.

Der Böse dürfte sich genauso sehr über das Gegenteil freuen, wenn seine Machenschaften den Horizont der Menschen ausfüllen und die Macht des Guten und Bösen wie zwei gleichwertige Gottheiten erscheinen, bei denen einmal der eine siegt, beim andern Mal der andere. Die »Experten« der Dämonenhierarchie erwecken in ihren Zuhörern Neugier und Furcht, während sie mit großer Inbrunst die Arbeit der Teufel kategorisieren. Ein Teil der Religionen und Philosophien tut das: Sie legen die unwiderstehliche Macht des Bösen so dar, als ob jeder Widerstand fast vollkommen aussichtslos sei. Die Kraft des Bösen ist so gigantisch wie in Tolkiens Herrn der Ringe oder wie der Blick der Schlange im Garten Eden, der viele in ihren Bann zieht.[75]

C. S. Lewis weist auf die oben genannten zwei Sackgassen folgendermaßen hin: *Über die Teufel kann unsere menschliche Rasse in zwei gleichschwere Irrtümer verfallen. Zum einen, dass wir an ihre Existenz nicht glauben. Zum anderen, dass wir ihre Existenz nicht nur glauben, sondern sogar ein übertriebenes, ungesundes Interesse für sie zeigen. Beide Irrtümer gefallen ihnen gleichermaßen und begrüßen mit gleicher Freude den Materialisten sowie den Zauberer.*[76]

In der Heiligen Schrift stehen die Teufel und Dämonen am Rande der Aufmerksamkeit. Die Bibel lässt sie keineswegs außer Acht, doch geraten sie nie ins Zentrum der Aufmerksamkeit. Das Zentrum bleibt immer in der Mitte. In jedem Ereignis spielt Gott die Hauptrolle.[77]

Gemäß der Lehre Jesu ist das Böse mehr als Unwissenheit, mehr als das Fehlen des Guten und mehr als Schein. Das Phänomen des Bösen hängt nicht am Menschen, sondern existiert als unabhängige Macht. Sie ist ein realer Faktor: *Menschenmörder, Vater des Teufels, Vater der Lüge* und *Herrscher dieser Welt* (Joh 8,44; 14,30; 16,11). Wenn man einen vom bösen Geist Besessenen zu Jesus brachte, nannte Jesus den Bösen immer beim Namen, trieb ihn aus und befreite den Menschen von ihm. So echt seine Macht auch ist, kann sich das Böse nicht an Gott messen, die Macht Gottes ist unendlich größer. Auch wenn er unabhängig vom Menschen existiert, so ist der Böse doch von Gott abhängig. Seine Macht nützt ihm dabei nichts, er bleibt der Herrschaft Gottes immer unterworfen.

Jesu Lehre ist voll Realismus: Auch wenn wir das Gefühl haben, dass der Böse »hier nichts zu suchen hat« – ist er doch da. Der Böse ist Teil dieser Welt, überall verfangen wir uns bei ihm. Deshalb brauchen wir die Befreiung. Gleichzeitig ist Gott größer als jede irdische Macht. Der Sieg gehört Jesus.

Jesus ruft uns zur Besonnenheit. Die Erde, die uns nährt und mit Nahrung versieht, bringt auch Dornen und Disteln hervor. Wer die reifen und vom spätherbstlichen Frost ergriffenen Hagebutten sammelt, weiß aus Erfahrung, dass die zugleich süße und saure Frucht mit einer Unannehmlichkeit verbunden ist: Sie hat Dornen, die ständig in unserer Jacke oder in unserer Haut hängenbleiben. Das Gewahrwerden des Bösen ist vergleichbar mit den Dornen bei der Hagebuttenernte.

Für Jesus ist eindeutig, dass die Anerkennung der Existenz des Bösen niemals die menschliche Verantwortung schmälern kann. Bei vielen Schurkereien sind wir Akteure. Dennoch lässt sich nicht sagen, dass die Fehler der Menschen oder deren Auswirkungen das einzig Schlechte seien. Wir gehen angemessen mit dem Bösen um, wenn wir wissen, dass seine Existenz über die des Menschen hinausweist. Seine Präsenz durchdringt uns und wirkt bis tief in unser innerstes Wesen. Doch lässt sich sein

Wirken nicht immer mit unseren Unterlassungen oder Verfehlungen erklären. Der von Geburt an kranke Mensch hat nicht unbedingt gesündigt, ja nicht einmal seine Eltern. Manchmal wirkt das Böse durch uns, und andere Male wirkt es durch Ereignisse, mit denen wir nichts zu tun haben. Wie dem auch sei, wir müssen uns auf jeden Fall auf Gott stützen. Wir dürfen nicht nur, sondern müssen Gott auch darum bitten: *erlöse uns von dem Bösen!* Denn *der Sohn Gottes aber ist erschienen, um die Werke des Teufels zu zerstören* (1 Joh 3,8). Er ist unser Retter.

Die Zurückweisung steckt auch mit im Paket

Ich möchte noch eine weitere Angriffsfläche des Bösen hervorheben: die zwischenmenschlichen Konflikte. Ein Teil davon wird durch unsere eigenen Kränkungen hervorgerufen. Unsere Verletztheit lässt uns immer wieder in die Falle geraten, wodurch wir anderen, aber auch uns selbst wehtun. Jedoch gibt es auch Zusammenstöße, die nicht uns gelten und nicht uns meinen. Der Apostel Paulus macht uns darauf aufmerksam, dass die Hauptfrontlinie nicht immer zwischen zwei sichtbaren Gegnern verläuft, sondern oft in einer unsichtbaren Dimension. *Denn wir haben nicht gegen Menschen aus Fleisch und Blut zu kämpfen, sondern gegen Mächte und Gewalten, gegen die Weltherrscher dieser Finsternis, gegen die bösen Geister in den himmlischen Bereichen* (Eph 6,12).

Das Böse lässt uns zwischendurch immer wieder glauben, dass unser Mitmensch unser wirklicher Feind sei. In Konfliktsituationen mit anderen Menschen können wir leicht meinen, dass wir die Hauptakteure sind. Doch die Konflikte und Zurückweisungen können auch eine andere Ursache haben. Die eine ist der Angriff der dunklen Mächte gegen Jesus. Der Böse attackiert diejenigen, die Jesus repräsentieren. Wenn wir Jesus verkündigen, sollte uns die Missachtung nicht unvorbereitet treffen. Denn die

Freunde Jesu dürfen mit derselben Behandlungsweise rechnen, die Jesus selbst erfahren hat. Es ist wichtig, immer wieder neu zu hören, dass sich hinter den zwischenmenschlichen Konflikten oft der Zusammenstoß anderer Mächte vollzieht. *Wenn sie mich verfolgt haben, werden sie auch euch verfolgen. Denn der Sklave ist nicht größer als sein Herr und der Abgesandte ist nicht größer als der, der ihn gesandt hat.*

Natürlich kann der Mensch auch unter Beschuss geraten, weil er töricht ist oder sich in fremde Angelegenheiten verstrickt. Der Apostel Petrus mahnt dazu, uns selbst nicht hinters Licht zu führen. Wenn wir aus solchen Gründen zurechtgewiesen werden, dürfen wir das nicht als Martyrium betrachten. Es ist armselig, wenn jemand die Folgen seiner Verantwortungslosigkeit auch noch »verspiritualisieren« will. Doch versichert Petrus auch, dass jeder, der wegen Jesus leidet, dies als Auszeichnung betrachten darf.[78]

Es ist besser, wenn die Jünger sich darauf vorbereiten, dass Angriffe Teil der Zugehörigkeit zu Jesus sind. Ohne besondere »Ursachen«. Die Skala reicht von stillschweigender Ablehnung über Bloßstellung und Verleumdung bis hin zur Verfolgung. Wenn wir von den Attacken des Bösen sprechen, ist es wichtig, diese zu erwähnen, damit wir nicht überrascht sind, wenn sie auftauchen. Auf Zurückweisung reagieren wir alle empfindlich. Darum bereitet Jesus uns als seine Nachfolger darauf vor, damit wir inmitten der Ablehnungen uns mutig an Gott festhalten.

Prüfung und Versuchung

Zum Schluss möchte ich noch von den Versuchungen und Prüfungen sprechen. Wir sind geneigt vorauszusetzen, dass alles, was Gott uns gibt, eine »Prüfung« darstellt; und alles, was das Böse uns gibt, als »Versuchung« zu betrachten. Das Erstere müssten wir treu überstehen und das Letztere abwehren. Wir hoffen, dass diese Unterscheidung uns bei der Orientierung helfen wird. Der Unterschied zwischen Prüfungen und Versuchungen liegt nicht in ihrer inneren Dynamik. Beide bezeichnen eine Weggabelung zwischen Gott und dem Bösen. Größtenteils liegt es an uns, ob aus der Prüfung eine Versuchung wird oder aus der Versuchung eine Prüfung.

»Prüfung« und »Versuchung« sind nicht von vornherein verschieden. In den Originalsprachen der Bibel, im Hebräischen und auch im Griechischen, wird beides mit demselben Begriff bezeichnet. Die »Prüfung« und die »Versuchung« können durch die Analyse der einzelnen Ereignisse nicht voneinander unterschieden werden. Der Unterschied zwischen beiden liegt lediglich in der Richtung, die wir einschlagen: Wenn eine Lebenssituation uns von Gott entfernt, dann ist das eine Versuchung, wenn sie uns jedoch in die Nähe Gottes führt, dann ist sie eine Prüfung.

Gott prüft oft diejenigen, die ihn lieben, damit ihre Beziehung zu ihm gestärkt wird. Wenn wir bei einer schweren Entscheidung mit Gott weitergehen, werden wir stärker. So wird aus einer Versuchung eine Erprobung. Gott kann auch das zum Guten wenden, was das Böse für schändliche Zwecke ausnutzen will. Deshalb sagte Luther, dass Satan ein Hund sei, dessen Leine Gott halte. Selbst die Machenschaften des Bösen können in unserem Leben zum Teil unserer Gottesbeziehung werden. Manchmal schickt Gott die bösen Geister ins Leben seiner Diener, um ihnen die Möglichkeit zu geben, ihre Entschiedenheit für Gott zu stärken (im Leben Hiobs und einiger Propheten und Könige des Alten Testaments lässt sich das gut erkennen). Er führt uns in Situationen, die unsere Seele auf den Prüfstein stellen, doch lässt er uns nicht stärker in Versuchung führen, als wir das ertragen könnten. Mit der Prüfung stellt er auch einen »Fluchtweg« bereit. Der Fluchtweg ist nichts anderes als unsere Option für Gott.

Die Versuchung in der Wüste war für Jesus eine solche Prüfung: Dort übte er sich in der Gemeinschaft mit dem Vater, auf die er sich in seinem späteren Dienst verlassen konnte. Jesus lernte den Gehorsam durch das Leid, das er zu ertragen hatte.

Umgekehrt ist das auch wahr. Der Böse bietet in jeder Erprobung, wie z. B. im Garten Getsemani, ein kleines »Schlupfloch«. Er verspricht uns, dafür zu sorgen, dass der Druck ein wenig nachlässt, wenn wir ihm ein bisschen nachgeben. Er will uns zu unreinen Entscheidungen bewegen. Er quält uns, damit wir die Gelegenheit nutzen, die er uns *ohne Gott* anbietet. Er stellt unser Vertrauen auf die Probe. Denn wie bereits Teresa von Avila sagte, die Wurzel jeder Sünde ist das Misstrauen gegen Gott. Der Böse will immer erwirken, dass Gott aus dem Zentrum unseres Lebens verschwindet. Er will, dass wir die Gottlosigkeit wählen.

In jedem Fall dürfen wir Gott darum bitten, dass *er uns nicht in die Prüfung führe* oder *nicht in Versuchung führe* (denn wie wir gesehen haben, sind die beiden Begriffe gleichermaßen richtig), sondern *uns von dem Bösen erlöse.* Doch währenddessen ist es wichtig darauf zu achten, in welche Richtung wir weitergehen. Nur wenn wir uns am Leben Christi festhalten, können wir mit dem Apostel Paulus sagen, dass wir die Absicht Satans kennen (2 Kor 2,11), und mit dem Apostel Johannes, dass *der Sieg, der diese Welt besiegt hat, unser Glaube* sei (1 Joh 5,4).

8. Wenn uns die Worte ausgehen

In den vorigen Kapiteln haben wir uns eingehender mit der Methodik und Motivation für das wahrheitssuchende bzw. bittende Gebet beschäftigt.

Eine starke Antriebskraft für das Gebet ist die Suche danach, wie die Wahrheit Gottes unser Leben durchdringen kann. Wir suchen nach der Bedeutung von *dein Reich komme* und *dein Wille geschehe, wie im Himmel, so auf Erden*. Der Grund unserer Suche nach Gott und nach der Wahrheit ist der Wunsch, wahrhaftig unseren Platz zu finden.

In anderen Momenten sind es unsere leiblichen oder seelischen Bedürfnisse, die uns zum Gebet antreiben: Wir verspüren Hunger, empfinden Schmerz oder Angst. Wir bitten Gott, dass er uns heilen und befreien möge. Wir erkennen, dass es uns gut geht, wenn Gott in uns zur Geltung kommt. Es liegt in unserem eigenen berechtigten Interesse, dass Gott mehr Raum in unserem Leben bekommt. Niemand muss sich dafür geißeln, dass er bittet. Jesus lehrt uns eindeutig, in unserem Gebet Bitten auszusprechen. Gott hat uns als zerbrechliche und endliche Wesen erschaffen, die von ihm abhängig sind und für die er Sorge tragen will. Die Bitte ist also Ausdruck unseres Gottvertrauens.

Dennoch kann es uns nach einer gewissen Zeit stören, wenn unser Gebet zu stark von unseren Bestrebungen und unserem Wohlergehen bestimmt wird. Das ist der Moment, wo wir der Suche und Bitte überdrüssig werden. Wir sehnen uns nach einer Gottesbeziehung jenseits aller Bitte und Suche, in der Gott nicht nur Objekt und Beantworter unseres Gebets ist, sondern auch Subjekt. Wir möchten in unserem Gebet einfach nur bei Gott sein, nicht, um durch das Gebet irgendeine Erkenntnis zu gewinnen, irgendwohin zu gelangen oder irgendetwas zu erhalten. Ein eigenartiges Mangelgefühl macht sich in uns breit: Es wäre schön, einfach nur *um Gottes selbst willen* zu beten.

»Doppelte Gesinnung«

Nicht nur unser Mangelgefühl treibt uns auf diesem Weg voran, sondern auch der Vorgeschmack der erfahrenen Einheit mit Gott. Viele kennen die Erfahrung aus dem Alltag, wenn wir unerwartet sagen: »Jetzt bin ich endlich zufrieden.« »Wie gut es ist, hier zu sein.« Für die meisten von uns sind diese Momente eher kurz und selten. Doch sind sie äußerst bedeutsam. Sie sind Gebete der Zufriedenheit.

Wo steht der heutige Mensch im Hinblick auf die Zufriedenheit? Wenn wir knapp antworten müssten, würden wir leider sagen, dass die vielfältigen Anliegen uns zerlegen. Die Fokussierung auf unser Selbstbewusstsein und die übertriebene Bejahung der eigenen Bedürfnisse führen den heutigen Menschen zu einer eigenartigen inneren Zersplitterung.

Henri Nouwen, einer der bedeutendsten geistlichen Schriftsteller des 20. Jahrhunderts, zog sich in den siebziger Jahren für eine Zeit aus dem öffentlichen Leben zurück. Für ein halbes Jahr verschwand er in den Vereinigten Staaten in einer Klostergemeinschaft. Er erhoffte sich davon, dass er in der Atmosphäre des Gebets einen klareren Einblick in sein eigenes Leben erhalten kann. Hier, in der Stille des Klosters, erinnerte er sich an den Trubel der Universitäten Yale und Harvard, an denen er bislang seine Vorlesungen gehalten hatte: *Ich denke über die Arbeit meiner letzten drei Jahre nach und sehe mehr und mehr ein, dass sie der Einheit entbehrt hat. Die vielen Dinge, die ich in diesen Jahren getan habe, kommen mir zerstückelt vor, ohne wirkliche Beziehung zueinander, nicht aus einer gemeinsamen Quelle. Ich habe in bestimmten Stunden des Tages gebetet, aber mein Gebet hatte nichts mit meinen Vorträgen, nichts mit meinen Reisen und nichts mit meinen persönlichen Ratschlägen zu tun. Nun sehe ich, dass ich ganz durcheinander war und dass ich mein Leben in viele Teile zerstückelt hatte, die nicht wirklich eine Einheit dargestellt haben. … Das Charakteristikum eines Heiligen ist, um Kierkegaards Worte zu gebrauchen, »nur eine einzige Sache zu wollen«. Ich dagegen will mehr als eine einzige Sache, mein Herz neigt nach zwei Seiten, mein Geist strebt in zwei Richtungen, und meine Treue ist recht gespalten.*[79]

Nouwen erkannte, dass er ein Mensch war, der vieles auf einmal wollte. Entscheidend daran war nicht, dass er vielseitige Interessen hatte, sondern, dass er alles zur gleichen Zeit tat, er wollte alles auf einmal.

Wir täuschen uns kaum, wenn wir behaupten: Heutzutage ist die innere Zersplitterung eine häufige Wirklichkeit. Sie ist eine wahre Volkskrankheit. Viele wollen viele Dinge zur gleichen Zeit. Der von seinen Bedürfnissen und Erwartungen gesteuerte Mensch hat eine sichtbare »Schicht«, mit der er wirkt und sich in der Welt bewegt. Diese Schicht ist wie eine dünne Haut, die den Menschen äußerlich umgibt und zusammenhält. Sie ist die Ebene der Erscheinung und des Ansehens. Doch ist das nur die Oberfläche. Unter dieser Oberfläche, in der Tiefe seines Wesens, ist er oft völlig zersplittert. Als ob er in seinem Innersten keine Mitte hätte, aus der seine Gedanken, Gefühle, Worte und Taten entspringen könnten oder entspringen »sollten«. Als ob sein Innerstes fehlen würde.

Informationsfluten strömen kontinuierlich auf uns ein, und jede neue Stunde stellt uns vor neue Entscheidungen. Die Unterhaltungsbranche drängt uns ihre frischesten Errungenschaften auf, die Werbungen und die Geschäfte sind in einem ständigen Wettstreit um uns. Wir reisen, doch haben wir keine Zeit, all das aufzuarbeiten, was wir sehen. Wir sind wie ein Kieselhaufen, der aus vielen tausend Stücken besteht, die jedoch unter sich keine wirkliche Verbindung haben. Sie sind lediglich aufeinandergestreut worden, ein loser Haufen. Er besteht aus Millionen »Teilchen«: Unmengen an Kenntnissen, Bräuchen und Gefühlen. Doch der Zusammenhang zwischen ihnen ist gering.

Auf dem Weg der Vereinfachung

Wenn wir uns mit unserem zerstückelten Wesen (oder mit den Worten Nouwens: mit unserer »doppelten Gesinnung«) an Gott wenden und ihn mit unseren Bitten näher an uns heranlassen, fängt in uns die Wiederherstellung an. Langsam beginnen die Elemente des losen Steinhaufens sich zu ordnen. Die geistliche Erneuerung stellt eine tiefgreifende Veränderung dar, die unser Innerstes Schritt um Schritt verwandelt. In diesem Prozess kann die Rolle der Bitte durch nichts ersetzt werden.

Die Veränderung, die sich in der Seele des Menschen vollzieht, lässt sich mit dem Reifungsprozess bei Käse oder Wein vergleichen. Die Reifung ist ein zusammengesetzter Prozess, dessen Charakter oder Verlauf leicht zu beschreiben ist. Eine wichtige Voraussetzung für den Reifungsprozess ist das Vorhandensein der nötigen Grundstoffe. Für die Käsereifung muss die Kuh zuerst gemolken, die Milch gesammelt und das Lab beigemengt werden; für die Reifung des Weines müssen zuerst die Weintrauben geerntet und eingefahren werden, sodann gepresst und in Fässer gefüllt werden. Doch das ist alles nur die Vorbereitung.

Die Reifung selbst ist ein biochemischer Vorgang, bei dem nichts mehr zu den Grundstoffen hinzugefügt wird. Der unreife Käse oder Wein wird bei einer günstigen Temperatur gelagert, wobei sorgfältig auf seine Reinhaltung zu achten ist. Der wesentliche Teil der Reifung ist die innere Verwandlung: Die einzelnen Bestandteile werden zu einfacheren Substanzen, die sich neu ordnen und neu miteinander verbinden, anders als bei ihrer früheren Zusammensetzung. Der Reifungsprozess ist also eine Neuordnung. Die Veränderung findet in der Qualität und Verbindung der einzelnen Bestandteile statt. So entstehen die Geschmäcker, Aromen und Düfte, um deretwegen wir den reifen Käse oder Wein schätzen.

Der Geschmack des reifen Produkts ist harmonisch. Die verschiedenen Geschmackszutaten können in ihm nicht wirklich wahrgenommen werden. Dasselbe gilt auch für Braten oder Gebäcke: Solange ein Gericht halbfertig ist, sind die einzelnen Zutaten zu spüren. Doch wenn das Gericht fertig gebraten, gekocht oder gereift ist, ist die Situation anders: Die Geschmackswelt der Speisen ist homogen.

Was die Neuverbindung und Homogenisierung im Reifeprozess charakterisiert, gilt auch im biologischen und psychologischen Entwicklungsprozess. Das Leben und die Gesundheit können nicht nur durch quantitativ messbare Veränderungen bestimmt werden. Ein großer, runder, knackiger und glänzender Apfel muss noch nicht unbedingt reif sein. Vielleicht muss er noch Geschmack entwickeln. Die Reife ist das Endstadium der Entwicklung. Dazu braucht es die innere Verwandlung.

In meinen Universitätsjahren in Mosonmagyaróvár führte mein Weg jeden Morgen durch einen alten Wald. Der Weg vom Wohnheim bis zum Vorlesungssaal verlief unter riesigen Ahorn- und Rosskastanienbäumen. Der Frühling machte jedes Jahr einen gewaltigen Eindruck auf mich. Während sich im Winter nur die bloßen Stämme und nackten Zweige gen Himmel reckten, zeigte sich der Wald leblos. Binnen dreier Wochen waren plötzlich Waldboden und Baumkronen von Grün überzogen und von Leben durchströmt. Von einem Tag auf den anderen zeigten sich mehrere Tonnen einer lebendigen Masse. Ich erlebte das Ganze wie ein wahres Wunder. Nach diesem explosionsartigen Wachstumsprozess zog vor allem der schnelle Wechsel zwischen Stagnation und Verwandlung meine Aufmerksamkeit auf sich. Wenn dieses Wachstum kein Ende gefunden hätte, dann hätte man nach zwei Monaten nicht mehr durch den Wald gehen können. Drei, vier Wochen später begann jedoch eine andere Phase: Das Wachstum der Äste und die Verdichtung der Blätter stockte, und es begann die Zeit der Knospenreifung, der Blüte und der Ausprägung der Früchte. Diese Phase ging nicht mehr mit der Vervielfältigung einher. Die Pflanzenmasse wuchs nicht mehr weiter, sondern es fand eine innere, für das bloße Auge unsichtbare Veränderung statt. Die Zeit der Ballung wurde durch die Phase der Weiterentwicklung abgelöst.

Da verstand ich eine der wichtigsten Lektionen meines Lebens, das Geheimnis der Entwicklung: Die erste Phase des Wachstums ist notwendig und sichtbar, doch ist sie in sich nicht ausreichend. Eine Zelle, ein Gewebe oder ein Lebewesen entwickelt sich dann, wenn Aufbau und Abbau im Gleichmaß bleiben.

Die existenzielle Wichtigkeit der Gleichmäßigkeit wird erst dann deutlich, wenn sie fehlt. Der Bauer freut sich nicht über Getreide, das schnell aufkeimt und wächst, denn er weiß, was dann passiert: Der dünne Halm wird nicht stark genug sein, um die schwere Ähre zu halten. Der dürre Weizen- oder Gerstenhalm knickt ab, noch ehe er geerntet werden kann. Ein wesentlicher Teil des liegenden Getreides bleibt auf dem Acker und kann kaum geerntet werden. Jeder weiß, vor allem im Lichte der Krebsforschung, dass das einseitige Wachstum von Geweben oder Zellen für niemanden ein gutes Zeichen ist.

Wachstum in sich reicht also nicht aus. Ja, es ist sogar ausgesprochen schädlich. Die erschaffene Welt lehrt uns, dass Abbau und Zusammenbau für die Entwicklung gleichermaßen wichtig sind. Von Reife kann man erst sprechen, wenn die Bausteine des Lebens sich proportional und organisch miteinander verknüpfen und im Einklang miteinander wirken. Das ist eine qualitätvolle Verwandlung. So reifen der Käse, der Wein und die Äpfel. So reifen auch der Körper des Menschen und seine Seele.

Es gibt eine Zeit für den Aufbau und eine Zeit für den Abbau; es gibt eine Zeit für den Zerfall und eine Zeit für den Zusammenbau. Es gibt eine Zeit für die Vertiefung der Kenntnisse, des Beschenktwerdens und der Entdeckung der unendlich erscheinenden Horizonte. Diese Zeiträume sind sowohl hinsichtlich des Grüns des Waldes wie auch des menschlichen Körpers und Geists wunderbar. Eine Geringschätzung dieser Phase zeugt von mangelnder Empfindsamkeit. Die innere Reifung braucht ihre Zeit, genauso wie die Verkopplung.

Die Physiologie der geistlichen Reifung ist die Entstehung einer neuen inneren Ordnung. Wie im Käse, im Wein und im Obst taucht auch in unserem Leben ein neuer »Geschmack« auf. Es entsteht etwas bislang noch nicht Dagewesenes. Wir werden kohärenter. Wir treffen unsere Entscheidungen nicht mehr nur aus der Abwägung einzelner Für und Wider und behandeln unsere Tätigkeiten immer weniger als getrennte Einheiten – sondern betrachten sie als Teile einer einzigen Wirklichkeit. Wenn unser inneres Wesen reif wird, wird unser Leben von einer harmonischen Mitte gelenkt.

In einer von Gott regenerierten Seele verknüpfen sich nicht nur die einzelnen »Komponenten« miteinander, sondern schmelzen regelrecht zusammen. In dem Maße, in dem wir vom Werk der Erlösung durchdrungen werden, »rückt unser Wesen zusammen«. Im Gegensatz zum Menschen mit einer »doppelten Gesinnung« wird der innerlich erneuerte Mensch ein-fältig. Die vielen Emotionen, Gedanken und Energien verschwinden nicht, sondern treffen sich in einem einzigen Punkt, die Dissonanz wird zum Einklang, aus dem Gewirr entsteht Ordnung. Der »einfältige« Mensch lebt aus seiner Mitte, aus der alle seine Energie und Entscheidung entspringt. In der Tiefe seines Wesens erlebt er die Wirklichkeit wie eine harmonische Melodie, auch wenn auf der Oberfläche viele falsche Töne zu hören sind.

Das Verlangen erwacht

Was hat das alles mit dem Gebet zu tun? In Bezug auf das bittende Gebet haben wir betont, dass wir durch unsere Bitten immer mehr unser wahres und neues Selbst erhalten. Gleichzeitig entdecken wir etwas anderes: In unserem neuen Selbst finden wir auf einen »Pfad«, der über uns hinausführt. Es geht uns wie dem Menschen, der in einem stockfinsteren Zimmer sitzt im Glauben, allein zu sein. In dieser ungestörten Stille nippt er friedlich an seinem Kaffee. Auf einmal wird er darauf aufmerksam, dass jemand schnauft. Sein Herz schlägt ihm bis zum Hals. Vielleicht ist er doch nicht allein, ja, da ist noch jemand …

Zu dieser Einsicht gelangen wir, wenn unser innerstes Wesen sich vereinfacht. Wir ahnen, dass »dort« noch jemand wohnt, dem gegenüber unser Wesen vielleicht sogar nur nachgeordnet ist. Wir ahnen, dass unser Selbst vielleicht gar nicht das Wesentliche ist, sondern dieser Jemand.

So nimmt unser Gebet eine neue Richtung ein. Wie beim Puzzlelegen ein neues Bild entsteht, so erscheint im Hintergrund der Mosaiksteinchen unseres wahren Selbst ein anderes Gesicht: das Antlitz Gottes. Sobald wir unser tiefstes Wesen kennenlernen, taucht in uns das Bewusstsein auf, dass Gott uns im Hinblick auf sich selbst erschaffen hat und wie der Vater des verlorenen Sohnes bis jetzt unablässig auf uns gewartet hat.[80]

Wenn Gott uns mit Selbstkenntnis beschenkt, gewährt er uns damit einen Wissensvorschuss über sein Wesen. Indem er uns ins Leben ruft, kommt er uns ganz nahe und lässt uns von dem Sein kosten, von dem wir früher nur träumen konnten. Aber damit fordert er uns dazu auf, über uns selbst hinauszureichen. Er lässt die Realität eines Lebens in ihm vor uns aufschimmern, in dem er uns näher ist als unsere eigene Seele.[81] Dann entflammt in uns das Verlangen nach einer Seinsform, von der wir nie gedacht hätten, dass sie existiert, in der schließlich Christus wirklich alles in allem ist.

Diejenigen, die diese Nähe oder diese Geborgenheit auch nur für eine kleine Zeit gekostet haben, verweisen mit Vorliebe darauf, dass Christus und die Gläubigen in einem Verhältnis zueinander stehen können wie zwei Verliebte. So entstand in der Kirche des Mittelalters die Tradition, auf der die allegorische Interpretation der Liebesbeziehung zwischen Mann und Frau gründet: Wie die gegenseitige Anziehungskraft bei einem Liebespaar immer stärker und schließlich unwiderstehlich wird, so ruft Gott die Seele zu sich, die an ihn glaubt. Der Anruf des Geliebten ruft uns über uns selbst hinaus. Da ist es kein Wunder, dass der Mensch sich als »krank vor Liebe« oder als »Gefangener der Liebe« bezeichnet, wie die Liebenden im Hohelied, die nicht mehr so weiterleben konnten, als ob die Liebe sie nicht verletzt hätte.[82] Durch die Liebe Gottes finden wir zugleich uns selbst und auch Gott.

Das alte, in sich verkapselte Leben stellt dann keine wirkliche Alternative mehr dar, das für sich gelebte Leben ist kein Leben mehr. Wen die Liebe Gottes berührt hat, sucht nur noch den einen: den »seine Seele liebt«.

Wenn wir geheilt worden sind, können wir nicht undankbar wie die neun der zehn geheilten Leprakranken verfahren. Ergriffen von der Gnade können wir nicht auf unseren Weg der Selbstverwirklichung zurückkehren. Es ist, als ob wir mit der Ganzheit auch eine Saite in unsere Seele eingepflanzt bekommen hätten, die auf eine unendlich größere Saite räsoniert. Wir können nicht mehr so tun, als ob dieser Ton von uns stammen würde.

Die Worte von Thomas von Kempen sagen wir nun zu uns selbst:

Suche den wahren Frieden, aber nicht auf der Erde,
sondern im Himmel;
nicht bei den Menschen oder bei den übrigen Geschöpfen,
sondern bei Gott allein.[83]

Nach Eugene Petersons Vorlesungen über spirituelle Theologie sprach ein Kommilitone in Vancouver am Ende des Semesters über die gleiche Erfahrung, die er persönlich gemacht hatte: *Ich hörte eine Melodie aus der Ferne, die so klang, als ob ich sie in meiner Kindheit schon gut gekannt hätte, und nun, nach einer Pause von vielen Jahren, höre ich sie wieder.*

Genügsamkeit

Wie unser Inneres sich erneuert und wir in unserem Herzen etwas wesenhaft Neues entdecken, so verändert sich auch unser Gebet. Seine Form und Praxis nehmen eine neue Gestalt an. Diese neue Phase des Gebets könnte man auch das Gebet der Genügsamkeit nennen, denn oft wird es von überquellendem Erstaunen und Bewunderung bestimmt. Man könnte es aber auch als das Gebet der Stille bezeichnen.

In den 1980er Jahren nahm ich zusammen mit meinen Studienkollegen an einem Wochenende teil, und während des lobpreisenden Gesangs senkte sich auf einmal eine unerwartete Stille herab. Ein solch starker Hauch von Gottes Heiligkeit und Reinheit erfüllte uns, dass niemand mehr etwas zu sagen wagte oder sagen konnte. Keiner von uns war darauf vorbereitet, und niemand wusste, was er tun sollte. Der Leiter sang nicht mehr weiter, und obwohl er etwas angespannt war, bewegte auch er sich nicht. Wir alle waren verlegen und blieben mucksmäuschenstill. Diese Stille dauerte etwa zwei Minuten. Offenbar passierte nichts. In Wirklichkeit hat dieser Fall jedoch einen tiefen Eindruck in uns hinterlassen: Wir wurden Teil einer Begegnung. Für kurze Zeit beteten wir wie nie zuvor. Wortlos. Das war das erste Mal, dass ich etwas von der Stille verstand, an der wir teilhaben sollten, wenn Gottes Gegenwart uns ganz durchdringt: *»Als das Lamm das siebte Siegel öffnete, trat im Himmel Stille ein, etwa eine halbe Stunde lang«*, sagt das Buch der Offenbarung (Offb 8,1).

Eine andere Erfahrung machte ich in den 1990er Jahren, als ich mit meiner Frau zum Sonntagsgottesdienst am Stadtrand fuhr. In diesen Jahren lebten wir in Vancouver und aus dem Fenster der Höhenbahn eröffnete sich ein pompöses Panorama auf die verschneiten Gipfel der 1000, 1200 Meter hohen Berggipfel. Und obwohl wir vier Jahre lang dort lebten, bestaunten wir jedes Mal die Berge. Oft wortlos.

Ergriffenheit und Staunen können manchmal so stark sein, dass uns keine Worte mehr bleiben. Als David in seinem Psalm sang, *du deckst mir den Tisch vor den Augen meiner Feinde. Du hast mein Haupt mit Öl gesalbt, übervoll ist mein Becher*, hatte er bestimmt etwas Ähnliches erlebt. Aber Vergleichbares drückt auch der Psalm 131 aus. Denn nachdem David einige erfolgreiche Unternehmen gestartet, das Reich der Pläne und Träume durchstreift und die Kraft Gottes, der durch seine Taten und Worte wirkte, erlebt hatte und erkannte, was es heißt, *mit Gott springe ich über Mauern*, erreichte sein Gebet eine andere Phase.

An diesem Punkt erschienen David seine Ambitionen als reine Prahlerei und seine gewagten Pläne als Ehrgeiz. Jetzt erlebte er, was er eigentlich wusste, doch nie mit solcher Kraft erkannte: dass alles Geschenk war. Früher hatte er diesen Erkenntnissen keine besondere Beachtung geschenkt. Jetzt wiederum wurde er mit seiner Endlichkeit und Kleinheit konfrontiert. Doch all das bedrückte ihn nicht, sondern im Gegenteil, es beruhigte ihn und erweckte in ihm Vertrauen:

Herr, mein Herz überhebt sich nicht,
Nicht hochmütig blicken meine Augen,
Ich gehe nicht um mit großen Dingen,
mit Dingen, die mir nicht begreiflich sind.

Vielmehr habe ich besänftigt,
Habe zur Ruhe gebracht meine Seele.
Wie ein gestilltes Kind bei seiner Mutter,
Wie das gestillte Kind, so ist meine Seele in mir (Ps 131,2–3).

Das Stillwerden seiner Seele kommt aus der Ruhe, die David in der Gegenwart Gottes gefunden hatte. Das verkündete Jesus 800 Jahre später mit folgenden Worten: Ich werde euch Ruhe geben.

Genügsamkeit ist eine persönliche Wirklichkeit. Wenn unsere Seele Ruhe findet und still wird, dann richten wir die folgenden Verse des obigen Psalms nicht nur an uns selbst, sondern auch an andere ganz aufrichtig: Hoffe auf den Herrn von nun an bis in Ewigkeit!

Gott allein genügt. Diese Befriedigung ist der Schatz des Apostels Paulus: *Ein großer Gewinn aber ist die Frömmigkeit zusammen mit Genügsamkeit* (1 Tim 6,6).

Auch für uns mag die Zeit kommen, wenn das Bittgebet versiegt, das Tosen der Bedürfnisse im positiven wie negativen Sinne nachlässt. Die Erinnerungen, die Wunden, die Gefühle, die Fähigkeiten, die Erlebnisse und die Wünsche verstummen. Wir werden fähig, mit »ganzem Herzen« zu lieben.

Fortschritt oder Rückschritt?

Aus dem bislang Gesagten könnte der Leser die Schlussfolgerung ziehen, dass wir den Fortschritt im Gebet im Normalfall als Vollendung erleben. Die Betonung der inneren Wiederherstellung könnte die Vorstellung wecken, das Gebet sei ein stetig aufsteigender Entwicklungsbogen, der, wenn alles gut geht, Zufriedenheit bewirkt. Viele meinen, dass die Annäherung an Gott positive und erfüllende Erlebnisse mit sich bringt oder zumindest davon geprägt sein sollte.

Diese Ansichten sind jedoch unbegründet und falsch. Wenn sie dann auch noch zu Erwartungen werden, sind sie geradezu irreführend und schädlich. Denn oft wird der Fortschritt auf dem Gebetsweg als Niederlage empfunden. Den Übergang zum wortlosen Gebet, von dem bislang die Rede war, erleben viele als eine tiefe Qual.[84]

In unserer Gottesbeziehung gelangen wir einmal an den Punkt, an dem der Brunnen, zu dem wir bislang hingegangen sind, um Wasser zu schöpfen, verebbt. Die Quellen versiegen. Wir finden kein Wasser mehr. Noch dazu werden alle Versuche umso leerer und fruchtloser, je mehr wir uns bemühen, Gott durch unsere bereits bekannten Gebetsformen wieder zu erfahren. Die geistliche Dürre ist quälend. Wenn diese Periode lange anhält – und nach der Erfahrung vieler Christen kann das sogar Jahrzehnte dauern –, dann scheint es, als ob die geistliche Wüste zu unserem Zuhause werden sollte.

Eine solche Zeit wird von jenen Ratgebern erschwert, die zwar helfen wollen, doch aus Mangel an Erfahrungen und notwendigem Wissen zu Helfern werden wie die Freunde Hiobs. Für sie ist nicht nur die Tatsache, dass Gott in der geistlichen Finsternis und Wüste gegenwärtig sein kann, völlig unvorstellbar, sondern auch, dass Gott diese Zeiten im Leben eines Menschen herbeiführen kann. So raten sie auf alle erdenkliche Weise dazu an, die Wüste zu verlassen. Und zwar so schnell wie möglich. Schlecht an diesem Rat ist nicht nur, dass man diese Wüste gar nicht verlassen kann – denn könnte man, hätten sie das ja schon längst getan –, sondern auch, dass sie Verwirrung stiftet. Denn nicht genug damit, die eigene Ratlosigkeit ertragen zu müssen, man muss sich obendrein auch noch mit den Anklagen und der Verachtung der anderen herumschlagen. Johannes vom Kreuz schrieb vor 400 Jahren über diese geistlichen Begleiter: *Darum ist es hart und mühsam, wenn ein Mensch in solchen Zeiten sich selbst nicht versteht noch jemanden findet, der ihn versteht. Es könnte nämlich sein, dass Gott einen Menschen auf einen sehr erhabenen Weg dunkler Kontemplation und Trockenheit führt, wo dieser meint, verloren zu gehen, und dass er, wenn er gerade auf diese Weise mit Dunkelheit und Mühsalen, Bedrängnissen und Versuchungen erfüllt ist, auf einen trifft, der ihm wie die Tröster Ijobs (Ijob 2,11ff) sagt, es handle sich entweder um Schwermut oder Depression oder Veranlagung, oder es könnte sogar irgendeine verborgene Bosheit von ihm sein, und deshalb habe Gott ihn verlassen. Und so kommen sie gewöhnlich bald zu der Meinung, dass dieser Mensch wohl sehr böse gewesen sein muss, da ihm solche Dinge zustoßen. Auch gibt es dann wohl jemand, der ihm sagt, dass er Rückschritte macht, weil er nicht wie früher Geschmack und Trost an den Dingen Gottes findet.*[85]

Es ist also wichtig zu sehen, was Gott in der geistlichen Dürre tut. Dieses Thema würde viele Kapitel verdienen, doch möchte ich hier nur eine kurze Orientierung geben.[86]

Jedes Kind, bei dem die Großeltern normalerweise mit vielen Geschenken bepackt ankommen, gewöhnt sich daran, dass der Besuch der Großeltern immer mit Geschenken einhergeht. Bleiben diese aus – zum Beispiel deshalb, weil das Kind ja schon größer geworden ist oder weil die Großeltern sich das finanziell nicht mehr leisten können –, wird die Begegnung für das Kind komisch. Es wird die Geschenke vermissen, an die es gewohnt war. Es erlebt einen Verlust. Diese neue Art der Beziehung ist ungewöhnlich, vielleicht sogar peinlich oder beunruhigend. Die Verarbeitung dieser Veränderung kann sogar eine Weile dauern, und vielleicht wird sie die Ereignisse nur mit der Zeit »einholen«.

Wenn wir daran gewöhnt sind, dass Gott alles zu unserem Wohle tut – auch dann, wenn wir diese Wirklichkeit nur glauben, doch nicht immer in der Tiefe erleben –, dann ist es natürlich, dass wir uns in dem Moment, in dem wir diese Bestärkung nicht mehr erfahren, enttäuscht und verlassen fühlen. Normalerweise machen wir uns selbst dafür verantwortlich und suchen nach unseren Fehlern. Wenn die Brunnen, aus denen wir bislang geschöpft haben, versiegen, werden wir zutiefst erschüttert. Wenn unsere früheren Taten, Gebete, Lektüren, Frömmigkeitsübungen oder Exerzitien, von denen wir uns ernährten, uns nichts mehr bedeuten, meinen wir, in unserer Gottesbeziehung die Orientierungspunkte verloren zu haben. Gott erscheint für uns in unerreichbarer Ferne zu sein, als ob er uns völlig alleingelassen hätte.

Dabei versucht Gott gerade in diesen Zeiten eine neue Beziehung mit uns aufzubauen. Er lehrt uns, ihn um seinetwillen zu suchen. Seiner Ansicht nach sind wir für eine Beziehung erwachsen genug, in der wir aus Liebe nach ihm verlangen, auch wenn wir sozusagen keine »Bonbons« dafür bekommen. Er geht davon aus, dass wir bereit sind, ihn auch dann zu lieben, wenn wir viel weniger bekommen als bisher oder sogar keinen Nutzen aus unserer Gottessuche ziehen werden. Er sieht in uns die Fähigkeit, ihn Schritt für Schritt mit bedingungsloser Liebe immer vollkommener lieben zu können.

Diese Veränderung ist schwierig und schmerzhaft. Das Durchschneiden der Nabelschnur unseres Egoismus und unserer

Selbstzentriertheit ist alles, nur nicht angenehm. Da wir viel zu sehr an uns selbst und an unseren Wahrnehmungen hängen, haben wir nun den Eindruck, in der Gebetspraxis, mit der wir früher Gott nähergekommen sind, uns nun von ihm zu entfernen. Die Stützen und Erinnerungen an Gott, die uns bislang Sicherheit geboten haben, obwohl sie oft nur stellvertretende Ruhepunkte waren, fallen weg. Wir meinen nun zwischen Verlusten und Trennungen dahinzuschwinden.

Und hier wäre aufzuzeigen, warum so wenige zu der erhabenen Vollkommenheit der Gotteinigung gelangen: nicht deshalb bleiben es wenige, weil Gott nur wenige aus diesen Geistern so hoch erheben will, vielmehr möchte er alle vollkommen sehen. Es ist aber so, dass er nur wenige Gefäße findet, die so anfordernde Bearbeitung aushalten. Er findet sie schon bei geringfügiger Erprobung zu schwach, da sie die mindeste Entbehrung und Kasteiung scheuen. Sie werden von ihm nicht stark, nicht treu erfunden, schon beim ersten geringen Bearbeiten und Vorschleifen seiner Gnade; so gewahrt er, dass sie im Großen noch viel weniger bestehen würden; und deshalb lässt er davon ab, sie zu reinigen und vom Erdenstaub freizumeißeln, durch solche Schläge der Kasteiung, die größere Beständigkeit und Stärke erfordern. Wohl gibt es viele, die hochzugelangen begehren und die Gott hartnäckig anflehen, er möge sie zu jener Vollkommenheit hochziehen; doch wenn Gott damit beginnt, sie durch die ersten unerlässlichen Drangsale und Demütigungen voranzutreiben, dann wollen sie solches nicht mitmachen; sie entziehen ihm ihren Leib, meiden den engen Weg zum Leben und suchen den breiten ihres Trostes, den ihres Verderbens. Somit geben sie Gott nicht Raum, wenn er anhebt, das von ihnen Erbetene zu gewähren. Und so bleiben sie stehen, als untaugliche Gefäße.[87]

In den trockenen Zeiten brauchen wir Standhaftigkeit, um weiterzukommen. Gott lehrt uns dabei häufig, uns noch selbstloser an ihn zu binden als bisher. Es ist wenig hilfreich, Erklärungen, Fehler oder Sünden zu suchen. Wir sind an einer Schwelle angelangt, die wir nur mit dem Glauben überschreiten können.

Nur wenn wir diese Schwelle überschreiten, können wir die Beziehung zu Gott neu lernen.[88]

Die Psychologen sprechen oft davon, dass die Menschen erfahrungsgemäß weder durch eine persönliche Erkenntnis noch durch einen Entschluss dazu veranlasst werden, ihr Leben zu verändern. Die meisten Veränderungen werden durch das Bewusstsein initiiert, dass wir nicht mehr länger an dem Punkt verweilen können, an dem wir stehen. Die meisten von uns ändern ihr Leben nicht dann, wenn es möglich wäre – auch wenn wir das gerne von uns glauben würden –, sondern wenn wir dazu gezwungen sind. Die Mehrheit verändert ihr Leben erst, wenn die Energie, das bisherige Leben aufrechtzuerhalten, mehr kosten würde als der Übergang in eine neue Situation. Bei jeder echten Veränderung geht etwas verloren, doch wir gestehen uns das nur dann ein, wenn die Aufrechterhaltung des Urzustandes schwerer zu ertragen wäre als sein Verlust.

Um Missverständnissen vorzubeugen: Die Vereinfachung des Gebets sowie der Übergang in ein Gebet, das über das Bittgebet hinausgeht, erleben viele keineswegs als angenehme Phase. Wer den lebendigen Gott unabhängig von seinen eigenen Bedürfnissen bejaht, muss oft durch einen tiefen emotionalen Entzug hindurchgehen, bei dem seine alten, wohlbewährten Gebetsformen und Glaubenspraktiken trocken und leer werden. Viele erleben das geistliche Wachstum an diesem Punkt als einen Rückfall.

Eine erschütternde Entwicklung

Dieser Vorgang ist vergleichbar mit dem Zahnwechsel bei den Kindern. Zuerst wachsen die Milchzähne. Sie haben kaum Wurzeln und sind auch nicht so kräftig wie die Zähne der Erwachsenen. Doch für den Anfang sind sie gut. Mit der Zeit fallen sie jedoch alle heraus. Für die Kinder ist das ziemlich erschütternd. Die Worte der Erwachsenen, die den auch zahnlos niedlichen Kindern erfreut gratulieren, helfen ihnen nicht viel. Das Kind hat sich schon daran gewöhnt, mit Milchzähnen zu leben, aber es kann sich noch nicht vorstellen, wie es danach sein wird. Seine Erschütterung ist also berechtigt. Zwar hat es gehört, dass seine festen Zähne stärker sein werden und es sogar den harten Apfel mit ihnen essen kann, doch ist das nur ein schwacher Trost, wenn die Milchzähne zu wackeln beginnen und der Reihe nach herausfallen. Zahnlos ist es ziemlich schwer zu reden und zu kauen. Nur die Erwachsenen können sich daran freuen.

Und doch muss das Kind durch diese Veränderungen hindurch. Zwar tut es das nicht freiwillig, sondern eher wider Willen, als notwendigen Teil seiner Entwicklung. Wenn die Milchzähne nicht zeitig genug herausfallen, verformen sie das Wachstum der neuen Zähne und behindern deren Entwicklung. Die Milchzähne müssen den Platz für die tief wurzelnden Zähne, die viele Schmerzen bereiten, bis sie herausgewachsen sind, freimachen.

In unserem Gebet spielt das Bittgebet eine Rolle wie die Milchzähne. Durch das bittende Gebet wachsen wir in das geistliche Leben. Es wäre töricht, das Bitten zu verbieten oder zu verachten. Gott hat unsere Bedürfnisse erschaffen, sie verbinden uns miteinander und mit ihm. Hätten wir keine Bedürfnisse, könnten wir auch keine Erfahrungen über Beziehungen machen. Dabei ist es ganz natürlich, dass wir Gott zuerst um unsertwillen lieben. Wir wenden uns an ihn, um Frieden und Ruhe zu finden. Daher ist es kaum verwunderlich, dass das Hineinwachsen in ein Gebet, das über die Bitten hinausgeht, für uns ähnlich traumatisch sein kann wie der Verlust der Milchzähne für das Kind.

Beim ersten wortlosen Gebet fühlt sich der Mensch fremd und verunsichert, denn hier ist von einer wesentlichen Umstellung die Rede. Der Wechsel von der eigennützigen Liebe zu Gott, die ihn für seine Geschenke liebt, hin zu einer Liebe um seiner selbst willen stellt eine große Veränderung dar. Oft wünschen wir uns, schon am Ende des Weges angekommen zu sein. Doch können wir diesen Vorgang nicht abkürzen. Es liegt nicht an unseren

Methoden oder Griffen. Gott allein bewirkt diese Veränderung in uns.

Im dritten Teil des Buches werden wir uns mit der angemessenen Einstellung zum schweigenden Gebet noch eingehender beschäftigen. Hier möchte ich nur betonen, dass die Verunsicherung zur Natur des Wechsels dazugehört.

Gott steuert diesen inneren Vorgang

Gottes definitive Absicht ist es, alles »zusammenzuarbeiten«. Dies ist sein kosmischer Plan, der sich darin vollendet, dass Gott alles Sein zusammenordnet und zusammenfügt, jeden Menschen und jede Kreatur, *alles, was ist, im Himmel und auf Erden.*

Damit wir aber an diesem kosmischen Plan nicht bloß als Instrumente, sondern auch als aktive Teilnehmer teilhaben können, müssen wir uns verändern. Unser Wille muss sich dem Willen Gottes anpassen, unsere Wünsche müssen sich an seine Wünsche anschmiegen. Unsere geistliche Verwandlung ist Teil dieser ursprünglichen und kosmischen »Geschichte des Zusammenbaus«.

Das Bittgebet ist eine Werkstatt, in der die Seele des Menschen nach ihrer ursprünglichen Bestimmung umgewandelt wird. Indem wir Gott bitten, gerät unser Leben in die Werkstatt der Gegenwart Gottes, wo wir fähig werden, uns organisch dem Sein anzuschließen, dessen Mittelpunkt und Steuerer Gott ist. Wenn wir aus dem Hochofen des Gebets herauskommen, werden wir ganz neu. Wir werden, wie Gott uns von Anfang an gewollt hat.

Bernhard von Clairvaux unterscheidet in einem Brief, den er als Antwort auf die Frage verfasste, wie wir Gott lieben sollen, vier Stufen des Gebets. Die erste Stufe nennt er die natürliche und fleischliche Liebe, wenn der Mensch in allem sich selbst liebt. Die zweite Stufe ist, wenn der Mensch zwar noch aus selbstischen Gründen aber bereits anfängt, Gott zu lieben. Bernhard nennt die dritte Stufe der Liebe, wenn der Mensch Gott um seiner selbst willen liebt, also nicht mehr nur sich selbst zuliebe, aufgrund seines menschlichen Wohlergehens. Die vierte und letzte Stufe ist, auf der der Mensch sich selbst nunmehr um Gottes willen liebt.[89]

Das ist die Richtung, in die Gott uns führt. Er »liebt uns aus uns selbst heraus« und »liebt uns in« die Gemeinschaft mit ihm und für ihn »hinein«.

III. Teil – Das Gebet als Betrachtung: *Denn Dein …*

Wie bei einem Bau ein Stein auf dem anderen liegt, so unterstützen sich die verschiedenen Gebetsformen gegenseitig. Das gilt auch für die Kontemplation, die Gebetsform, die wir im dritten Teil des Buches genauer behandeln wollen. Unser Beten, bei dem wir Gott liebevoll betrachten und sein Dasein hingebungsvoll anerkennen, baut immer auf unsere Gebete der Gottessuche und Fürbitte und bettet sich in diese ein.

Im ersten Teil unseres Buches haben wir uns mit dem ersten Teil des Vaterunsers, dem Gebet als Gottessuche, beschäftigt. Diese Art des wahrheitssuchenden Gebets, die Meditation, legt die Betonung auf das Hören und die Aufnahme. Unser Gebet richtet sich also darauf, dass Gott mit seiner Eigenheit unter und in uns zur Geltung kommen darf. Denn wir können mit einer Person nur dann in eine wirkliche Beziehung treten, wenn wir sie sein lassen, wie sie ist, und sie mit ihrem Wesen Wirkung auf uns haben darf. Wenn bei den menschlichen Beziehungen es schon wichtig ist, dass wir die Eigenheiten einer Person wertschätzen und zulassen, wie viel mehr muss das auch für unsere Gottesbeziehung gelten. Wer über die Wirklichkeit Gottes meditiert, sucht Gott, indem er seiner Andersartigkeit (d. h. Heiligkeit) Raum gibt.

Im zweiten Teil des Buches haben wir im Einklang mit der Fortsetzung des Vaterunsers das Gebet als Bitte behandelt. Durch unsere anklopfenden, bittenden und fürsprechenden Gebete brachten wir unser wahres und momentanes Wesen vor Gott. Das Einbringen unserer physischen und geistlichen Bedürfnisse in unsere Gottesbeziehung ist nicht nur erlaubt; die ehrliche Aufdeckung unseres Zustandes vor Gott ist für das Gebet schlichtweg unerlässlich. Denn das Gebet ist eine Beziehung, und wir können nur dann in diese Beziehung eintreten, wenn wir zu uns selbst stehen. Ist die gegenseitige Beziehung zwischen Menschen ohne ein Bekenntnis zu uns selbst unmöglich, weil wir sonst für den anderen nicht erreichbar sind, wie viel mehr ist es dann notwendig, dass wir uns in der Beziehung zu Gott wirklich ganz »zumuten«.

Eine Beziehung ist immer zweiseitig, sie besteht einerseits aus Empfang, andererseits aus Selbsthingabe. Wenn wir uns selbst nicht wirklich mitteilen, kommt keine wirkliche Beziehung zustande, egal wie groß der Schritt war, den wir zum Empfang des anderen getan haben. Auch das ehrliche Einstehen für uns selbst und die Glaubwürdigkeit werden nicht ausreichen, wenn wir dem anderen keinen Respekt entgegenbringen. Der Empfang und die Selbsthingabe sind zusammen notwendig, und zwar von beiden Seiten. Der Lackmustest der Beziehung ist die Gegenseitigkeit.

Wahre Gegenseitigkeit besteht jedoch nicht nur in der Summe des Gebens und Nehmens. Was bei einem aufmerksamen, hingebungsvollen Empfang und einer aufgeschlossenen Selbstoffenbarung zustande kommt, ist mehr als nur eine mathematische Addition. Bei einer Begegnung entsteht etwas ganz Neues: die Einheit der Liebe. *Das ist ein großes Geheimnis. Doch ich spreche von Christus und von der Kirche*, sagt der Apostel Paulus.

So ist es auch im Gebet: Die beständige Suche der Meditation nach der Wahrheit und die ehrliche Bitte machen an einem Punkt den Platz für etwas anderes frei. Wie wir die Wirklichkeit Gottes und unserer selbst ernst nehmen, eröffnet sich vor uns eine tiefere Form der Beziehung. Bei der Begegnung, in der Gott sich uns offenbart und in der wir uns Gott gegenüber erschließen, kommt etwas ganz Neues zustande. Jesus selbst bittet den Vater, wie mit dem Recht des letzten Wortes vor seinem Tod, dass er die Jünger in diese Beziehung aufnehmen möge, die Jesus und dem Vater zu eigen war: *dass sie alle eins seien. Wie du, Vater, in mir bist und ich in dir, so sollen auch sie in uns sein, auf dass die Welt glaube, dass du mich gesandt hast* (Joh 17,21). Diese Einheit ist eine solche Qualität des Daseins, in der ein neues »Ich« geboren wird. Jesus lüftet hier den Schleier des Geheimnisses der Vereinigung mit dem liebenden Vater.

Das Gebet als Betrachtung spricht von der Pflege dieser unbegreiflichen Liebeseinheit, in die Jesus uns nicht nur ausgesprochen eingeladen hat, sondern auch darum bat, in ihr zu bleiben. Das Vaterunser drückt diese Form der Hinwendung zu Gott mit den Worten *Denn Dein ist das Reich und die Kraft und die Herrlichkeit* aus. Diese drei Aussagen schließen zwar nicht wortwörtlich, aber implizit jede Dimension des menschlichen Lebensraumes – auf der Ebene des Verstandes, der Gefühle und der Taten – in die Innigkeit der Gottesbeziehung mit ein. Damit wir uns mit unserem ganzen Wesen Gott überlassen und in seiner liebenden Betrachtung verweilen können, müssen wir entsprechend mit unserem Verstand, mit unseren Gefühlen und unserer Handlungsfähigkeit umgehen. Wir müssen alle drei in den Dienst Gottes stellen. Der dritte Teil unseres Buches wird sich damit beschäftigen, wie wir uns in der Gebetszeit unseren Gedanken, unseren Gefühlen und unserer Handlungsbereitschaft gegenüber verhalten sollen und, dem Vorbild Jesu folgend, in der Gotteszentriertheit bleiben können. Der Abschluss des Vaterunsers verkündet, quasi bestärkend und feierlich, dass das Reich, die Kraft und die Herrlichkeit Gottes vollkommen und endgültig dem Vater gehören.

In Ewigkeit.

9. Eine Kenntnis, die jede Kenntnis übersteigt: *Denn Dein ist das Reich*

In den Aufzeichnungen des Lukas endet das Gebet Jesu mit der Bitte: *und führe uns nicht in Versuchung, sondern erlöse uns von dem Bösen!*

Der Evangelist Matthäus beendet das Vaterunser jedoch anders. In seiner Version folgen nach der Bitte um Schutz vor den Versuchungen und vor dem Bösen folgende Worte: *... denn Dein ist das Reich, die Kraft und die Herrlichkeit, in Ewigkeit. Amen.*

Die Erklärung dafür ist vermutlich, dass es eine ältere und kürzere Fassung des Vaterunsers gab, die Markus und Lukas festhielten, und eine spätere, ergänzte Version. Matthäus hielt diese etwas längere Version fest, die mit Worten aus der apostolischen Tradition ergänzt wurde. Das heißt, dass Matthäus aus der Lehre Jesu andere Wörter hineinnahm und mit diesen die ältere Version des Gebets abschloss.[90]

Während Lukas seinen Schwerpunkt mehr auf die Bitte und das Vertrauen setzt, konzentriert sich Matthäus auf die Gebetsbeziehung als solche. Er sagt nichts, was nicht aus den anderen Teilen des Evangeliums aus den Lehren Jesu bereits hervorgehen würde, doch verfolgt seine Redaktion eine andere Absicht. Matthäus stellt das Gebet Jesu als die Gesamtheit seiner mit dem Vater erlebten Gemeinschaft dar.

Ein anderer Ton

Die Schlussworte – *Denn Dein ist das Reich und die Kraft und die Herrlichkeit* – fügen nicht so sehr etwas zum Vaterunser hinzu, sondern wechseln den Ton. Hier ändert sich die »Lautstärke« des Gebets. Es wird leiser. Wir haben es hier also nicht so sehr mit neuen Inhalten zu tun. Das Neue ist der Indikativ. Solange die Verben früher im Imperativ standen – *geheiligt werde ...*, *komme …, sei …, gib uns …, vergib uns …, führe uns nicht …*, lesen wir jetzt: *denn Dein ist …* An diesem Punkt des Gebets will Jesus nichts mehr ändern. Während er zuvor den Vater bat, dass sein Reich komme, erkennt er jetzt nunmehr die Wirklichkeit an: dass der Vater der einzige Herrscher ist, der alles sein Eigen nennt und dem alle Herrlichkeit gebührt. Der Wechsel besteht darin, dass er unsere Aufmerksamkeit auf das lenkt und betrachtet, *was bereits besteht*. Der Blick Jesu ruht auf dem Vater, während die Wirklichkeit des Vaters sein ganzes Wesen durchdringt.

In den Schlussworten des Vaterunsers stellt oder, besser gesagt, lässt Jesus den im Mittelpunkt stehen, der die Quelle alles Geschaffenen ist. Den, der sich 2000 Jahre zuvor dem Mose als der »Ich bin« vorgestellt hatte. Hier endet das »Gebet als Arbeit«. Vielleicht passt in diesem Fall die Bezeichnung »Gebet« schon gar nicht mehr, denn für gewöhnlich verstehen wir unter Gebet eine Handlung des Menschen. Doch tut hier der Mensch nichts anderes, als den oder das anzuerkennen, was bereits ist. Während der Mensch in den früheren Phasen des Gebets suchte und bat, bittet er nun nicht darum, etwas verstehen, erleben oder erschaffen zu können, sondern lässt lediglich zu, dass alles, was ist, auch so sein darf: *Denn Dein ist* (alles Seiende) … Mit anderen Worten: Der Mensch übergibt sich Gott, indem er all seine Bedürfnisse und Wünsche beiseitelegt und sich an seine Wirklichkeit anpasst.

Im 7. Jahrhundert sagte Isaak von Ninive über diese die Allmacht Gottes betrachtende Form des Gebets: *Die Gebetsschau oder die Gottversenkung hat verschiedene Stufen und Wirkungen. Aber handelt es sich hier eigentlich noch um ein Gebet? Ist doch der Geist nicht zu einem Zustande gelangt, wo es kein Gebet mehr gibt, sondern in einem Zustand über dem Gebet.*[91]

Was verstehen wir unter Kontemplation?

Wenn wir versuchen das kontemplative Gebet zu beschreiben, dürfen wir das nur vorsichtig und in dem Bewusstsein tun, dass diese Gebetsform aufgrund ihres Wesens nicht durch Beschreibungen kennengelernt werden kann. Das Geheimnis der Betrachtung offenbart sich allein in der Intimität der Gottesbeziehung, denn hier wenden wir uns der unvorstellbaren und unermesslichen Endlosigkeit, Vollkommenheit und Liebe Gottes zu, die alle Beschreibungen übersteigt.

Kontemplation bedeutet Intimität mit Gott.[92] Jesus spricht mehrmals über diese Unmittelbarkeit, z.B. im 15. Kapitel des Johannesevangeliums mit dem Bild des Weinstocks: *Ich bin der Weinstock, ihr seid die Reben.* Wie die Rebe aus sich keine Frucht bringen kann, sondern nur, wenn sie am Weinstock bleibt, so kann auch unser Leben ohne Jesus keine Frucht bringen. Das ständige »in ihm bleiben« ist eine Grundvoraussetzung für das Leben. Das kontemplative Gebet ist ein verweilendes Gebet »in ihm«.

Bruder Lorenz arbeitete als einfacher Klosterkoch im 17. Jahrhundert und nachdem er nicht mehr in der Küche arbeiten konnte, betätigte er sich als Schuster. Dieser Karmelitenbruder ist ein Handwerker, der aus dem alltäglichen Leben zu uns spricht. Seine 50-jährige Lebenserfahrung und die Weisheit, die er aus der christlichen Tradition schöpft, machen ihn zu einem ausgezeichneten Lehrer. In seinen Worten verwebt sich das Praktische mit der innigen Gottesbeziehung: *Ich habe alle meine Andachtsübungen und Gebete aufgegeben, die nicht verpflichtend sind, und befasse mich nur damit, mich immer in Seiner heiligen Gegenwart aufzuhalten, in der ich mich durch ein einfaches Aufmerken und einen liebevollen, ganz auf Gott gerichteten Blick halte, was ich mit ständiger Gegenwart Gottes bezeichnen möchte oder, um es besser auszudrücken, als ein schweigendes und verborgenes Gespräch der Seele mit Gott, das eigentlich niemals endet.*[93]

Mit den häufig verwendeten Worten von Bruder Lorenz ist die Kontemplation eine »Übung der Gegenwart Gottes«. Diese Aussage wurde zum Titel seiner gesammelten Werke, die von den Christen der späteren Jahrhunderte ungeachtet ihrer Konfession mit großem Nutzen verwendet wurden.

Zwei Geschichten über das Staunen

Wir wachsen in unserem Gebet nur dann, wenn wir einen Anknüpfungspunkt zur gegebenen Gebetsform in uns finden. Bevor wir also dieses schweigende, betrachtende Gebet oder, wie Bruder Lorenz es nennt, die »schweigende, geheime Aussprache der Seele mit Gott« in eine weite, lebensfremde Ferne verbannen, will ich zwei Geschichten erzählen, um zu verdeutlichen, dass es sich hier im Grunde um eine ganz alltägliche Erfahrung handelt.

Vor ein paar Jahren erzählte mir ein Freund Folgendes. Eines Nachmittags trat er auf die Terrasse hinaus und warf einen Blick auf die Bäume. Auf der Terrasse, auf die er jeden Tag hinausging, und unter den Bäumen, die er seit Jahrzehnten jeden Morgen sah, empfing ihn in dieser Stunde etwas anderes, etwas, was ihn tief berührte. Die Harmonie der Bäume kommunizierte eine unsagbare Ordnung. Er nahm etwas wahr, was nicht von den Bäumen, sondern von einer Wirklichkeit sprach, die jenseits von ihnen existierte, nämlich von der unendlich fürsorgenden, harmonischen, allumfassenden Kraft und Liebe Gottes. Er war schon seit 30 Jahren ein praktizierender Christ, und seine Arbeit bestand darin, andere auf den Weg des Glaubens zu führen. An den Bäumen gab es nichts Neues. Doch in diesem Augenblick der reinen Kontemplation – denn davon ist hier die Rede – hatte ihn etwas ergriffen, was tiefes Staunen in ihm hervorrief. Wahrscheinlich hätte er vergebens versucht, lang und breit zu erklären, was dieser Moment für ihn bedeutete, denn uns würde es nicht dasselbe bedeuten.

Ich nehme an, dass wir alle in unserem Leben solche Momente erlebt haben, in denen wir versonnen oder geradezu erstaunt der Wirklichkeit Gottes begegnen. Bei der Betrachtung eines Sonnenuntergangs oder beim Hören eines Musikstücks, bei einer Begegnung mit einem Freund oder beim Aufwachen – wenn wir etwas erleben, was wir nicht nur mit unserem Verstand, sondern auch ganz tief mit unserem Herzen wahrnehmen. In diesem Moment lässt der Mensch sich berühren und nimmt auf, was er wahrnimmt, ohne dabei das Geschehene zu erklären oder zu interpretieren und ohne seine Kenntnis »nutzen« zu wollen. Er lässt das, was ist, einfach nur auf sich wirken.

Die Betrachtung ist ein solches Erstaunen über die Herrschaft Gottes. Wer staunt, erlaubt sich, der Wirklichkeit Gottes gegenüberzustehen, die jeden Sinn übersteigt.

Die zweite Geschichte stammt von mir. Ich bezeichnete mich immer als einen rationalen Menschen. Die atheistische Erziehung, das naturwissenschaftliche Interesse, mit dem ich aufwuchs, sowie die christliche Gemeinde, in die ich zum ersten Mal kam, bestärkten in mir die Auffassung, dass im Leben nur das zählt, was ich verstehe.

Vor 20 Jahren führte mich ein unerwartetes Erlebnis dazu, auch die Realität jenseits des Verstandes in Erwägung zu ziehen. Damals studierte ich Spiritualitätsgeschichte und befasste mich gerade mit der Notwendigkeit der Selbsthingabe. Zusammen mit meiner Frau verbrachten wir ein Wochenende an der Westküste von Kanada auf einer kleinen Insel im Pazifik. Wir waren nicht gerade in einem »inspirierten« Zustand: Bis heute erinnere ich mich daran, wie viel Mühe uns eine der wichtigsten Entscheidungen unseres Lebens in dieser Zeit kostete. Seit Wochen war ich müde. An diesem frühherbstlichen Nachmittag legte sich meine Frau schlafen und ich ging zum Meeresstrand. Ich setzte mich auf einen Stein und lehnte mich an den trockenen Stamm eines Treibholzes. Die Wellen kamen und gingen nacheinander. Im Hintergrund sah man nur den unendlichen Horizont.

Während ich so auf das Wasser schaute, fiel mir auf, dass bei den Wellen des Ozeans keine Unordnung herrschte. Es war, als ob sie sich harmonisch bewegten. Das überraschte mich. In der geschaffenen Welt kann der Mensch aufgrund des Gesetzes der großen Zahlen nicht mit Harmonie rechnen. Dennoch fiel mir auf, dass in meinem Umfeld mitsamt der zufälligen Bewegung des Wassers im Großen und Ganzen Ordnung herrschte. Es schien, als ob der Wind und die Wellen in einer Art endgültigen Harmonie existierten. Der Anblick war nicht außergewöhnlich, doch stand ich jetzt einer kraftvollen, über die Vernunft hinausragenden Wirklichkeit gegenüber, die alles umfasste. Auf einmal erschien es mir über alle Zweifel erhaben zu sein, dass alles Existierende in Ordnung ist, harmonisch ist.

Mir war klar, dass dieses Ereignis nicht wegen mir und auch nicht »in mir« geschehen war. Ich hatte keine ausgesprochene Absicht oder Erwartung. Und dennoch nahm ich die Gegenwart Gottes nicht wie früher hier oder da, sondern überall wahr. Mir wurde bewusst, dass diese allumfassende Einheit, die ich gerade erfuhr, eine Einladung an die ganze Schöpfung war, hinter der die alles durchdringende Fürsorge, Zuwendung und Aufmerksamkeit Gottes stand.

Die Entscheidung lag für mich nur darin, ob ich in diese Einheit eintreten wollte, um Teil dieses Einklangs zu werden, oder nicht. Doch zu dem Zeitpunkt war das für mich keine Frage mehr. Diese Ordnung, die ich erfuhr, war so kraftvoll, dass sie mich mitriss. Nicht physisch, denn bis zum Schluss blieb ich am Strand an den trockenen Baumstamm gelehnt sitzen. Doch während die Sonne schien, der Wind wehte, war es, als ob sich meine Seele mit den Wogen vermengte. Als ob ich mit den Milliarden Wassertropfen eins geworden wäre. Bis zum Schluss wusste ich, wer und wo ich war, doch ich erlebte die inneren Kräfte des Universums und versank in der Liebe.

Über diese Erfahrung schreibe ich nur zögernd. Lange hatte ich nur mit meiner Frau darüber gesprochen und auch nur Jahre später, obwohl ich alles mit ihr zu teilen pflegte. Ich dachte zuerst, dass ich diese Erfahrung nur für mich bekommen hätte, damit sie mich wie ein Kompass erinnert. Über das Wesentliche konnte ich damals nicht und kann ich auch jetzt nicht sprechen – obwohl das Ganze heute noch in mir lebendig ist –, ohne diesen Kern wäre dieser Fall ein rein physikalisches Ereignis, völlig nebensächlich. Ich könnte mir sogar vorstellen, dass es Leser geben wird, die das Ganze nur einem ungewöhnlichen Bewusstseinszustand zuschreiben.

Die Literatur der christlichen Mystik betont, dass Gott jeden persönlich ruft. Die Erfahrung des Einzelnen kann für niemanden ein Maßstab sein oder zumindest sollte das nicht so sein. Erfolgsgeschichten sind riskant, weil Außenstehende oft von Einzelheiten angesprochen werden, die aus geistlicher Sicht am wenigsten Bedeutung haben. Was in der spirituellen Erkenntnis zählt, ist der Kern, der weder mit Worten noch mit Bildern oder Vergleichen übermittelt werden kann. Das schränkt das persönliche »Glaubenszeugnis« ein.

Noch dazu trifft den Menschen ein solches Erleben ganz unerwartet. Man kann es weder absichtlich erzeugen noch eine besondere Schlussfolgerung daraus ziehen. Man kann lediglich darüber staunen, wenn es sich ergibt.

Die zwei oben genannten Erlebnisse erwähnte ich aus dem Grund, um damit Erinnerung zu wecken. Denn ich gehe davon aus, dass viele Leser bereits ähnliche Erfahrungen gemacht haben, aus denen klar für sie hervorging, dass es eine Übergabe des Verstandes braucht, um die Wirklichkeit erkennen zu können. Meistens beziehen wir diese Art, die Waffen niederzulegen, auf die Bekehrung und meinen, dass nur, wer sich zum ersten Mal Gott zuwendet, aufgefordert wird: *Vertraue auf den Herrn mit deinem ganzen Herzen und stütze dich nicht auf deinen Verstand!* (Spr 3,5).

Doch diese auf Gott vertrauende, respektvolle Kapitulation bezieht sich auch auf unser ganzes geistliches Leben, einschließlich unserer alltäglichen Erfahrungen und Beziehungen. Es ist eine Frage der Einstellung, ob ich zulassen kann, dass alles, was ist, eine Wirkung auf mich haben darf, ohne diese Dinge verändern oder steuern zu wollen: damit Gott im Zentrum meiner Aufmerksamkeit bleiben kann. Der Apostel Paulus hat die folgenden Zeilen nicht an Atheisten oder an Menschen gerichtet, die ein übernatürliches Wunder erlebt haben, sondern an gewöhnliche, geübte, gottesfürchtige Menschen: *Ich ermahne euch nun, Brüder und Schwestern, durch die Barmherzigkeit Gottes, dass ihr euren Leib hingebt als ein Opfer, das lebendig, heilig und Gott wohlgefällig sei. Das sei euer vernünftiger Gottesdienst. Und stellt euch nicht dieser Welt gleich, sondern ändert euch durch Erneuerung eures Sinnes, auf dass ihr prüfen könnt, was Gottes Wille ist, nämlich das Gute und Wohlgefällige und Vollkommene* (Röm 12,1f).

Das Sich-Erniedrigen des Verstandes vor Gott ist eine der Schlüsselfragen in der Praxis des kontemplativen Gebets. Die Erneuerung unseres Geistes verlangt von uns Demut, Selbstübergabe. Das ist das kritischste Moment im kontemplativen Gebet. Hier geht es um die freiwillige Beugung unseres herrschsüchtigen Verstandes.

Denn Dein ist das Reich

Während der Mensch die Schriftmeditation und das Bittgebet als eine Gebetsform erfährt, in der viel von seiner Auffassungsfähigkeit abhängt, so »wechseln wir bei der Kontemplation die Geschwindigkeit«: Die Betonung liegt ganz bei Gott. Der letzte Abschnitt des Vaterunsers wird nicht zufällig mit diesen Worten eröffnet: *Denn Dein ist das Reich.* Wer die Herrschaft Gottes betrachtet, der stellt alles andere, soweit es möglich und er dazu fähig ist, bewusst beiseite, damit die Herrschaft Gottes seinen Verstand so gut wie möglich durchdringen kann.[94]

Wer mit der Einstellung aufgewachsen ist, zuerst alles »verstehen« zu müssen, um etwas aufnehmen zu können, dem wird dieser Wechsel schwerfallen. Wer daran gewöhnt ist, alles selbst zu bestimmen (und wer ist das nicht?), dem wird die Übergabe der Steuerung seiner Gedanken erschreckend erscheinen. Vom Sicherheitsgefühl des Glaubens, »Wissen ist Macht«, bis hin zum Bewusstsein, »Erkenntnis bläht auf; jedoch die Liebe baut auf«, ist es ein langer Weg, auch wenn der rebellierende Verstand in uns ständig darum bemüht sein wird, die Steuerung beizubehalten oder wieder zurückzuerobern.

Doch dieser Weg ist notwendig, auch wenn er schwierig erscheint. Denn bei der Erkenntnis der letzten Wahrheit, nämlich Gott, hat der menschliche Verstand es mit jemandem zu tun, der ihn weit übersteigt. Deshalb braucht er eine andere Einstellung als bei der Erkenntnis von Dingen, die »geringer« sind als er. Bei der Gottesbeziehung ist das Subjekt unserer Erkenntnis unermesslich größer als die Auffassungsfähigkeit unseres Verstandes. Deshalb braucht es einen Wechsel, den ein Gebet des Apostels Paulus wunderschön beschreibt: *Deshalb beuge ich meine Knie vor dem Vater, von dem jedes Geschlecht im Himmel und auf Erden seinen Namen hat, dass er euch Kraft gebe … und die Liebe Christi erkennen könnt, die alle Erkenntnis übertrifft, damit ihr erfüllt werdet, bis ihr die ganze Fülle Gottes erlangt habt. … Amen (Eph 3,14–21).*

Hier ist nicht einfach von einer poetischen Übertreibung die Rede, die die Größe der Liebe spürbar machen will, sondern von Gottes Fülle, die in sich unerschöpflich ist. Paulus wünscht sich, dass die Gläubigen aus Ephesus die Liebe Christi erkennen mögen, die »alle Erkenntnis übertrifft«. Dazu muss der Verstand jedoch den »Raum« betreten, der für ihn »die Wolke des Nichtwissens«[95] ist, wie es die Christen der Antike und des Mittelalters nannten. Das Denken selbst ist nicht das Ziel des Erkenntnisvorgangs. Wie die Töne in der Musik dazu bestimmt sind, die Zuhörer zu einem musischen Erlebnis zu führen, so sind die Gedanken dazu bestimmt, den Menschen mit der Wirklichkeit zu verbinden.

Natürlich braucht es die rechte Zeit, Gott durch unsere Gedanken näherzukommen. Die Gedanken sind eine wichtige Hilfe in der Grundlegung unseres Glaubens. Das analytische und systemische Denken spielt beim Erkennen grundlegender Zusammenhänge eine wichtige Rolle. Doch wie der Kommunikationsprozess seinen Zweck nur dann erfüllt, wenn er »das Feld« der vermittelten Wirklichkeit »überlässt«, so erfüllt auch unser Verstand seinen Zweck nur, wenn er an einem Punkt über die Gedanken hinausgeht und die Steuerung Gott überlässt.

Gregor von Nazianz betete im 4. Jahrhundert in diesem Sinne: *Du, der Über-Alles, welchen Namen soll ich dir geben?*[96]

Die Alten hielten daran fest, dass wir unser Beharren auf das Verstehen aufgeben müssen, um Gott kennenzulernen. Viel später hob Pascal, einer der größten Denker des 17. Jahrhunderts, hervor, dass die Vernunft dort beginnt, wo die Grenzen des Wissens akzeptiert werden. Bei der Erkenntnis, die »alles übersteigt«, ist unser auf Erklärungen beharrender Verstand zum Unwissen verurteilt, Gott offenbart jedoch von Zeit zu Zeit dem sich ihm beugenden und ehrerbietigen Geist seine Gnade und Fülle: *Gott widersteht den Hochmütigen, aber den Demütigen gibt er Gnade* (Jak 4,6).

Die Bewegung des Geistes, die sich Gott mit Achtung nähert und bekennt: *Dein ist das Reich,* ist daher eine sinnvolle und wesentliche Handlung.

Urversuchung: Vertrauen auf Gott oder Kenntnis von Gut und Böse

Nach dem Buch Genesis wurde der Mensch für eine Vertrauensbeziehung geschaffen. Gott erschuf einen Garten, in dessen Mitte der Baum des Lebens stand, er stellte den Menschen in diesen Garten, damit er ständig an diesem Leben teilhaben konnte. Es gab nur eine einzige Bedingung: das Vertrauen des Menschen auf Gott. Gott bestimmte, was für den Menschen gut oder schlecht war, und er teilte dem Menschen mit, was er tun dürfe und was nicht. Gott allein trug die Last des Risikos der Entscheidungen. Der Mensch musste nicht über die Folgen rätseln. Seine Aufgabe war es, sich ganz auf Gott zu verlassen, um in Sicherheit leben zu können. Das Vertrauen genügte zum Leben.

Diese Beziehung ist mit der idyllischen Beziehung zwischen einem Kleinkind und seinem Vater vergleichbar. Solange das Kind an der Hand des Vaters watschelt, braucht es sich wegen seines Nichtwissens keine Sorgen zu machen. Es achtet nur darauf, dass es beim Vater bleibt. Es vertraut mehr auf das Wissen seines Vaters als auf sein eigenes. Das Kind überlegt sich nicht, welche Vor- oder Nachteile es haben könnte, wenn es schneller oder langsamer gehen würde, und grübelt nicht über die Gründe und eventuellen Folgen seiner Entscheidung. Es versucht nur, in der Nähe seines Vaters zu bleiben, egal was passiert, und so gut wie möglich die Schrittgeschwindigkeit des Vaters beizubehalten. Obwohl dieses Vertrauen missbraucht werden kann, ist es doch die natürliche Grundverfassung des Kindes.

Gott schuf den Menschen für eine urvertrauliche Beziehung, die von Vertrauen zu Vertrauen wächst. In der ursprünglichen Ordnung Gottes stand im Herzstück des menschlichen Lebensbereichs der Baum des Lebens, der Baum des Vertrauens. Jeder, der auf Gott vertraute, konnte unbefangen davon essen.

Die Frage der Schlange, *Hat Gott wirklich gesagt …?* (Gen 3,1), setzte dem Menschen einen Floh ins Ohr. Der Mensch begann (und fängt auch heute an) daran zu zweifeln, ob sich denn seine Abhängigkeit von Gott wirklich lohnt. Adam und Eva begannen zuerst mit dem Gedanken zu spielen, was denn wohl wäre, wenn die Schlange Recht hätte und wenn es ihnen außerhalb des Willens Gottes besser ergehen würde. Vielleicht könnten sie sogar werden wie Gott. Diese Neugier führte sie vom Baum des Lebens zum Baum der Erkenntnis von Gut und Böse (vgl. Gen 2,8–17).

In der Urversuchung erschüttert der Versucher das Vertrauen des Menschen in Gott und bietet das Wissen anstelle des Gottvertrauens. Die satanische Funktion des Wissens besteht darin, dass es die sicherheits- und identitätsstiftende Rolle Gottes übernimmt. Von diesem Moment an hängt für den Menschen alles nur von seinem eigenen Wissen und nicht von Gott ab. Das Wissen wird zum Ersatz des Vertrauens. Im Zentrum des von Gott entrissenen Menschen steht der Wissenserwerb. Hiervon erhofft er sich sein Wohlergehen. Doch diese »autonome« Denkweise ist sorgenvoll und zwanghaft. Solange der Mensch auf Gott vertraute, stützte er sich auf das Wissen Gottes, und seine Gedanken waren frei für die schöpferische Tätigkeit und die Liebe. Als er sein Gottvertrauen verlor, wurde das Wissen zu einer unverzichtbaren, lebenserhaltenden Stütze.[97]

Seither suggeriert uns der Versucher, anstelle von »ich vertraue, also bin ich« (d. h. »ich lebe in Beziehung, also bin ich«) zu sagen: »Ich denke, also bin ich«. Wenn es niemanden mehr gibt, dem ich vertrauen kann, dann lasst mich wenigstens meinem eigenen Verstand vertrauen. Der Teufel weiß genau, dass der Mensch, der sein Vertrauen verliert, alles verliert. Deswegen will er uns glauben machen, dass das Gottvertrauen schlecht ist und wir doch besser unserem eigenen Wissen vertrauen sollten. Die Einflüsterung, fähig zu sein, gut (oder überhaupt) ohne Gott zu leben, ist eine böse Täuschung. Sie ist die größte Lüge der Menschheit. Ohne Vertrauen gibt es kein Leben. Das Wissen gibt kein Leben. Der einzige Faden, der uns mit der Lebenskraft verbindet, ist das Vertrauen.[98]

Einige hundert Meter von unserem Zuhause entfernt liegt ein Sportflugplatz. Jede Woche sehen wir, wie die Motorflugzeuge anmutige Segelflieger in den blauen Himmel hinaufziehen. Die leichten Maschinen erheben sich in die Höhe und werden zwischen den Wolken ausgeklinkt. Von hier aus gleiten sie selbständig, ziehen weite Kreise, lassen sich immer weiter nieder, bis sie schließlich landen. Vom Vertrauen zum Wissen zu wechseln ist wie der Flug der Segelflieger, die sich vom Motorflugzeug ausgeklinkt haben und nun auf eigener Bahn gleiten. Die Bewegungsenergie des Menschen, der sich weigert, Gott zu vertrauen, nimmt zunehmend ab. Sobald seine Beziehung mit Gott verschwindet, bleibt er allein. Wenn er schnell ist, kann er noch einige Kunststücke vorführen, doch von seinem Anfangsschwung bleibt immer weniger übrig. Die Landung ist nur eine Frage der Zeit.

Die Mitte wieder in der Mitte

Die Erlösungsgeschichte ist die Geschichte der Wiederherstellung des Vertrauens. Gott hat im Garten Eden versprochen, uns einen Erlöser zu schicken. Jesus lebte auf dieser Erde in einer Beziehung des Urvertrauens zum Vater. *Denn ich bin nicht vom Himmel herabgekommen, um meinen Willen zu tun, sondern den Willen dessen, der mich gesandt hat* (Joh 6,38), sagte er zu seinen Jüngern. Selbst um den Preis seines Lebens blieb er seiner Gewohnheit treu, den Willen des Vaters zu wählen*: Mein Vater, wenn es möglich ist, gehe dieser Kelch an mir vorüber. Aber nicht wie ich will, sondern wie du willst* (Mt 26,39).

Jesus ruft uns in diese vertrauensvolle Beziehung hinein. Sie stellt den Originalzustand wieder her, für den wir erschaffen worden sind, in dem der Bezugspunkt unseres Lebensraums das Vertrauen ist. Mit diesem Vertrauen können wir wirklich wir selbst sein. Im Wirkungskreis des Vertrauens stellt das Wissen weder Ziel noch Maß, sondern lediglich ein Werkzeug des Lebens dar. Im Zentrum des wiederhergestellten Lebens steht also nicht mehr der Baum der Erkenntnis, sondern der Baum des Lebens: *Und er zeigte mir einen Strom von Wasser des Lebens, glänzend wie Kristall, der hervorging aus dem Thron Gottes und des Lammes. In der Mitte ihrer Straße und des Stromes, diesseits und jenseits, war der Baum des Lebens, der zwölfmal Früchte trägt und jeden Monat seine Frucht gibt; und die Blätter des Baumes sind zur Heilung der Nationen (Offb 22,1–5).*

Wer mit Jesus lebt, tritt mit Jesus zusammen auf den »Kopf der Schlange«, in ihm wird das Vertrauen wiederhergestellt und der Weg zum Baum des Lebens öffnet sich erneut. Eines Tages kommt das, was in die Mitte gehört, erneut und endgültig in die Mitte. *Wer überwindet, dem will ich zu essen geben von dem Baum des Lebens, der in der Mitte des Paradieses Gottes ist* (Offb 2,7).

Die Einstellung zu unseren Gedanken im kontemplativen Gebet

Im kontemplativen Gebet kehrt der Intellekt zum Vertrauen zurück. Das wird zu einem Wirkungsbereich. Im Urteil über das, was gut und was schlecht ist, verlässt sich der Mensch ganz auf Gott und unterstellt sich seinem Urteil. Er fällt keine Entscheidungen nach eigenem Gutdünken und versucht auch nicht, den Unterschied zwischen Gut und Böse zu erkennen –auf der Grundlage dessen, was angenehm oder schmerzlich ist –, sondern achtet darauf, hier und jetzt bei Gott zu sein. Er baut nicht auf sich selbst, sondern auf Gott.

In der Betrachtung überlässt sich der Mensch Gott wie ein Boot dem See. Das intakte Boot wird vom Wasser genauso getragen, wie Gott uns trägt, solange wir uns auf ihn verlassen. Sobald wir uns jedoch auf unser eigenes Verständnis stützen, werden unsere Gebete von unseren Gedanken überwältigt, und wir werden wie ein Boot, das leckt. Unser Vertrauen bricht. Wir fangen an zu sinken.

Um Missverständnisse zu vermeiden, will ich hier betonen, dass das Denken unsere von Gott übertragene Verantwortung ist. Das Problem besteht nicht darin, dass wir denken, sondern dass wir unserem Denken mehr vertrauen als Gott. Der Betrachtende hingegen geht von Zeit zu Zeit über seine Gedanken hinaus, um sich mit seinem innersten Wesen an Gott zu wenden und sein ganzes Vertrauen auf ihn zu setzen.

Ich erinnere mich noch lebhaft an den Morgen, als ich zum ersten Mal erkannte, wie leicht das Denken zu einem Ersatz für das Vertrauen werden kann. In der Stille des Morgens wurde mir plötzlich bewusst, dass ich lange Zeit einen – biblisch formuliert – »leiblichen« Gebetsstil pflegte. Ich stellte fest, dass meine Gedanken nicht von selbst »abschweiften«, sondern dass der Grund darin lag, dass ich mich mehr auf mich selbst verließ als auf Gott. Die Zeit, die ich mit Gott hätte verbringen können, verbrachte ich nicht nur deshalb nicht mit Gott, weil meine Gedanken »abschweiften« und ich nichts anderes hätte tun können, sondern auch, weil ich mich mehr auf die Prozesse verließ, die meine Gedanken produzierten, als auf die Impulse, Geistesblitze und Führung Gottes. Ich verbrachte also deshalb so viel Zeit mit dem Denken und weniger mit der Öffnung vor und für Gott, weil mir der mentale Weg sicherer zu sein schien. Mir wurde bewusst, dass das übermäßig vom Denken geprägte Leben eine Art mentale Rebellion ist. Zuvor hatte ich das noch nie so erkannt.

Um uns in unserem Gebet Gott ganz überlassen zu können, müssen wir alles loswerden, was uns an etwas anderes bindet, sogar unsere Gedanken. Wir tun das, um ganz bei Gott, allein mit ihm sein zu können. Deshalb ist das Loslassen eines der wiederkehrenden Elemente bei den Ratschlägen von Bruder Lorenz: *Und schließlich können wir Gott kein größeres Zeugnis unserer Treue geben, als wenn wir immer wieder auf alles Geschaffene verzichten und es gering achten, um uns einen Augenblick des Umgangs mit dem Schöpfer zu erfreuen.*[99] *... So verzichtete ich ... aus Liebe zu Ihm auf alles, was nicht Er ist, und begann so zu leben, als ob es auf der Welt nichts außer Ihm und mir gäbe.*[100]

In einer intimen menschlichen Beziehung gibt es Bedürfnisse und Gedanken, die zwar real sind, aber nicht zu bestimmten intimen Momenten passen, weshalb wir in jenen Momenten von ihnen ablassen. Stellen wir uns vor, welche Wirkung ein Diskurs des einen Partners über die steigenden Buspreise auf das intime Beisammensein eines Liebespaars hätte. Genauso wäre es, wenn wir in unserem Beisammensein mit Gott ständig unsere Gedanken hervorholen würden. Damit würden wir die Intimität aus unserer Beziehung vertreiben.

Wie sollen wir mit unseren Gedanken umgehen?

Die meisten Menschen reagieren auf die Überfülle von Gedanken auf zwei gegensätzliche Weisen. Entweder tauchen wir in unsere Gedanken ein und verhätscheln sie oder wir versuchen, sie einzustellen. Die Lehrer des kontemplativen Gebetes weisen oft darauf hin, dass beide Reaktionen Sackgassen sind.

Die erste ist die wohl häufigere Verhaltensweise. Wenn Menschen von Plänen, Möglichkeiten und Aufgaben bedrängt werden, greifen sie zur Kontrolle zurück. Unser Verstand will Ordnung unter ihnen herstellen. Er greift jene auf, die für ihn unterhaltend oder nützlich sind, und nimmt sie auseinander, klassifiziert und gruppiert sie.

Während diese Tätigkeit in vielen Lebenssituationen ein sehr nützliches Geschenk ist, wirkt sie im kontemplativen Gebet kontraproduktiv. Verwickeln wir uns in unsere Gedanken, achten wir nur noch auf uns selbst. Sobald wir anfangen, uns mit unseren Gedanken zu beschäftigen, haben wir die Kontemplation schon verlassen. Unser Gebet ist dann nichts mehr als Denken. So inspirierend oder lehrreich unsere Beobachtungen und Einsichten auch sein mögen, halten sie uns vom kontemplativen Gebet ab.

Neben der Vertiefung in unsere Gedanken ist die andere Hauptreaktion der Versuch, sie wieder loszuwerden. Wir versuchen, sie zu vertreiben oder geradewegs auszumerzen. Diese Entleerung ist wie das Wegschütten des verbrauchten Wassers aus der Wanne. Aber diese Verfahrensweise führt uns nicht zu Gott. Jeder, der gegen seine Gedanken ankämpft, produziert in seinem Geist noch mehr Gedanken und verstärkt die Selbstbezogenheit anstelle des Selbstbewusstseins.

Die richtige Einstellung zu den Gedanken im kontemplativen Gebet ist, sie weder zu nähren noch zu unterdrücken. Wir behandeln sie behutsam: Weder verweilen wir bei ihnen, noch bekämpfen wir sie. Wir wenden uns Gott zu. Diese einerseits konsequente, andererseits sanfte Rückkehr zu Gott verleiht der kontemplativen Einstellung ihre Eigenheit, nämlich die Bereitschaft, für Gott alles hinter sich zu lassen, was geringer ist als Gott.

Wortlos schaut die Seele Gott, sie beschäftigt sich allein mit seiner Betrachtung, nur mit ihrem Blick drückt sie ihm aus, dass sie ihn liebt: im vollkommenen Schweigen der Zunge und der Gedanken.[101]

Der fruchtbare Verstand

Sobald der Geist sich vor Gott verneigt, erfüllt er seinen Zweck wie niemals zuvor in der Zeit seiner »Unabhängigkeit«. In der Hingabe an Gott blüht der Geist auf.

In seinen Schriften legte Michael Polanyi, ein ungarischstämmiger Wissenschaftler des letzten Jahrhunderts, dar, dass der Verstand im Zuge der wissenschaftlichen Erkenntnis neue Zusammenhänge oft gerade in einem nichtanalytischen Modus erkennt. Herausragende Einsichten entstehen, wenn Wissenschaftlern plötzlich eine Idee »kommt« oder sie einen Zusammenhang »erahnen«. Bedeutsamen Entdeckungen geht oft ein intuitives Vorgefühl voraus, und das Bild setzt sich gerade im Ruhezustand des Geistes zusammen. Die Wissenschaftler erforschen gewissenhaft ihr Thema und stecken harte Arbeit hinein – aber die Entdeckung ergibt sich in vielen Fällen ganz unerwartet. Polanyi schuf für das in der Welt der Kausalzusammenhänge schwer interpretierbare Phänomen des Verstehens einen neuen Begriff: Er nannte diese Fähigkeit das implizite Wissen (»the tacit dimension«) des Intellekts, mit dem der Mensch wesentlich die inneren Zusammenhänge der Dinge wahrnimmt.[102]

Eine solche Entäußerung des Geistes und ein solches Überantworten des Verstandes meinte Jesus, als er den Jüngern bedrohliche Verhöre ankündigte. Wir könnten meinen, dass gerade in solchen Situationen die fiebrige Aktivität des Geistes notwendig wäre. Heute wird in Kursen gelehrt, wie sich der weitsichtige Mensch auf Treffen vorbereitet, wie er die verschiedenen Szenarien zum Beispiel bei Bewerbungsgesprächen durchdenken kann, deren Interviews von weitaus kleinerer Tragweite sind.

Jesus ermutigt seine Jünger jedoch, eher auf Gott zu vertrauen als auf ihren eigenen Verstand. Franz Jalics zeigt folgendermaßen auf die Botschaft dieser Geschichte: *Im Markusevangelium finden wir eine klare Aussage für die radikale Leere der Gedanken: »Und wenn man euch abführt und vor Gericht stellt, dann macht euch nicht im Voraus Sorgen, was ihr sagen sollt; sondern was euch in jener Stunde eingegeben wird, das sagt! Denn nicht ihr werdet dann reden, sondern der Heilige Geist« (Mk 13,11). Der Angeklagte soll ganz leer werden. Er soll nicht Sicherheit in seiner Beredsamkeit, in seinen Beweisgründen oder Anwälten suchen. Der Heilige Geist wird aus ihm sprechen. Wenn er Anwälte sucht oder überlegt, mit welchen Argumenten er sich verteidigen kann, wird nur er selbst sprechen, aber nicht der Heilige Geist.*[103]

Der Apostel Paulus bittet in seinem Gebet darum, dass die Epheser die Liebe Christi erkennen mögen, die alle Erkenntnis übersteigt. Das ist auch nur mit einer permissiven Einstellung möglich. Die Liebe Christi, die alles Begreifbare übersteigt (zumindest auf der begrifflichen Ebene des Wissens), kann nur erkannt werden, indem wir die ganze Fülle Gottes erlangen (vgl. Eph 3,14–21). Das heißt, wenn sich die Vernunft öffnet und sich vor der Liebe Gottes verbeugt, die alle Erkenntnis übersteigt. Genau das ist die Haltung bei der Kontemplation.

Vorbereitung auf die Zukunft

In der Ewigkeit werden wir unentwegt die unmittelbare Nähe Gottes schauen. Obwohl Gott sich uns auch hier schon gelegentlich zeigt, gehen diese eher seltenen und flüchtigen Momente dort in ein ewiges Schauen über. Alle Gedanken und Erklärungen geraten dann in den Hintergrund, und mit voller Hingabe und Anbetung werden wir mit dem Psalmisten sprechen: *Wen habe ich im Himmel außer dir? Neben dir erfreut mich nichts auf Erden* (Ps 73,25).

Im kontemplativen Gebet bereiten wir uns auf dieses ununterbrochene Schauen der Gegenwart Gottes vor. Was gerade geschieht, ist die Generalprobe. Deshalb ist es gut, Zeiten festzulegen, die nur dafür bestimmt sind, uns allein Gott zu überlassen. Von Zeit zu Zeit ist es gut, das kontemplative Gebet zu üben, wenn auch nicht endlos und auch nicht so kontinuierlich wie im Himmel, da sonst unsere Endlichkeit daran zerbrechen würde. Wenn wir das kontemplative Gebet regelmäßig pflegen, kann unsere kontemplative Haltung zu einer Lebensgewohnheit werden. Wenn wir von 24 Stunden des Tages nur eine halbe Stunde in der Kontemplation verbringen, dann wird unser Geist sich in den restlichen Stunden des Tages besser der Wirklichkeit Gottes anpassen.

Das kontemplative Gebet ist kein Ersatz für andere Gebetsformen, wir brauchen jedoch Zeiträume, in denen wir uns Gott ganz überlassen. Die Verneigung unseres Geistes ist Teil unseres Gottesdienstes. Dazu braucht es keine besonderen Fähigkeiten oder ausgeklügelten Methoden, sondern nur die Anerkennung: »Denn Dein ist das Reich!« Und alles, was ich bin und was mich umgibt, ist dein, oh Gott. Mit den Worten von Bruder Lorenz: *Man sucht nach Methoden, um Gott lieben zu lernen. Man möchte mit was weiß ich wie vielen verschiedenen Praktiken dahin gelangen. Man plagt sich sehr mit einer Menge Dinge, um in der Gegenwart Gottes zu verweilen. Ist es nicht viel kürzer und direkter, alles aus Liebe zu Gott zu machen, … um Ihm diese Liebe zu zeigen und Seine Gegenwart in uns durch diesen Austausch des Herzens mit Ihm zu bewahren? Es bedarf keiner ausgeklügelten Methode dazu, man braucht nur ganz einfach und geradewegs zu Ihm zu kommen.*[104]

10. Über die Empfindungen hinaus: *Dein ist die Kraft*

In der Betrachtung des Gebets als Kontemplation erahnten wir etwas davon, was im Gebet Jesu die Aussage »Denn Dein ist das Reich« wohl bedeuten könnte. Besonders im Hinblick auf unseren Verstand. Jetzt wollen wir einen Blick darauf werfen, was der Ausdruck »Dein ist die Kraft« besagen könnte. In diesem Kapitel werden wir unser Gefühlsleben unter die Lupe nehmen und untersuchen, wie wir in der Gegenwart Gottes mit unseren Emotionen umgehen sollen, was wir im kontemplativen Gebet mit unseren vorhandenen oder fehlenden Zuneigungen anfangen sollen.[105]

Der Wille: die Verlängerung eines Affekts

Nach Jonathan Edwards, einem der besten Theologen des 18. Jahrhunderts, stellt der Wille einen verlängerten »Affekt« dar.[106] Dabei sei der Wille nicht mit dem Affekt gleichzusetzen, doch baue der Wille größtenteils auf Affekte. Deshalb sei es wichtig, unsere Gefühlswelt ernst zu nehmen.

Wenn wir uns zu einer Person, einem Wert oder einer Gelegenheit hingezogen fühlen, dann erwacht in uns die Bereitschaft, Schritte zu unternehmen und keine Mühen zu scheuen, diesen näherzukommen. Diese Bereitschaft wird durch die Zuneigung angetrieben. Wenn wir *nur* Zuneigung in uns finden und sich keine entgegengesetzten Gefühle in uns regen, dann entsteht in uns der zustimmende Wille.

Das Gleiche gilt für negative Impulse: Wenn wir einer Sache oder Person gegenüber Abneigung empfinden, dann versuchen wir Abstand zu gewinnen. In den meisten Fällen erscheinen die abstoßenden wie auch zustimmenden Gefühle nicht »in Reinform«, sondern in einer Mischform. Die Zunge der Waage tendiert jedoch schließlich entweder in Richtung Anziehung oder Abstoßung, und der Wille folgt dieser Richtung.

Unsere Gefühle werden oft von rationalen Argumenten verdeckt – vor allem von jenen, die wir für »objektiv« erachten –, obwohl sich unter oder neben dem Intellekt immer auch Gefühle verstecken.

Unterschätzen wir nicht die Rolle der Erlebnisse und der Gefühle, weder im Alltag noch im Gebet. In unseren Emotionen entscheidet sich, wen wir nah an uns heranlassen – und das gilt auch für Gott. Unsere Gemütsbewegungen bestimmen, wie sehr wir uns an Gott herantrauen oder wie sehr wir ihn von uns fernhalten. Es ist auch möglich, dass der Mensch trotz aller Verluste und Risiken seine Emotionen überwindet, bestimmte Entscheidungen trifft und dadurch fähig wird, wagemutige Unternehmungen und Schritte im Glauben für Gott zu tun, auch wenn die Baumaterialien des Willens in diesem Fall dieselben anziehenden oder abstoßenden Gemütsbewegungen sind.

Gottes Kraft unterworfen

In unserer Gottesbeziehung wie auch in unserem Gebetsleben ist die Ausbildung der Gefühle von großer Bedeutung. Wenn wir im Vaterunser *Dein ist die Kraft* in uns widerhallen lassen, dann erkennen wir damit an, dass wir Gott gehören und nicht nur uns selbst. Wir sind dann nicht wie Nachrichtensprecher, die objektiv und gefühllos über die Besetzung eines fernen Landes berichten, sondern sprechen wie Menschen, die selbst betroffen sind. *Dein ist die Kraft* ist keine bloße Aussage mehr über Gott, sondern auch über uns selbst, wir erkennen nicht nur die Souveränität Gottes an, sondern erklären auch, dass wir uns seiner Macht unterworfen haben. Unser Wille passt sich seinem Willen an. Wenn wir so handeln, bewegen wir uns bereits auf unserer Gefühlsebene.

Solche Verneigung unseres Seins und unseres Willens erfordert großes Vertrauen. Dieses Vertrauen baut auf unseren früheren Erfahrungen auf: Wenn wir jahrzehntelang gelernt haben, als unabhängige Wesen zu leben und zu fühlen, wie Menschen, die nur in sich selbst sicher und zu Hause sind – erst recht, wenn sie gute Gründe haben, misstrauisch zu sein –, dann wird es schwierig mit der Machtübergabe.

Dass die persönliche Erfahrung der Selbstüberlassung und des Gebets eine wechselseitige Wirkung aufeinander hat, verstand ich erst nach meiner zweiten Herzoperation. In den Wochen vor der Operation bereitete ich mich so vor, dass ich in der Zeit der Rehabilitation viel beten würde. Ich wollte diese Wochen im Krankenhaus wie Exerzitien verbringen, wo ich lange, zusammenhängende Zeiten mit Gott verbringen könnte. Das war mein Plan.

Meine Herzoperation verlief erfolgreich. Es war eine wunderbare Erfahrung, eine der entscheidenden positiven Erfahrungen meines Lebens. Dank meiner geliebten Frau, meiner Freunde und meines Herzspezialisten Professor Lajos Papp fühlte ich mich sicher und umsorgt. Ich wusste, dass ich menschlich gesehen in guten Händen war. Es war leicht, mich anderen anzuvertrauen. Aus medizinischer Sicht war die Operation sehr erfolgreich. Zur Nachbehandlung wurde ich in ein Krankenhaus verlegt, das eine ständig geöffnete Kapelle hatte. Alles war bereit, die Exerzitien konnten beginnen. Aber mit einem hatte ich nicht gerechnet. Als ich nach der Operation zu mir kam, sah ich meine Frau und meine Kinder wieder, der betäubende Effekt der Narkose begann nachzulassen und der erste stille Tag begann. In der Kapelle des Krankenhauses wandte ich mich Gott zu – aber es schien mir, als ob Gott nicht zu finden wäre. Nirgendwo. Ich konnte ihn als einen Gedanken in mir hervorrufen und zweifelte nicht daran, ihm treu sein zu wollen. Doch Gott blieb nur ein bloßer Gedanke, der kein »Innenleben« hatte. Mit meinem Konzept von Gott verbanden sich weder negative noch positive Gefühle.

Es war seltsam, dass ich auch keine Dumpfheit in mir spürte. Ich war weder benommen noch lustlos. Dennoch war es, als ob ich zu einer Ausstellung gegangen wäre, um außergewöhnliche Gemälde zu bewundern, und mich in der Ausstellungshalle eine riesige, dicke graue Wand erwartet hätte, durch die man nichts sehen konnte. Nicht, dass ich *nicht* beten *wollte* oder dass ich vergessen hätte, wer Gott sei. Vielmehr spürte ich, dass meine Gefühle gehemmt waren. Ich fühlte mich genauso gefühllos gegenüber Gott wie ein narkotisierter Zahn bei einer zahnärztlichen Behandlung.

In den ersten Tagen dachte ich, es sei nur eine vorübergehende Sache, vielleicht eine Nachwirkung der Narkose. Möglicherweise kam das durch einen Schock oder eine Persönlichkeitsveränderung, von der bei Herzoperationen gesprochen wird. Aber die Wochen vergingen, ich ging jeden Tag in die Kapelle und die Situation änderte sich nicht. Es war eine schreckliche und frustrierende Erfahrung: Es gab einfach nichts an Gottes Stelle. Ich empfand eine unaussprechliche Enttäuschung. Noch Monate später schien es mir, als sei die einfache Übung der Gegenwart Gottes, die ich vorher kannte, als ich zu ihm sagte: »Hier bin ich, Herr«, verschwunden. Ich konnte noch nicht mal Bruchstücke der geistlichen Bewegung der Selbsthingabe und Selbstüberlassung in mir erkennen.

Dieser Zustand dauerte fast ein Jahr lang. Am ersten Jahrestag meiner Herzoperation half mir sehr ein Gespräch mit Professor Papp. Es tat ihm sichtlich leid, dass er während der Herzoperation, als Chirurg, gewaltsam in den menschlichen Körper eingreifen musste und damit beim Patienten ein großes Trauma auslöste. Wenn der Herzchirurg das Herz stilllegt und abkühlt, erzeugt er damit einen partiellen Todeszustand. Damit tut er dem Herzen Gewalt an, auch wenn das eine lebensrettende Gewalttat ist. Das Gehirn, das während der Operation bis zum Ende funktioniert, registriert diesen Eingriff wie einen schrecklichen Schock und versucht ihn irgendwie aufzuarbeiten. Mit teilweisem Erfolg. Denn was geschieht, ist ganz und gar nicht lebensecht.

Dann dämmerte es mir, warum ich so lange nicht beten konnte wie bisher. Der Grund dafür ist der gleiche, aus dem es Menschen, denen Gewalt angetan wurde, schwerfällt, sich *freiwillig* zu öffnen. Menschen, die Grausamkeiten eines Krieges, sexuellen oder körperlichen Missbrauch oder einen schweren Unfall erlitten haben, fällt es oft jahrelang schwer, an den Tatort zurückzukehren, weil sie dort in einen Zustand geraten sind, in dem ihr innerstes Wesen verletzt wurde. Ihr Selbst geriet an die äußerste Grenze von Existenz und Zerstörung.

Das Gleiche erlebte ich auf dem Operationstisch. Die Ärzte drangen ins Zentrum meines Seins, in mein Herz, ein und schalteten es ab. Kein Wunder, dass ich mich so lange nicht an diesen »Ort«, nämlich in den Zustand des totalen Ausgeliefertseins, zurückwagen konnte. Ich wollte nicht, vor allem nicht freiwillig, an einem Ort sein, wo jemand anders eine absolute Macht über mich hatte, wo mein Dasein fast zerstört wurde. Das kontemplative Gebet ist jedoch ein Zustand des Ausgeliefertseins und der Hingabe an Gott.

Viele Monate hindurch zähmte Gott mich wieder zu sich zurück. Ich konnte diesen Prozess in mir nicht wirklich selbst verfolgen, aber ich akzeptierte allmählich, dass die Flammen des »Feuers« die Flammen der Liebe waren. Um es genauer auszudrücken: »Ich ließ es zu.« Dazu brauchte ich Zeit. Vergeblich sagte ich mit meinem Verstand und meinem Willen: »Ich bin hier, Herr«, für eine lange Zeit war ich emotional gesehen unfähig, mich ihm zu überlassen oder ihn nahe an mich heranzulassen. Was ich kognitiv wünschte, leugnete ich emotional auf einer tieferen Ebene. Erst nach langer Zeit wagte ich mich wieder in Gottes Nähe, dem alle Macht gehört, und konnte wieder von ganzem Herzen, nicht nur mit meinem Verstand und Willen, sondern auch mit meinen Gefühlen sagen: »Hier bin ich, verfüge Du über mich.«

All das erwähne ich, weil die Übung des kontemplativen Gebets weitgehend von unseren früheren Erfahrungen beeinflusst wird. Wenn wir im Laufe unseres Lebens bei unserer Abhängigkeit von anderen Menschen viele negative Erfahrungen gemacht haben, dann werden wir uns auch Gott gegenüber nur mir Vorbehalt nähern. Vergeblich bekennt unser Glaube, dass es »gut« sei, zu gehorchen, wenn unsere Gefühle Alarm schlagen. Wenn Erfahrungen und Überzeugungen in jemandem kollidieren, wird sich der Betreffende höchstwahrscheinlich auf seine Erfahrung verlassen.

Die mystische Erfahrung als Weg der Glaubenslehre

Gott weiß, wie sehr wir in unserer Gottesbeziehung die Entwicklung anderer Gefühle brauchen als die, die sich in unserem bisherigen Erfahrungsschatz befinden. Die Veränderung unserer Gefühlswelt ist ein wichtiger Teil unseres Wachstums im Glauben und im Gebetsleben.

Was bedeutet es, durch den Glauben zu leben? Der Glaube ist die Bejahung einer Wirklichkeit, die tiefer wurzelt als die oberflächlichen Gefühle und Erfahrungen. Er wendet sich also nicht gegen die Wahrheit, die wir kennen, sondern stützt sich auf ein tieferes Fundament. Diese tiefere Erfahrung müssen wir nicht oft machen, jedoch sollten wir sie einmal gemacht haben. Die Offenbarung und Bestärkung durch den Heiligen Geist ist eine solche Erfahrung. Auch wenn viele meinen, dass der Glaube die Gefühle überflüssig macht, so können wir nur deswegen so konsequent an dem festhalten, was wir »im Glauben« bejahen, weil sich eine solche innere, wenn man so will, subjektive Bestärkung dazugesellt.

Als gläubige Menschen entscheiden wir oft kraft unseres Glaubens, wie sehr wir auf unsere »sinnliche« Oberfläche oder auf unsere tieferen »spirituellen« Erfahrungen hören wollen. Wir brauchen den Glauben, weil uns das Wesen der tieferen Wirklichkeit oft in eine andere Richtung ruft als die »Welt« der alltäglichen Erfahrung. Beide Arten unserer Erfahrungen stützen sich auf unsere persönlichen Erlebnisse.

Das Problem wird niemals durch die Bejahung der Erfahrungen, sondern durch die »Erfahrungssucht« verursacht. Das heißt, wir stützen uns auf sinnliche, schnelle, kraftvolle Erfahrungen und Bestätigungen an der Oberfläche. Wir folgen dem Weg, von dem wir wissen, dass er der rechte ist, so lange nicht, bis wir durch eine neue Erfahrung bestätigt werden. Das ist die Erlebnisfalle, genauer gesagt, die Falle des Beharrens auf sinnliche Erlebnisse.

Erfahrungen in unserer Gottesbeziehung sind sehr wichtig. Ob wir uns dessen bewusst sind oder nicht, auch hier haben unsere Erfahrungen einen starken Einfluss auf uns. Auf dem Weg in die völlige Gottzentriertheit brauchen wir die Erfahrungen der Realität.

Gott führt uns manchmal durch Erfahrungen tiefer in die Gemeinschaft, die er mit uns lebt. Es gibt viele biblische Beispiele, in denen die Mauern des Zweifels, der Vorurteile oder des Protestes durch eine Vision oder ein Wunder zusammenbrechen. Im Hintergrund vieler geschichtsprägender Ereignisse steht eine göttliche Berührung. Denken wir an den Apostel Petrus, der anfangs nicht bereit war, das von Gott erhaltene geistliche Erbe des jüdischen Volkes mit anderen zu teilen. Drei Jahre lang zog er mit Jesus umher und zögerte dennoch, den Söhnen und Töchtern anderer Völker das Evangelium Jesu zu verkünden.

Gott veränderte Petrus' Gefühle durch eine einzige Vision: Einmal sah Petrus unreine Tiere auf einem ausgespannten Leinentuch, die ihn anwiderten, da es ihm als Jude unmöglich schien, sie zu berühren. Die Stimme, die zu Petrus sprach, forderte ihn unmissverständlich dazu auf, von diesen Tieren zu essen. Wir müssen verstehen, dass dieses Ereignis für Petrus eine absolute Absurdität darstellte, die ganz im Gegensatz zu seiner Gefühlswelt und zu seinen Werten stand, in denen er als Kind und Jugendlicher aufgewachsen war. Aber Petrus wusste, dass Gott ihn jetzt rief, und trat aus seiner gewohnten Komfortzone heraus. Und er gehorchte.

Dieses Erlebnis führte Petrus zu einer radikalen Entscheidung, die sich dann auf sein ganzes Leben auswirkte. Er wandte sich gegen eine tausendjährige negative Diskriminierung und unternahm es, den Aufruf Jesu auch Nichtjuden zu verkünden. Er akzeptierte die Reinheit der Heiden vor Gott und dass sie deshalb auch für ihn, als Juden, rein sein konnten.

Die Erfahrung der Beziehung zu Jesus war auch in anderen Bereichen ein solch entscheidender Faktor für Petrus, dass er in seinen Briefen auf die persönliche Gotteserfahrung seiner Leser baute. Wenn Petrus sich darauf berief, dass die Leser »Anteil an der göttlichen Natur erhalten haben«[107], so ging er von ihrem Erfahrungsschatz aus. Wenn sie keine persönliche Erfahrung gemacht hätten, dann hätten sie Petrus nicht verstehen können.

Gegenstand der nächsten Zeilen ist ebenfalls die persönliche Erfahrung: Petrus schreibt über unaussprechliche und von Herrlichkeit erfüllte Freude in der Annahme, dass seine Leser dies auch persönlich erlebt haben: *Ihn [Jesus] habt ihr nicht gesehen und dennoch liebt ihr ihn; ihr seht ihn auch jetzt nicht; aber ihr glaubt an ihn und jubelt in unaussprechlicher und von Herrlichkeit erfüllter Freude, da ihr das Ziel eures Glaubens empfangen werdet: eure Rettung* (1 Petr 1,8f).

Oder nehmen wir den Apostel Johannes. Die Bejahung der göttlichen Wirklichkeit basierte auch bei ihm nicht auf abstrakten logischen Schlussfolgerungen, als er schrieb, dass wir Kinder Gottes seien, und behauptete: »Wir wissen«, dass wir es sind. Er schrieb das aufgrund unserer Erfahrung, dass der »Same« dessen, den wir »mit unseren Händen gefasst«, den »wir gesehen«

und »gehört« haben, in uns bleibt. Für Johannes ist der Bezugspunkt das Erleben der Gegenwart, die Zukunft ist keine grundsätzlich unbekannte Dimension, sondern die Verlängerung und Erfüllung der Gegenwart. *Geliebte, jetzt sind wir Kinder Gottes. Doch ist noch nicht offenbar geworden, was wir sein werden. Wir wissen, dass wir ihm ähnlich sein werden, wenn er offenbar wird; denn wir werden ihn sehen, wie er ist. Jeder, der diese Hoffnung auf ihn setzt, heiligt sich, so wie er heilig ist* (1 Joh 3,2f).

In den Augen des Johannes bedeutet die »Gotteskindschaft« nicht nur eine prinzipielle Zustimmung, sondern auch eine Frage unserer gegenwärtigen Gotteserfahrung. Das ewige Leben beginnt nicht in der Zukunft, sondern hat *bereits* begonnen.

Der Apostel Paulus schreibt auch häufig in einem ähnlichen Geist. Für ihn kommt die Gotteserkenntnis aus der persönlichen Erfahrung. In der Vergangenheit konnte man den Herrn nur in der Verborgenheit der Thora erkennen, sagte Paulus, heute im Zeitalter des Geistes betrachten wir ihn ohne Vermittlung.[108] *Wir alle aber schauen mit enthülltem Angesicht die Herrlichkeit des Herrn wie in einem Spiegel und werden so in sein eigenes Bild verwandelt, von Herrlichkeit zu Herrlichkeit, durch den Geist des Herrn* (2 Kor 3,18).

All dies kann kaum anders geschehen als in einer tiefen persönlichen Begegnung. Die Apostel Petrus, Johannes und Paulus lehren übereinstimmend, dass Gott gelegentlich den Menschen besucht, um Veränderungen in ihm herbeizuführen, zu denen er von sich aus nicht fähig wäre. Die Erfahrungen führen so zu einer Neuausrichtung des Weges und machen Christen verfolgende Saulusse zu Aposteln des Christentums.

In Entrückung und Schwachheit

Verschiedene Erfahrungen betreffen uns auf ganz unterschiedliche Art und Weise. Der Apostel Paulus schrieb einmal in persönlichem

Ton von Gottes Wirken an ihm. Darin gewährte er einen Einblick in die besonderen Geheimnisse des Geistes (2 Kor 11–12).

In seinem Brief an die korinthischen Gläubigen beschäftigte er sich mit den Vorwürfen, dass er kein authentischer Apostel sei. Er zählte viele Prüfungen und Schwierigkeiten in seinem Leben auf und kommt dann zu den »Erscheinungen« und »Offenbarungen« des Herrn, wie er sie nannte, zu sprechen. Durch sein eigenes Beispiel macht er anschaulich, was Gott in diesen besonderen Erfahrungen in der menschlichen Seele bewirkt. Zuerst erwähnte er eine Erscheinung: *Ich kenne einen Menschen in Christus, der vor vierzehn Jahren bis in den dritten Himmel entrückt wurde; ich weiß allerdings nicht, ob es mit dem Leib oder ohne den Leib geschah, nur Gott weiß es. Und ich weiß, dass dieser Mensch in das Paradies entrückt wurde; ob es mit dem Leib oder ohne den Leib geschah, weiß ich nicht, nur Gott weiß es. Er hörte unsagbare Worte, die ein Mensch nicht aussprechen darf* (2 Kor 12,2–4).

Hier ist von einem frühen Erlebnis die Rede und man könnte sagen, dass Paulus ein bisschen irreführend erzählt, denn er tut ganz so, als hätte jemand anderes es erlebt. Er will nicht im Mittelpunkt seiner Geschichte stehen.[109] Über das, was er dabei erlebt hatte, sagt er wenig, eigentlich gar nichts, außer dass es darin etwas Unaussprechliches gab. Zweifellos musste diese Erfahrung außergewöhnlich für ihn gewesen sein, wenn er sie 14 Jahre später erwähnte, und zwar genau dann, als es um die Glaubwürdigkeit seiner persönlichen Gotteserkenntnis geht. In welchem Zustand genau er gewesen sei, als ihm diese Erscheinung widerfuhr, wusste er nicht. Aber in einem ist er sich sicher: Er hatte dabei etwas erhalten.

Er wurde »entrückt«, d. h., der Mittelpunkt seines Lebens geriet außerhalb seiner selbst. Der Ausdruck »Entrückung« bezieht sich in der Sprache des Neuen Testaments auf eine »Ekstase«, auf eine Art des »Aus-sich-Heraustretens« oder Außer-sich-Seins. Er hatte etwas erlebt, was ihn überstieg, was ihn aus sich herausgeschleudert hatte.[110]

Der Kontext hilft uns zu verstehen, warum Paulus dieses Ereignis zur Sprache bringt. Gott hat Paulus dazu berufen, ihn zu lieben und ihm mit Hingabe und Liebe zu dienen. Dieser Ruf Gottes beinhaltete ebenso, sich darauf vorzubereiten, seine vertrauten Gefühle und sogar sich selbst zu verlassen, um Jesus nachzufolgen. Die seltsame Gotteserfahrung gibt somit zu erkennen, dass es möglich ist, ganz Jesuszentriert zu leben.

In der Fortsetzung des Paulusbriefes werden wir jedoch auch Zeugen einer ganz anderen Erfahrung. Paulus kommt nun auf die »Offenbarungen des Herrn« zu sprechen, die er erhalten hatte. Hier gibt es kein Außer-sich-Sein – dafür umso mehr Qualen. Für seine Gottesbeziehung ist dieses Ereignis jedoch mindestens genauso bedeutsam wie das vorherige.

Die Geschichte handelt hier von einem Mangel, vom Mangel an der Erfahrung alles erfüllender Kräfte. Paulus schreibt, dass er »den Engel Satans« in seinem Körper trage. Er leidet an einer besonderen Schwachheit, was auch immer diese Schwachheit konkret sein mochte (vielleicht eine akute Krankheit, viele denken an eine Fuß- oder Augenkrankheit). Paulus war schwach. Er bat Gott, diesen »Stachel« zu entfernen. Er thematisierte diese Bitte mehrmals vor Gott. Dreimal bat er Gott, ihn davon zu befreien.

Das Ende der Geschichte ist keineswegs ein »Happy End«. Für Paulus gab es keinen Ausweg, er musste in seinem schwierigen Zustand bleiben. Gottes Antwort war ablehnend: *Meine Gnade genügt dir; denn meine Kraft wird in der Schwachheit vollendet.*

Wie wirkt sich diese Erfahrung auf Paulus aus? Zu Beginn klagt er bezüglich des »Stachels« über »Schwachheit« und sagt, dass der Engel Satans ihn »mit Fäusten schlagen sollte«. Dann wechselt Paulus von der Klage über zum »Rühmen« und spricht von »Wohlgefallen«. Von nun an redet er stolz, wie jemand, der einen Schatz gefunden hat. Er weist darauf hin, dass die Macht Gottes *nicht trotz* seiner Schwachheit, sondern *durch* seine

Schwachheit gewirkt hat. Die Quelle seiner Kraft findet er also nicht in sich selbst, sondern in Christus, und er kann am besten daran teilhaben, wenn er schwach ist. Der Apostel Paulus versteht also, dass seine Schwäche Christus einen Platz in ihm bereitet. Er erlebt auch weiterhin seine Schwachheit, doch während er früher von Qualen sprach, erklärt er jetzt mit freudiger Stimme: *Viel lieber also will ich mich meiner Schwachheit rühmen, damit die Kraft Christi auf mich herabkommt.*

Die Macht der göttlichen Offenbarung und die Tatsache, dass diese bei Paulus keine kühle und resignierte Schlussfolgerung des Verstandes war, genau diese emotionale Wende verweist darauf, dass Paulus sich zu »rühmen« beginnt.

Von weitem mag es so aussehen, als hätten die beiden Gotteserfahrungen wenig miteinander zu tun, da sie so verschieden sind: Im ersten Fall ist der Gemütszustand des Paulus so gehoben, dass er vor Freude »ganz aus dem Häuschen ist«, und im zweiten schreit er um Hilfe, aber leider vergeblich. Zwischen den beiden Ereignissen gibt es jedoch auch Gemeinsamkeiten trotz aller Unterschiede. Paulus nennt sie offenbar absichtlich nebeneinander. Beide Erfahrungen lehren, dass Gottes Werk die Gefühle des Menschen weit übersteigt. Sei es dadurch, dass Gott einen Menschen so erfüllt, dass sein Herz »überquillt« und damit den Menschen sozusagen aus sich herausruft; oder indem er ihm jegliche positiven Erfahrungen vorenthält, sodass er Christus auf keinen Fall auf sich selbst gestützt entdecken kann. Die Lehre daraus ist die gleiche. Gott lädt Paulus ein zu lernen, eine Bindung mit Gott einzugehen, ohne dabei von anderen Dingen – auch nicht von seinen eigenen Gefühlen – abhängig zu sein.

Durch die Erfahrungen führt Gott den Paulus dahin, von der Kraft seiner eigenen emotionalen Bindungen, ja sogar von seinen Wahrnehmungen ganz frei zu werden, um ganz unabhängig von ihnen zu existieren und sich auf Gott zu verlassen. Darin erweist sich die Glaubwürdigkeit des Paulus.

Göttliche Heimsuchungen führen uns über uns selbst hinaus

Gehen wir nun zur ersten der zwei verschiedenen Gotteserfahrungen zurück, bei der ersichtlich wird, dass Gottes Besuch den Menschen positiv beschenkt, und schauen wir uns genauer an, wie diese positiven Erfahrungen uns zu einer gottzentrierten, Gott zugewandten Kontemplation führen.

Für eine ichzentrierte Person ist eine »anders-zentrierte« Existenz sowohl begrifflich als auch emotional undenkbar. Am meisten sind wir mit einem Dasein vertraut, das sich um uns dreht, und die Möglichkeit, die Welt vom Standpunkt eines anderen aus zu betrachten – oder sogar aus dem Selbst eines anderen heraus zu leben –, scheint unmöglich zu sein. Das wäre die Selbstauslöschung schlechthin, denn bislang erhofften wir positive Veränderungen durch die Stärkung unseres Wesens. Denn das wurde uns von unseren Lehrern, Eltern und allen, die uns liebten, beigebracht: unser Leben von uns selbst ausgehend zu leben. Die Möglichkeit, die der Apostel Paulus folgendermaßen formulierte: *Wer sich dagegen an den Herrn bindet, ist ein Geist mit ihm* (1 Kor 6,17), ist für den ichzentrierten Menschen vollkommen unverständlich.

Wenn Gott einen Menschen heimsucht und die menschliche Seele sich in einer unerwarteten Situation »außerhalb« ihrer selbst befindet, als ob sie sich im anderen »auflösen« würde, dann ist das eine ganz ungewöhnliche Erfahrung. Es ist kein Zufall, dass dieser Ausdruck (Ekstase) auch für Erfahrungen im sexuellen Erregungszustand gebraucht wird.

Teresa von Avila beschreibt in ihrem Buch *Die innere Burg* die Veränderungen, die in der menschlichen Seele während solcher übernatürlichen Begegnungen vor sich gehen.[111] In einer solchen Gotteserfahrung liegt ihrer Meinung nach die größte Überraschung nicht in der Verschmelzung mit dem anderen, sondern im Erleben, dass die eigene Existenz damit nicht endet.

Der ichzentrierte Mensch glaubt lange Zeit, dass mit der Aufgabe seiner selbst alles zu Ende sei. Jetzt wird jedoch eine zuvor für absurd gehaltene Seinsform zu einem persönlichen Erlebnis: Es ist, als ob man mitten in ein Fest hineingeraten würde, von dem man vorher glaubte, dass es gar nicht existiert. Obgleich man die persönliche Einladung bereits in der Hand hält.

Die Lebendigkeit dieser ungewöhnlichen Erfahrung verblasst bald und das Leben geht seinen gewohnten Gang. Die Seele, die Gott sucht, darf »zusehen, wo sie bleibt«. Manchmal denkt sie darüber nach, was diese unauslöschliche Erinnerung bedeuten könnte, die sie mit Gott erlebt hatte. Doch kehrt sie in den alltäglichen Trott zurück, und ihre Grundeinstellung bleibt das ichzentrierte Sein. Sie erlebt den Zustand des »Außer-sich-Seins« als ein anomales, isoliertes, jedoch nicht mehr undenkbares Ereignis. Ihr bleibt das Wissen, dass das Leben auch dann weitergeht, wenn die Seele außerhalb ihres Selbst lebt. Es ist, als wäre der Deckel einer geschlossenen Schatztruhe für einen Moment vor ihr gelüftet worden. Der Deckel fällt zurück. Doch der Geschmack der Begegnung geht nicht verloren. Wenn Gott diese Seele aufs Neue besucht, wird die Geschichte nicht genau dort fortgesetzt, wo sie begonnen hat. Denn dem Menschen dämmert jene Begegnung und er weiß, dass diese Vereinigung nicht schädlich ist. Jetzt wagt er es, sich etwas mehr »umzusehen« als vorher. Die Einsicht, dass diese Begegnungen nicht nur erträglich und möglich sind, sondern sogar etwas Gutes bringen, erschafft in seiner Seele ein Gefühl von Weite. Vielleicht wagt er sogar die Frage zu stellen: Wäre es vielleicht möglich, dass ich mein neues Ich nicht nur gelegentlich, sondern immer wieder aufs Neue gerade durch den Verlust meiner selbst erhalten werde? Ist möglicherweise diese relative »Ichlosigkeit« das wahre Leben in Fülle?[112]

Die Möglichkeit ist unglaublich, aber nicht mehr, weil sie anormal wäre, wie früher, sondern weil sie schwindelerregend ist. Kann es sein, dass dieses »in Gott eingeschmiegte« Leben meine wahre Heimat ist? Und wenn ja, ist es dann möglich, in seiner Nähe zu sein und doch außerhalb von ihm zu leben?

In einem solchen Zustand kommt die Intimität des Lebens in Christus selbst bei den Menschen zum Glühen, die als ausgeglichen gelten oder die aus einem spirituellen Hintergrund kommen, in dem die Nüchternheit daran gemessen wird, wie sehr man Begeisterung von sich weist. Ähnlich wie beim Puritaner Samuel Rutherford quellen aus der Tiefe der menschlichen Seele die Worte Jesu hervor, nach denen sie dürstet: *Oh, du Schönster unter den Menschenkindern, warum bleibst du so lange aus? Oh Himmel, beeil dich! Oh, Zeit, lauf, lauf, bring herbei den großen Tag der Hochzeit, denn den Geliebten quält dein Säumen!*[113]

Für die menschliche Seele ist das »Außer-sich-Sein« – sofern sein Zentrum der lebendige Gott ist – nicht nur *ein* lebbarer, sondern *der einzige* lebbare Zustand. Die Christuszentriertheit ist kein Ausnahmezustand des Bewusstseins, sondern die *Norm* des christlichen Lebens. Die persönliche Existenz wird bei allen in der Einswerdung geboren. Wir erleben das jedes Mal, wenn wir mit Gott in Kontakt kommen.

Mit einem anderen Bild der mittelalterlichen Theologen der ostchristlichen Kirche: Wie im Kreistanz jedes Glied seinen einzigartigen Charakter durch die fließende Bewegung der Gemeinschaft erhält und zu sich selbst wird, so finden auch wir zu uns selbst, wenn wir am Tanz Gottes teilnehmen.[114] So wird das, was früher als eine unmögliche Existenzform erschien, zu unserem Lebenselement und zum Zielpunkt all unserer Bestrebungen: So werden der Verlust unseres Lebens und das Bekleidetwerden mit dem Leben Christi zu unserem wahren Leben.

Verlassenheit und Läuterung

Nehmen wir jetzt jene Veränderungen unter die Lupe, die Gott in der menschlichen Seele nicht durch die freudvolle Verkostung seiner Gegenwart, sondern im Gegenteil durch die leidvolle Leere erwirkt. Jenen Moment also, in dem der Mensch alles verliert, was ihm bislang Kraft, Freude und Trost gebracht hatte. Wenn der Brunnen versiegt, verliert er sein Sicherheitsgefühl und alle Empfindungen, die ihm zuvor Identität verliehen und ihn zu Gott erhoben haben.

Es ist verständlich, dass die Nähe des geliebten Anderen ein Wachstum der Beziehung bewirkt. Zufriedenheit vertieft die Beziehung zwischen Gott und Mensch. Doch rechnen wir selten damit, dass sich diese Beziehung nicht nur dann weiterentwickelt, wenn die Seele des Menschen »befriedigt« wird, sondern auch dann, wenn sie eine Erfahrung von Leere, Entbehrung oder Distanz machen muss. Es scheint, dass Gott die Innigkeit unserer Beziehung zu ihm nicht ausschließlich durch »positive« Erfahrungen vorbereitet: Unsere negativen Erfahrungen spielen eine ebenso wichtige Rolle. Denn wie eine wahre Freundschaft sich vertieft, wenn die geliebte Person weit weg ist, so kann auch unsere liebevolle Loyalität zu Gott durch die schmerzliche Erfahrung der Abwesenheit Gottes wachsen.

Ein ergreifendes Beispiel aus dem vergangenen Jahrhundert ist Mutter Teresa von Kalkutta, deren ganzes Leben Güte, Opferbereitschaft und Lächeln charakterisierten. Wer sie traf, machte die Erfahrung, Jesus in ihr getroffen zu haben. Selbst bei denen, die der Kirche fernstanden, galt sie als eine Heilige.[115]

Die nach ihrem Tod veröffentlichten Briefe haben viele überrascht, denn in diesen persönlichen Schriften bekennt Mutter Theresa, dass sie nichts von der Liebe Jesu zu ihr erfahren hatte, während die Menschen in ihrer Umgebung der Zärtlichkeit und Liebe Jesu in ihr begegneten. Sogar ihre engsten Kollegen erkannten nicht, dass Mutter Teresa viele Jahrzehnte in großer geistlicher Dürre verbracht hatte. In einem Eintrag von 1955, nach einigen üblichen Details über den Alltag, redet sie folgendermaßen über ihre Beziehung zu Gott: *Beten Sie für mich – denn in meinem Inneren ist es eiskalt. – Einzig dieser blinde Glaube trägt mich, denn in Wirklichkeit ist für mich alles nur Dunkelheit. Solange unser Herr nur daran Gefallen hat – zähle ich wirklich nicht.*[116]

Mutter Theresa wusste, dass sie Gott treu bleiben würde und dass Gott gut und vollkommen sei. Daran hatte sie nicht den geringsten Zweifel. Ihre persönliche Dürreerfahrung war von »Dunkelheit« geprägt. Die letzten zwei Jahrzehnte ihres Lebens verbrachte sie in einer wirklichen und tiefen spirituellen Verlassenheit.

Warum lässt Gott seine geschätzten Diener in einer solchen Dunkelheit? Diese Antwort wollen wir nun nicht auf einer prinzipiellen, sondern auf einer empirischen Ebene suchen. Was mag Gottes Absicht mit den Menschen sein, die er liebt und von denen er geliebt wird, wenn er sie durch solche leidvollen Erfahrungen hindurchführt? In der Tradition der westlichen Kirche gaben nur wenige Theologen eine derart ausgefeilte Antwort auf diese Frage wie Johannes vom Kreuz, der geistliche Begleiter und Mitarbeiter von Teresa von Avila: *So viel Mühe [die Seele] sich auch gibt, sie kann sich aktiv nicht so weit reinigen, dass sie auch nur einigermaßen der vollendeten Liebeseinigung mit Gott fähig würde, wenn er sie nicht selbst in die Hand nimmt und sie im dunklen Feuer läutert.*[117]

Gott liebt den Menschen mit solch unendlicher Liebe, dass er ihn nicht in einem unausgegorenen und verworrenen Zustand lassen kann. Wie fromm der Mensch auch ist, so sind doch die verschiedenen Bindungen – zur erschaffenen Welt, zu seinen eigenen Wünschen, zu Gott, zu edlen Zielen und sündigen Interessen – so verworren, dass er sich völlig in sie verstrickt und kaum in der Lage ist, zu differenzieren. Gott weiß, dass die reine Liebe eine Befreiung von diesen Fesseln erfordert. Deswegen entzieht er dem Menschen seine Bindungen und führt ihn in einen Zustand, in dem er sich nicht mehr auf diese stützen kann. Das ist das Werk der tiefen Liebe Gottes. Doch der Mensch ist so mit seinen komplizierten körperlichen und sinnlichen Beziehungen verwachsen, dass er sich das Leben ohne sie gar nicht vorstellen kann. Diese Reinigung führt zu derartigen Verlusten und ist für die Seele dermaßen quälend, dass sie sich unfähig fühlt, sie zu ertragen. Es ist leicht, auf abstrakte Weise darüber zu sprechen, doch erschüttert diese Erfahrung den Menschen auf einer viel existentielleren Ebene, die gar nicht in Worte gefasst werden kann.

Johannes vom Kreuz nennt diesen Zustand die »dunkle Nacht der Seele«, da die Seele hier weder positive Rückmeldungen erhält noch irgendeine Art von Frieden erlebt. In dieser Erfahrung ist alles, was der Mensch auf der Erlebnisebene empfindet, mit Verlust verbunden. Er findet keinen Trost in den Dingen, er fühlt sich ohnmächtig und von Gott verlassen.

Der Mensch geht nicht freiwillig in diese Dunkelheit hinein. Das Entfernen der Bindungen ist wie eine Operation, bei der die kranken Stellen herausgeschnitten werden. Die Leiden können, wie bei Mutter Teresa von Kalkutta, oft mehrere Wochen oder sogar Jahrzehnte lang dauern.

Für viele ist die größte Schwierigkeit nicht die Dürre selbst, sondern das Gefühl, dass sie »nicht sein« dürfte. Besonders in der Anfangszeit der Kontemplation kommt das häufig vor. Nicht der Verlust des Überflusses, sondern die Unsicherheit, dass die Seele diesen Zustand vielleicht selbst verursacht haben könnte, bereitet den größten Schmerz. Der Mensch macht sich selbst für das verantwortlich, was passiert.[118] Johannes vom Kreuz schreibt darüber: *Zur Zeit der Dürre in der sinnlichen Nacht … leiden die geistlichen Menschen große Qual. Und dies nicht bloß ob der Dürre, sondern auch wegen des Argwohns, sich auf diesem Weg verirrt zu haben. Ihnen scheint, sie hätten alle geistlichen Güter verloren, Gott hätte sie im Stich gelassen, da sie an nichts Gutem mehr Halt und Trost finden können.*[119]

Gerade in dieser Leere, wenn wir schon fast alles Angenehme verloren haben, strahlt die Möglichkeit auf, dass es ein Leben jenseits der Sinne gibt. Denn nachdem alles erloschen zu sein scheint, entdecken wir, dass das Leben doch nicht aufhört zu existieren. Wo die Tyrannei unseres Selbst endet, beginnt ein Leben, das aus einer viel größeren Tiefe stammt. Besser gesagt, es beginnt nicht, sondern wird verstärkt.

Gott setzt den Zeitpunkt dafür fest. Wenn er meint, dass wir bereit sind, ihn um seinetwillen zu lieben und zu wählen, auch wenn wir keinen Nutzen daraus ziehen werden, dann wird er uns in die Wüste der dunklen Nacht hineinführen. Wie Jesus durch den Geist in die Wüste geführt wurde. Das ist weder das Werk des »Schicksals« noch des Bösen. Gott führt uns dorthin, wenn er uns stark genug dafür hält, uns von unseren sinnlichen Bindungen lösen und ihm ganz überlassen und hingeben zu können. Während dieser Reinigung der Seele lernen wir, uns direkt auf Gott zu verlassen.

Gott geht damit ein Risiko ein. Er lädt uns ein, ihn zu wählen, auch wenn wir dafür keine Belohnung erhalten – aber er zwingt uns nicht dazu. Viele Leute sagen: Das ist zu viel! Und schrecken zurück. Sie kehren zurück auf ihre sensorisch vermittelten Wege sowie auf die durch Gedanken und Gefühle vermittelte Gotteserkenntnis. Sie wollen sich nicht direkt auf Gott beziehen, ihre Stützen loslassen. Gott gewährt ihnen diese Freiheit. Er liebt sie weiterhin sanft, wie ein liebender Vater, selbst wenn sie eine schlechte Entscheidung für sich selbst treffen.

Gott lädt uns zu einer neuen Dimension der inneren Freiheit ein. Man kann Gott auch unabhängig von Gefühlen, ja sogar ohne die Süße der Gegenwart Gottes lieben. Vielmehr können wir ihn erst dann wirklich lieben, wenn wir lieben, wie er liebt: ohne auf eine Gegenleistung zu warten.[120]

Dieser Schatz ist das Geschenk der dunklen Nacht und der Dürre der Seele. Die Abhängigkeit von der Welt erschlafft, es gibt nichts mehr, was sie nähren könnte. Bis jetzt krallten wir uns an unserem Wohlergehen fest, weil wir meinten, ohne bestimmte Gefühle nicht leben zu können. Das Gefühl der Sicherheit sowie wichtig und wertgeschätzt zu sein, waren für uns bisher »Träger«

Gottes. Jetzt schwinden sie dahin und langsam bleibt uns nichts mehr übrig, dennoch nehmen wir auf einmal wahr, dass wir Gott unsere Liebe erweisen.

Johannes vom Kreuz wagt deshalb die Behauptung, die völlig paradox zu sein scheint, dass die menschliche Seele nirgends so sicher sei wie in dieser Dunkelheit. Genau dort, wo man oft nichts als Schinderei und Verlassenheit spürt und wo man sich auf nichts mehr verlässt, was eine Fälschung oder Täuschung sein kann. Dieser Pfad voller Unsicherheit und Verletzlichkeit ist »sicher«, hier ist die Seele in völliger Sicherheit. Johannes vom Kreuz schreibt darüber: *Also wandelt die Seele umso sicherer, je mehr sie im Dunkel und in der Leere ihrer natürlichen Tätigkeiten wandelt.*[121]

So schockierend das auch klingen mag, die Dunkelheit dient dem Wohl der Seele, denn wenn jede sinnliche Kraft aufhört, in ihr zu existieren, wird sie bereit für eine unmittelbare Aufnahme Gottes. Dann nimmt die Seele wahr, dass die Flammen die Flammen des Herrn sind und die Umarmung die liebevolle Umarmung Gottes ist: *Sind [die natürlichen Fähigkeiten]einmal entwöhnt, gereinigt und ertötet, so verlieren sie die niedrige, rein menschliche Art zu wirken und zu empfangen und sind dann geeignet, das Göttlich-Übernatürliche auf hohe und erhabene Art entgegenzunehmen, zu fühlen und zu verkosten. Das alles setzt voraus, dass zuvor der alte Mensch stirbt.*[122]

Die Wüste bereitet uns also auf die Aufnahme von etwas Neuem vor. Anfangs rühmen wir uns unserer Schwachheit nur schüchtern, doch später mit wachsendem Mut, weil wir erfahren, was der Apostel Paulus erlebt hat: *wenn ich schwach bin, dann bin ich stark.*

Zwei Bogen, eine Zielscheibe

Beides, sowohl die Entbehrung der göttlichen Berührungen als auch die seiner bestätigenden Gegenwart, sind Wege Gottes. Obwohl sie zwei ganz verschiedene Erfahrungen sind. Scheinbar sind die beiden Wege wie Feuer und Wasser. Und wer sich aus rein intellektueller Sicht der Gottesbeziehung nähert, mag denken, dass diese beiden Wege wenig miteinander zu tun haben.

Obwohl der Weg der positiven bzw. negativen Erfahrungen – oder wie die Alten es nannten: *via positiva* und *via negativa* – gar nicht so weit entfernt voneinander verlaufen. Je mehr sich die Menschen, die auf ihnen unterwegs sind, dem Ziel nähern, desto näher gelangen sie zueinander. Denn beide Wege führen ins gleiche Ziel, und ihre wahre Bedeutung erscheint nur, wenn man vom Ziel aus auf sie zurückschaut: nämlich, dass die gleiche liebende Hand den Menschen bis zum Schluss auf beiden Wegen geführt hat.

Teresa von Avila und Johannes vom Kreuz standen in enger geistlicher Verbindung, zwei Jahrzehnte lang waren sie engste Mitarbeiter. Obwohl Teresa eher die *via positiva* betonte und Johannes eher die *via negativa*, waren sich doch beide wohl bewusst, dass beide Wege auf ein gemeinsames Ziel hinsteuern. Gott gibt Fülle und Not, er schenkt Reichtum und Entbehrung, er sorgt für leuchtende und dunkle Zeiten. Alles tut er mit dem gleichen Ziel, dass wir ihn wahrhaftig erkennen.[123]

Gott verleiht der selbstbezogenen Seele Schwung, über sich selbst hinauszugehen, sei es durch positive oder durch negative Erfahrungen. In diesem »Schwung« gerät der Mensch an einen Punkt, den er von selbst aus nie hätte erreichen können: Er zerreißt die Banden seiner Ichbezogenheit und wendet sich gleichermaßen Gott, den Mitmenschen und sich selbst zu.

Ähnliches geschieht bei Raumfahrzeugen. Sie gelangen in den interplanetaren Raum, indem sie die Erdatmosphäre verlassen. Um dies zu erreichen, brauchen sie eine immense Geschwindigkeit, mit der sie die Anziehungskraft der Erde überwinden und sich von ihr losreißen können. So verlassen sie die Erdgravitation und gelangen in fernere Teile des Sonnensystems. Bei den Verzückungen und Dürren gelangt der Mensch wie ein Raumschiff aus dem Gravitationsfeld seines Egos heraus in einen Raum, dessen Mittelpunkt Gott ist.

Der Vergleich mit dem Bogenschießen steht unserem Alltag vielleicht ein bisschen näher. Gottessuche und Erfahrungen stehen zueinander wie Pfeil und Bogen. Die Sehne des Bogens besteht nur aus einer »Schnur«, die sich aus mehreren Strängen zusammensetzt und die an sich nichts Außergewöhnliches zustande bringt. Der Pfeil an sich ist höchstens ein Schmuck, den man an die Wand hängen kann. Wenn die Sehne jedoch gespannt wird, den Pfeil stützt und dann wegschießt, erfüllen beide ihre Funktion. Der Pfeil, der auf sein Ziel zufliegt, lässt sich nicht mehr kontrollieren oder aufhalten. Eine solche Wirkung kann die Begegnung mit Gott haben: Die Kontrolle liegt nicht mehr in unserer Hand, wir »fliegen« selbstvergessen dem »anderen« entgegen. Diese Begegnungen lenken unsere Aufmerksamkeit von uns ab, egal, ob sie uns in die Höhe führen oder in die Tiefe.

Gott arbeitet an jedem Einzelnen ganz persönlich gemäß seinen Fähigkeiten und Bedürfnissen, um jeden Einzelnen so oder so an den Punkt in seinem Leben zu führen, wo der Ausdruck *Denn Dein ist die Kraft* sich mit neuem Inhalt füllt und der Mensch selbstvergessen sich in Gott »hineinvergisst«.[124]

Nehmen wir unsere Gotteserfahrungen bewusst wahr

Die oben genannten Auslegungen helfen die Wege zu erkennen, die wir in unserer Gottesbeziehung durchlaufen. Sie leisten jedoch keine handfeste Hilfestellung beim Umgang mit diesen Gotteserfahrungen.

Nur durch das Reflektieren der eigenen Gebetserfahrung kann man das Werk Gottes gebührend wertschätzen. Wer sich nach streng objektiven Maßstäben seinen Gebetserfahrungen nähert, kann sie leicht übergehen, so wie ein Ehemann, der seine Frau theoretisch und nicht durch den persönlichen Umgang kennenlernen will. Unsere Gotteserfahrungen sind sehr persönlich. Für andere sind sie nicht offensichtlich. Oft fällt es uns schwer, sie in Worte zu fassen. Wenn wir bei der Wertschätzung unserer Erfahrungen auf andere bauen oder erwarten, dass sie sie richtig einschätzen, werden wir sicherlich enttäuscht. Andere sehen nicht, was wir sehen, und spüren nicht, was wir spüren. Sie erkennen höchstens die äußeren Zeichen. Unsere innere Begegnung mit Gott müssen wir selbst wahrnehmen und würdigen, denn Gott schenkt sie uns in der Tiefe unserer Seele.

Es ist wichtig, dass jeder *seine eigene Erfahrung* ernst nimmt. Die Falle spiritueller Erfahrungsberichte besteht, wie im vorigen Kapitel bereits erwähnt, genau darin, dass man sich leicht mit anderen vergleicht und dabei seine eigenen Erfahrungen ignoriert. Wer nur auf die Erfahrungen oder Erlebnisse anderer schaut, dem Geschehen in seinem eigenen Inneren jedoch keinen Raum gibt, kommt nicht voran. Gott begegnet uns dort, wo wir sind – und nicht dort, wo jemand anders steht. Die Erfahrungen bringen uns nicht in einem fiktiven Raum mit Gott in Kontakt, sondern in unserer eigenen Wirklichkeit.

Beten wir darum so, wie wir können, und nicht, wie wir nicht können. In unseren Gebeten zählt immer das, was wir in uns finden, egal, ob wir schmerzhafte, unverständliche oder kaum wahrnehmbare Regungen oder eine freudige Befreiung in uns erfahren. Versuchen wir nicht woanders zu sein, als wir sind, und streben wir nicht danach, andere nachzuahmen. Nur mit unserem wahren Selbst können wir vor Gott treten.

Bernhard von Clairvaux, ein Arzt der Gott liebenden Seelen im Mittelalter, der in der katholischen Theologie als einer der »letzten« Kirchenväter« gilt und den Calvin für einen der »größten« Kirchenväter hielt, ermutigte die Gläubigen in seiner Predigt über das Hohelied: *Der heutige Text ist das Buch unserer eigenen Erfahrung. Deshalb müsst ihr eure Aufmerksamkeit nach innen richten und bei den Dingen, mit denen wir uns jetzt be-*

fassen, auf eure eigenen Kenntnisse achten. Ich versuche zu entdecken, ob irgendeinem von euch das Privileg geschenkt ist, in seinem Herzen sagen zu können: »Möge er mich mit dem Kuss seiner Lippen küssen« … Ich glaube, keiner vermag zu erfassen, was das heißt, außer dem, dem das zuteilwurde. Denn es ist ein verstecktes Manna, und nur derjenige, der davon kostet, hungert nach mehr. Es ist eine versiegelte Quelle, die kein Fremder betreten kann, nur wer davon trinkt, dürstet nach mehr.[125]

Wenn Bernhard sagt: *Ich glaube, keiner vermag zu erfassen, was das heißt, außer dem, dem das zuteilwurde,* setzt er voraus, dass seine Zuhörer persönliche Erinnerungen daran haben mussten. Deshalb ermutigt er sie, die Gabe Gottes ernst zu nehmen.

Je mehr wir uns zu unseren Gotteserfahrungen bekennen, desto mehr bekennen sich unsere Gotteserfahrungen zu uns. Je mehr wir unseren Erfahrungen Raum geben, desto mehr werden wir uns unseres inneren Lebens und des Wirkens Gottes bewusst. Leider gilt diese Regel auch andersrum. Je mehr wir unsere Erfahrungen vernachlässigen, desto mehr werden unsere Erfahrungen auch uns vernachlässigen und unsere Kenntnis vom Wirken Gottes in uns wird umso mehr verblassen. Deshalb ist es wichtig, dass wir eine grundlegende Offenheit gegenüber unseren Gebetserfahrungen pflegen, weil wir so für Gott und für sein Wirken in uns empfänglich werden.

Wie sollen wir mit unseren Gefühlen im kontemplativen Gebet umgehen?

Den ersten Teil der Frage, wie wir mit unseren Gefühlen im kontemplativen Gebet umgehen sollen, haben wir bereits beantwortet: Wir müssen sie uns eingestehen. Die Antwort verlangt jedoch noch einen weiteren Schritt: Wir müssen sie dann hinter uns zurücklassen. Denn durch das Wahrnehmen, Eingestehen und Würdigen unserer Gefühle sind wir immer noch nicht über uns selbst hinausgeraten, sind wir immer noch nicht bei Gott, sondern nur bei uns selbst.

Hier geht es nicht nur um die Tatsache, dass unsere Gefühle oft durcheinander sind, dass wir ihnen nicht immer vertrauen dürfen und sie uns leicht in die Irre führen. Sondern es geht auch darum, dass wir, selbst wenn sie uns in eine gute Richtung führen würden, nicht bei ihnen stehen bleiben dürfen, weil sie uns an uns selbst binden.

Obwohl jeder anders veranlagt ist und diese Veranlagungen die Intensität und den Ausdruck unserer Erfahrungen beeinflussen, können wir dennoch die Behauptung wagen, dass wir uns alle gern vormachen, dass wir uns nach Gott sehnen, wenn wir uns nach bestimmten geistlichen Erfahrungen sehnen. Doch keine unserer Erfahrung ist Gott. Nicht einmal unsere heiligste spirituellste Erfahrung ist Gott.

Das Problem beginnt, wenn wir davon ausgehen, dass die Begegnung mit Gott nur dann authentisch ist, wenn sie für uns und in uns genauso abläuft wie »früher«. Wir machen uns an einem bestimmten Bewusstseinszustand fest und erwarten, dass sich eine gewisse Erfahrung wiederholen wird. Jedoch würde die Erfahrung, die zu Beginn der Ort der Begegnung mit dem Leben für uns war, so zum Gefängnis oder zumindest zu einem Ersatzmittel werden.[126]

Es ist ganz natürlich, dass wir, wenn wir etwas Schönes in unserem Gebet entdecken und diese Erfahrung tiefe Spuren in uns hinterlassen hat, beim nächsten Gebet nach dem »Geschmack« dieser früheren Erfahrung suchen. Wir machen es wie Petrus auf dem Berg der Verklärung. Wir sagen: *Herr, es ist gut, dass wir hier sind* (Mt 17,4). Wir versuchen, emotional unser Zelt aufzuschlagen und instinktiv so zu beten, wie wir es vorher getan haben.

Die Welt der Werbung, in der die erlebnisorientierten Ansätze gedeihen, verstärkt diese Einstellung in uns. Auch die populäre christliche Literatur gibt vor, von Gott zu sprechen, während sie die Erlebnisse in den Mittelpunkt stellt. Sie macht keinen Unterschied zwischen Ichzentriertheit und Gottzentriertheit. Die gottzentrierten Mystiker waren oft von vergnügungssüchtigen Pilgern umgeben, aber die Mystiker litten für gewöhnlich sehr darunter.[127] Wohin wir auch schauen, unsere Umwelt bestärkt uns darin, Erlebnisse zu jagen.

In Wirklichkeit beginnt die Kontemplation, wenn wir nicht nur sagen: *Herr, es ist gut, dass wir hier sind*, sondern auch von uns gesagt werden kann, was Lukas von den Erfahrungen auf dem Berg der Verklärung über Petrus, Johannes und Jakobus aufzeichnete: *Als sie aufblickten, sahen sie niemanden außer Jesus allein*, das heißt, wenn wir statt der Erfahrung, ja sogar anstatt der wunderbarsten Erfahrung, uns Gott allein zuwenden.

Dazu müssen wir alles loslassen, was unsere Gottzentriertheit stören könnte. Sowohl der Wunsch nach Erfüllung als auch der Wunsch nach Leere können eigennützig sein. Weder die Verzücktheit noch die Qual haben ein »Anrecht« auf jene Aufmerksamkeit und Würdigung, die Gott allein gebührt. Unser Leben steuert in die richtige Richtung, wenn es von der Kraft Gottes angezogen wird wie ein Kompass, der nur funktioniert, wenn störende magnetische Effekte vermieden werden und sich der Zeiger immer wieder auf den Nordpol einstellen kann. Das kontemplative Gebet ist wie der Kompass, dessen Zeiger unsere Seele ist, während der Nordpol Gott ist.

Wahre Gottesliebe heftet sich hartnäckig an Gott. Die Gott liebende Seele gibt die kostbaren Erlebnisse auf, um sich Gott ganz zuwenden zu können. Gott hingegen beschenkt sie immer wieder mit seinen Gaben, wobei die Seele sich anstatt den Gaben erneut Gott zuwendet. Bruder Lorenz spricht folgendermaßen davon: *Wenn wir so handeln, vollzieht sich zwischen Gott und der Seele ein wunderbarer Streit: Gott, der gibt, und die Seele, die leugnet, dass das, was sie empfängt, Gott ist.*[128]

Bedeutsam an diesem Punkt ist die Begleitung durch Personen, die das kontemplative Gebet schon lange praktizieren. Evagrius aus dem 4. Jahrhundert, der lange Zeit das Gebet als Betrachtung praktizierte, fasst dieses ganze Kapitel in seinem Satz zusammen: *Wenn du so weit gekommen bist, dass du in deinem Gebete jede andere Freude hinter dir gelassen hast, dann hast du in Wahrheit die Gnade des Gebets erlangt.*[129]

Wenn sich in unserem kontemplativen Gebet die Gefühle auftürmen – und dazu wird es sicherlich kommen –, behandeln wir sie so wie alle mentalen Bilder und Gedanken: Wir quittieren, dass sie da sind, werfen einen Blick auf sie, aber nehmen sie nicht zu ernst und verweilen nicht bei ihnen. In seinem Buch *Kontemplative Exerzitien – Eine Einführung in die kontemplative Lebenshaltung und in das Jesusgebet* ermutigt Franz Jalics geradezu, unseren Gefühlen zu gestatten, sein zu dürfen, auch wenn sie uns aufwühlen oder schmerzen. Aber folgen wir ihnen nicht, binden wir uns nicht an sie, sondern wenden wir uns »mit ihnen zusammen« Gott zu.

Zu Beginn des kontemplativen Weges hoffen viele Anfänger auf die Lösung, die Macht der Gefühle brechen zu können. Deshalb fangen sie an, ihre Gefühle zu unterdrücken. Dieser Versuch ist jedoch genauso eine Sackgasse wie die Unterdrückung der Gedanken. Die gewaltsame Unterdrückung verleiht unseren Gefühlen noch mehr Kraft.

Psychologen kennen die Psychologie des Verbots schon lange. Studien zeigen, dass Menschen, denen gesagt wird, sie sollen sich mit bestimmten Gefühlen – sei es Wut oder Sehnsucht – nicht befassen, diese Gefühle häufiger wahrnehmen als die, die versuchen, sich nicht mit ihnen zu beschäftigen, wenn sie aufkommen, sondern einfach erlauben, dass sie kommen dürfen. Wer hart gegen seine Gefühle ankämpft, stellt sie ins Zentrum seiner Aufmerksamkeit und gibt ihnen Macht.

Der Weg der Kontemplation ist der Weg, auf Gott zu achten. Weder das Unterdrücken oder Verbieten noch die ordnende Aufarbeitung der Gefühle passen zu diesem Weg, denn solange wir uns mit ihnen herumschlagen, richtet sich unsere Aufmerksamkeit auf unsere Gefühle und nicht auf Gott. Wer betrachtet, kontrolliert nicht, beeinflusst nicht, was er spüren soll oder nicht, sondern lenkt seine ganze Aufmerksamkeit auf Gott und vertraut sein ganzes Wesen, so wie es ist, Gott an. Denn Gott allein kann unsere Gefühle ordnen und verwandeln, wann und wie es ihm gefällt.

Der Kontemplative will Gott unabhängig davon schauen, ob er Gefühle hat oder nicht. Deswegen sind ihm Bilder, Gedanken und Trost nicht hilfreich. Er will eher in Abwesenheit seiner Gefühle nur in seiner inneren Mitte mit Blick auf Gott verweilen als Trost oder Andacht spüren.[130]

Wenn wir die Minuten, die halbe Stunde oder Stunde, die wir für das Gebet geplant haben, Gott schenken, ist das genug. Der Sinn der Kontemplation ist die Hinwendung zu Gott.

Die sanfte Großzügigkeit der Kontemplation

Die Übung, in der Gegenwart Gottes zu verweilen, geschieht immer sanft. Nur, wenn wir uns auf behutsame Weise unserer eigenen Wirklichkeit nähern, können wir unsere Gefühle würdigen und loslassen. Gott »erschreckt« uns nicht, sondern »liebt« uns aus unseren Sünden und uns selbst heraus. Die Großzügigkeit der Kontemplation ist der Nachklang von Gottes Großzügigkeit. *Wenn ich erkenne, dass ich gefehlt habe, gebe ich es zu und sage: So bin ich, ich kann nicht anders! Wenn ich nicht gefehlt habe, danke ich Gott und bekenne, dass dies auf Ihn zurückzuführen ist.*[131]

Das kurze Buch des Karmelitenbruders Lorenz erwähnt Dutzende Male die Rolle der Sanftmütigkeit, sei es in Bezug auf Misserfolge, denen wir hinterhertrauern, in Bezug auf Fehler, die wir immer wieder neu in uns wachrufen, oder in Bezug auf die Wut, die in uns aufsteigt, weil wir immer wieder in unseren Gedanken abdriften. Diese erregen und zerstreuen den Menschen. Bruder Lorenz rät uns, nachsichtig mit uns selbst umzugehen: *Wenn er sich zerstreut, und sich manchmal ablenken lässt, so seien*

Sie nicht beunruhigt, das würde eher dazu führen, den Geist noch mehr zu zerstreuen, als ihn zurückzurufen; der Wille soll ihn ganz ruhig zur Ordnung rufen.[132]

Die Seele nähert sich Gottes Gegenwart nicht »gezwungenermaßen«, sondern *wird durch diesen inneren Blick vertraut mit Gott*[133]; deshalb: *Wir sollen treu arbeiten, ohne Hast oder Unruhe, indem wir unseren Geist ruhig und still auf Gott hin verweisen, sooft wir ihn zerstreut finden.*[134]

Erinnern wir uns an Jesus, der anstatt der Gewalt den Weg der Sanftmut wählte. Er ruft uns dazu auf, es ihm gleichzutun: *Lernt von mir; denn ich bin sanftmütig und von Herzen demütig; und ihr werdet Ruhe finden für eure Seele* (Mt 11,29).

Das Zur-Ruhe-Kommen

Die Schlichtheit der Aufmerksamkeit erfordert eine langfristige Treue und Beharrlichkeit, so kann der von seinen Gefühlen überwältigte Mensch in der Tiefe seines Seins auch dann noch Entspannung erleben, wenn die Situation auf emotionaler Ebene ganz anders aussieht. Während an der Oberfläche keine Spur von Fülle erkennbar ist, sondern Stürme toben, Fragen unbeantwortet bleiben, Wünsche unbefriedigt sind – so entspringt aus einer viel tieferen Schicht dennoch eine tiefe Ruhe. Das Loslassen gibt dem Menschen die Fähigkeit, in den Frieden Gottes einzutauchen und zusammen mit Jesus in der Tiefe seines Wesens zu bestätigen: *Dein ist die Kraft.*

Dieses Zur-Ruhe-Kommen bezeichnet Ignatius von Loyola als »Indifferenz«, als einen Zustand der Freiheit von jeglicher emotionaler Abhängigkeit. »Indifferenz« ist in diesem ignatianischen Sinne ein Zustand der Gnade, in dem der Mensch seinen Emotionen und inneren Stürmen nicht mehr schutzlos ausgeliefert ist, sondern in dem für ihn nur noch das zählt, was Gott fühlt oder will. Da verlässt der Mensch sein Hamsterrad, bewegt sich nicht mehr zwangsgesteuert, sondern wird zur selbstlosen Liebe fähig.

Dieser freie, ruhige Zustand der Seele darf nicht mit einem gelangweilten oder gleichgültigen Desinteresse verwechselt werden. Frei zu sein von Gefühlen bedeutet keineswegs, unsensibel zu sein. Wer seine Gefühle loslässt, den werden Schmerz oder Freude nicht kaltlassen. (Eine frostige Sachlichkeit verweist eher auf eine verwundete als auf eine gesunde Seele.) Vielmehr verlässt sie sich ganz auf Gott und kommt in seinem Willen zur Ruhe.

Im Leben von Bruder Lorenz dauerte dieser Kampf gegen Dunkelheit und Scheitern zehn Jahre, erst dann kam er zu dieser Ruhe: *Und meine Seele, die bis dahin immer in Verwirrung war, verspürte einen tiefen inneren Frieden, als ob sie in ihrer Mitte und am Ort ihrer Ruhe wäre.*[135]

Solange wir auf dem Weg zu unserem Mittelpunkt, zu Gott, sind, wo die Kraft ganz und gar ihm gehört, können wir mit Bruder Bonifatius, einem vor Kurzem verstorbenen Trappistenmönch, sagen: *Ich sage mir nur, ganz einfach: Lass dich von Gott lieben.*[136]

11. Ja selbst über die Taten hinaus: *Dein ist die Herrlichkeit*

Die ganze Heilige Schrift ist von der Auffassung durchdrungen, dass die ultimative Herrlichkeit im Universum Gott allein gebührt. *Die Himmel erzählen die Herrlichkeit Gottes und das Firmament kündet das Werk seiner Hände. Ein Tag sagt es dem andern, eine Nacht tut es der andern kund, ohne Rede und ohne Worte, ungehört bleibt ihre Stimme. Doch ihre Botschaft geht in die ganze Welt hinaus, ihre Kunde bis zu den Enden der Erde,* singt der Psalmist (Ps 19,2–5a). Das ganze Leben Jesu diente dazu, den Vater zu verherrlichen.

In den vorigen zwei Kapiteln haben wir untersucht, was mit unseren Gedanken und Gefühlen geschieht, wenn das »Reich« und die »Kraft« in unserem Leben wirklich Gott gehören. Wir haben uns noch nicht damit beschäftigt, wie wir uns hinsichtlich unserer Werke verhalten sollen, wenn alle Anerkennung und alle Herrlichkeit Gott gebühren. In Verbindung mit dem Gebet Jesu, *Denn dein ist … die Herrlichkeit,* möchten wir nun einen Blick darauf werfen, wie wir uns in der Intimität unserer Gottesbeziehung zu unseren Werken verhalten sollten.

Der Ausdruck unseres Inneren

Sinnvolle Handlungen passen sich der Umgebung an, wirken sogar konstruktiv, doch kommen sie von innen. Die Aktivitäten einer reifen Persönlichkeit sind die äußere Manifestation des inneren Lebens.

Es gibt kaum ein vollkommeneres Beispiel für ein Leben und Energie spendendes und gleichzeitig aus der Tiefe herrührendes und freies Handeln als Jesus. Alle Handlungen in seinem Leben entstammen der innersten Mitte seines Wesens, aus seiner Beziehung zum Vater. Er besteht darauf, *nur* das zu lehren, was er vom Vater hört, und *nur* das zu tun, was er bei ihm sieht.

Jesus lebte von innen heraus, dort, wo der Vater ihn liebt und er dem Vater seine Liebe erwidert. Durch diese Liebesbeziehung kann er für die Wahrheit eintreten, auch wenn alle ihn aus Angst um ihr Leben verlassen. Durch die Liebe des Vaters vermag er dem Wohl der anderen zu dienen, obschon die jubelnde Menge sich längst verflüchtigt und ihn in seinen bevorstehenden Leiden allein gelassen hat. Momentane Umstände haben keine Macht über Jesus, weil ihn nicht seine eigene Ehre kümmert, sondern allein die Herrlichkeit des Vaters. Sein »hohepriesterliches Gebet« fasst sein gesamtes Lebenswerk zusammen: *Vater, ich habe Dich auf der Erde verherrlicht* (Joh 17,4).

Selbst unter bedrängenden Umständen gibt Jesus niemandem nach, nur dem Vater. Ein herausragendes Beispiel dafür ist das letzte Abendmahl. Zu dem Zeitpunkt weiß Jesus bereits, welches Leiden ihn nicht nur physisch, sondern auch psychisch und spirituell erwartet. Er weiß, dass *seine Stunde gekommen war, um aus dieser Welt zum Vater hinüberzugehen.* Da nimmt er ein Leinentuch und beginnt die Füße seiner Jünger zu waschen, um ihnen noch eine Lektion über die Liebe zu geben. Um ihnen noch einmal ganz tief in ihre Herzen einzuprägen, wie die Liebe ist. Er tut das nicht in der Stunde der größten Popularität, sondern der Verlassenheit. Woher nimmt er die Kraft dafür? Der Evangelist Johannes sagt: *Jesus, wusste, dass ihm der Vater alles in die Hand gegeben hatte und dass er von Gott gekommen war und zu Gott zurückkehrte* (Joh 13,1–3). Das Wesen Jesu ist tief in seiner ungebrochenen Beziehung zum Vater verwurzelt. Das gibt ihm die Kraft, seine Jünger zu lieben und sie *bis zur Vollendung* zu lieben.

Uns, die wir durch das Zeugnis der Jünger an Jesus glauben, versprach er, dass wir durch die trinitarische Gemeinschaft wahrhaftig zu uns selbst finden werden. Wie die Taten Jesu aus der Beziehung zum Vater stammten, so können auch wir in dieser Mitte leben und handeln, wo Gott unser Gastgeber ist. So brauchen wir die Quelle unseres Handelns nicht außerhalb von uns zu suchen, sondern in der Mitte unseres eigenen Wesens.

Wer in Jesus lebt, ist frei. Der ist weder bestechlich noch erpressbar, genauso wie Jesus, dessen Identität nicht von den momentanen Umständen abhängig war. Wenn er Anerkennung erhielt, wurde er dadurch nicht größer; als sie ihn verurteilten, verlor er nicht an Wert. Auch der Apostel Paulus war frei, nicht nach dem Drehbuch anderer zu leben, da er sagte: *Wollte ich noch den Menschen gefallen, dann wäre ich kein Knecht Christi* (Gal 1,10).[137]

Natürlich kommt die Freiheit, es anderen nicht immer recht machen zu müssen, selten so rein in uns zur Geltung. Je mehr wir jedoch aus dem von unserem Gott geschenkten Inneren heraus handeln, desto weniger hängen wir von der Laune der Menschen ab. Wenn wir die Wahrheit erkennen, dann wird die Wahrheit *auch uns* frei machen.

Wer hat die Verherrlichung Gottes »nötig«?

Gott hat unser Lob nicht nötig, doch ruft die Bibel uns an unzähligen Stellen zum Lobpreis Gottes auf. Wenn der Lobpreis Gottes nichts hervorbringt, was vorher nicht schon existiert hätte, und wir durch unseren Lobpreis dem wesenhaften Strahlen Gottes nichts hinzufügen können, was oder für wen zählt es dann, ob wir mit den Worten des Vaterunsers *Dein ist … die Herrlichkeit* beten?

Im Buch der Offenbarung lesen wir von einer Vision, in der die Menschen in der Gegenwart Gottes die Anerkennung für ihre Treue erhalten. Wenn ihnen diese Ehre zuteilwird, gratulieren sie sich nicht gegenseitig, sie sprechen nicht einmal Worte des Dankes oder der Erkenntlichkeit für die Würdigung, die ihnen zuteilwurde, ihre Aufmerksamkeit richtet sich in keiner Weise auf ihr eigenes Glück. Alle fallen nieder vor »dem, der auf dem Thron sitzt«, legen ihre Kronen nieder vor dem Thron und sprechen: *Da fallen die vierundzwanzig Ältesten nieder vor dem, der auf dem Thron sitzt, und beten den an, der da lebt von Ewigkeit zu Ewigkeit, und legen ihre Kronen nieder vor dem Thron und sprechen: Herr, unser Gott, du bist würdig, zu nehmen Preis und Ehre und Kraft; denn du hast alle Dinge geschaffen, und durch deinen Willen waren sie und wurden sie geschaffen* (Offb 4,4–11). Das heißt, sie bestätigen, dass Gott Quelle und Mittelpunkt allen Handelns ist.

Wenn wir die mächtigen Werke dessen verkünden, *der uns aus der Finsternis in sein wunderbares Licht gerufen hat* (1 Petr 2,9), werden wir verwandelt. In diesem Akt passiert etwas *mit uns*. Die Quelle unseres Wirkens wird gereinigt. Wenn also jemandem die Verherrlichung Gottes wichtig ist, dann sind wir das. Unseretwegen sagt Gott: *Das Volk, das ich mir geformt habe, wird meinen Ruhm verkünden* (vgl. Jes 43,21; 48,11). Denn unsere Werke machen nur dann Sinn, wenn wir uns im Kraftfeld Gottes bewegen und sie von hier entspringen.[138]

Eine mentale Überzeugung reicht dabei nicht aus, wir brauchen, dass unser Herz – inmitten aller Geschäftigkeit – weiß, dass die Macht zum Handeln von Gott kommt. Aus diesem Grund betet der Apostel Paulus dafür, dass seine Leser innerlich erkennen mögen, wie unendlich bedeutender Gottes Handeln ist, als sie das sehen: *Er erleuchte die Augen eures Herzens, damit ihr versteht, zu welcher Hoffnung ihr durch ihn berufen seid, welchen Reichtum die Herrlichkeit seines Erbes den Heiligen schenkt und wie überragend groß seine Macht sich an uns, den Gläubigen, erweist durch das Wirken seiner Kraft und Stärke. Er ließ sie wirksam werden in Christus, den er von den Toten auferweckt und im Himmel auf den Platz zu seiner Rechten erhoben hat, hoch über jegliche Hoheit und Gewalt, Macht und Herrschaft und über jeden Namen, der nicht nur in dieser Weltzeit, sondern auch in der künftigen genannt wird. Alles hat er ihm zu Füßen gelegt und ihn, der als Haupt alles überragt, über die Kirche gesetzt. Sie ist sein Leib, die Fülle dessen, der das All in allem erfüllt* (Eph 1,18–23).

Wenn unsere innere Quelle verunreinigt ist

Jesus sagte zu seinen Jüngern, aus der Fülle des Herzens rede der Mund. Dies gilt nicht nur für unser Reden, sondern auch für unser Tun. Wenn wir wie Jesus von innen heraus leben, wo der Vater uns bestimmt, und wenn unsere Taten aus unserem Herzen kommen, dann dienen unsere Bemühungen, unsere Arbeit oder unser Dienst nicht der Selbstverwirklichung, sondern dem Ausdruck des göttlichen Willens, zu dem Gott uns erschaffen hat: *Denn seine Geschöpfe sind wir, in Christus Jesus zu guten Werken erschaffen, die Gott für uns im Voraus bestimmt hat, damit wir mit ihnen unser Leben gestalten* (Eph 2,10).

Unsere Werke drücken jedoch bei Weitem nicht immer unser Leben mit Gott aus. Hin und wieder wird »unsere Quelle« unrein. Oft handeln wir nicht, weil unser Leben schon erfüllt ist, sondern *um es zu erfüllen*. Wir leben oft mit einem inneren Defizit und verfolgen eine Art »Mangelmanagement«.

Die Handlungsabläufe, die die innere Leere füllen sollen, ähneln denen, die die Fülle unseres inneren Wesens ausdrücken. Wenn wir jedoch handeln, um die Leere in uns zu stopfen, dann handeln wir, damit wir »jemand« werden, und nicht, weil wir jemand sind. Unser Handeln wird zu einer Ersatzhandlung, zu einem zwanghaften Handeln, das unsere fehlende Identität ersetzen soll. Die innere Notlage (»Enge«) macht uns rabiat, wir spüren, dass wir das »Loch« vermindern müssen. Dementsprechend »gebrauchen« wir einander, manchmal sogar diejenigen, die wir sehr schätzen. Und wir verletzen einander, wie wir das gar nicht wollen. Wir können so klug, geschickt oder mächtig sein, wie wir wollen, wenn wir eine »Mangelwirtschaft« verfolgen – das heißt, wenn wir ohne geistliche Fundierung agieren –, können wir großen Schaden anrichten. Und oft merken wir das nicht einmal. Wir alle tragen Wunden von Familienmitgliedern oder Führungspersonal, die zwar in guter Absicht oder mit großem Sachverstand, jedoch blindlings an uns gehandelt haben.

Der Nachteil der Arbeitswut ist, dass der zwanghaft Handelnde das Loch nicht nur »stopft«, sondern auch verdeckt – oder zumindest alles dafür tut, es zu verbergen –, und nicht nur vor anderen, sondern auch vor sich selbst. Manchmal mit Erfolg. Wer sich mit Arbeit überschüttet, dem sagt man vergebens: »Du bist ein Sklave deiner Arbeit.« Der nimmt das nicht wahr, solange er darum bemüht ist, seine Identität zu ersetzen.

Die Beschäftigung kommt einer Person, die sich nicht mit sich selbst beschäftigen will, gerade recht. Solange wir beschäftigt sind, können wir den Anschein von Stärke bewahren. Das Handeln unterdrückt, wenn auch nur für eine Weile, das innere Tosen. Es ist kein Zufall, dass wir gerade im Zeitalter der Abhängigkeiten leben. Die Beschäftigung und Suchtkrankheiten ähneln sich in ihren Symptomen. Marx behauptete, dass Religion Opium fürs Volk sei, aber das war falsch: Heutzutage ist die ständige Beschäftigung das Opium fürs Volk. Die »Glücksexperten« unserer Zeit nutzen das schamlos aus. Sie betäuben uns mit dem Versprechen, dass wir unser Unglück vergessen werden, wenn wir ihnen in dieser und jener Handlung zur Hand gehen. Industriezweige haben sich darauf spezialisiert, das »nach Gott gestaltete Vakuum« durch Produkte, oberflächlichen Genuss und Unterhaltung zu verdecken.

Wenn unser Leben nicht an seinem Platz, in Gott verborgen ist, dann versuchen wir unseren Platz zu finden, indem wir den Gefallen anderer suchen und zu Marionetten der Außenwelt werden. In solchen Fällen werden unsere Handlungen nicht mehr Ausdruck unseres inneren Lebens sein, sondern auf dessen Fehlen weisen, und je mehr wir das tun, desto weiter entfernen wir uns von unserem inneren Leben. Und das kann zu einem wahren Teufelskreis werden.

Halte inne!

Bei stofflichen Süchten gibt es einen Punkt, an dem man die Mittel völlig abstellen muss, damit die Toxine ausgeschieden werden können und der Körper sich erholen kann. Doch wie ein der Sucht verfallener Mensch sein Gewissen mit Kompromissen betäubt, damit er sich nicht völlig einschränken muss, so schließen auch wir oft Kompromisse mit unserer Arbeit: Vielleicht reicht ja nur die richtige Gewichtung. Zahllose Kurse und Handbücher helfen, unsere Ressourcen gut einzuteilen. Das Einrichten einer Rangfolge der Prioritäten kann für eine gesunde Seele sogar ausreichend sein. Eine abgestumpfte Person wird jedoch eine radikalere Veränderung brauchen. Wer mit der ständigen Beschäftigung seine eigene Realität nicht mehr wahrnimmt, kann seine Klarsicht nicht durch den bloßen Austausch von Aktivitäten wiedererlangen. Der braucht ein völliges Innehalten, ein vorübergehendes, aber vollständiges Niederlegen seiner Arbeit.

Unterbrechung und Heiligung der Arbeit

Die Arbeit ist Teil des Schöpfungsauftrages des Menschen. Gott sagt zum Menschen, *sechs Tage sollst du arbeiten,* das heißt, er weist uns an, sechs Siebtel der Woche mit Arbeit zu verbringen. Also kann nur derjenige gemäß seiner »Bestimmung« leben, der einen beträchtlichen Teil seines Lebens arbeitet. Die menschliche Kreativität ist Teil unserer Gottebenbildlichkeit: Möglichkeit und Verantwortung zugleich. Unsere Arbeit verleiht uns Würde und ermöglicht uns, an der Schöpfung Gottes teilzuhaben. Gleichzeitig tragen wir Verantwortung, für die wir einmal Rechenschaft ablegen müssen. *Wem man viel anvertraut hat, von dem wird man umso mehr verlangen* (Lk 12,48b). Die Heilige Schrift spricht missbilligend von dem, der die Arbeit verschmäht.

Gleichzeitig sagt die Bibel auch, dass die Arbeit nicht unendlich ist. Die vorübergehende, aber völlige Unterbrechung der Arbeit, die Weihe des Sabbats, ist ein wesentlicher Teil des »gottgewollten« Lebens. In der Sabbatruhe erkennt der Mensch den an, der das ultimative Subjekt der ganzen Schöpfung ist. Bei der Ruhe am siebten Tag erinnern wir uns daran, dass wir nicht der Urheber unseres Daseins sind und uns auch nicht selbst am Leben erhalten können. Wer seine Arbeit weglegt, gibt Gott Raum, der immer am Werk ist, auch wenn wir ausruhen.

Durch den Sabbat beschenkt uns Gott mit sich selbst. Der Sabbat ist für den Menschen da, nicht nur weil sich die Lebensqualität dessen verbessert, der sich ausruht, sondern viel mehr in dem Sinne, dass die Mitte des menschlichen Lebens dadurch wiederhergestellt wird. Das mosaische Gesetz drückt das folgendermaßen aus: *Gedenke des Sabbats: Halte ihn heilig! Sechs Tage darfst du schaffen und all deine Arbeit tun. Der siebte Tag ist ein Ruhetag, dem Herrn, deinem Gott, geweiht. An ihm darfst du keine Arbeit tun: du und dein Sohn und deine Tochter, dein Sklave und deine Sklavin und dein Vieh und dein Fremder in deinen Toren. Denn in sechs Tagen hat der Herr Himmel, Erde und Meer gemacht und alles, was dazugehört; am siebten Tag ruhte er. Darum hat der Herr den Sabbat gesegnet und ihn geheiligt* (Ex 20,8–11).

Die Würde unserer Arbeit kommt von Gott, aber das wird nur bestärkt, indem wir uns von Zeit zu Zeit Gott zuwenden. Ziel der Feier des Sabbats ist daher, dass unser aktives Leben unter der Souveränität Gottes stehen soll. Die ersten sechs Tage werden durch den siebten geweiht. Natürlich erreicht das Halten des Sabbats nur dann sein Ziel, wenn es freiwillig geschieht (nicht als Zwang oder Forderung). Sonst kann es genauso zwanghaft werden wie die ununterbrochene Arbeit ohne Sabbat. Denn auch das »Ausruhen« kann zur Arbeit werden, genauso, wie die Rechtfertigung aus »Glauben allein« zum Aufbau der eigenen Selbstgerechtigkeit führen kann, neben der die Gerechtigkeit aller »guten Taten« verblasst. Jesus kritisierte die Pharisäer für diese zwanghafte und selbstzentrierte Einhaltung des Sabbats. Ursprünglich ist der Sabbat ein Geschenk, durch das wir Gott heiligen.

Jeden Abend, wenn wir uns zur Ruhe begeben, geschieht in Wirklichkeit genau dasselbe wie in der Sabbatruhe: Wir lassen unsere Arbeit unvollendet, viele Probleme ungelöst. Und überlassen Gott die Führung, wenn auch nur für ein paar Stunden. Genau dasselbe wird auch in unserer Todesstunde geschehen – nur mit dem Unterschied, dass es dann für immer sein wird.

Im kontemplativen Gebet praktizieren wir dasselbe. Wir setzen uns einen regelmäßigen Rhythmus, bei dem wir uns bewusst dafür entscheiden, unsere Betriebsamkeit für eine Weile auszusetzen, um uns der göttlichen Quelle aller Aktivität anzuschließen.

Weniger Mühsal, mehr Wasser

Die Beziehung zwischen Arbeit und Ruhe im Gebet veranschaulicht Teresa von Avila mit einem ausgezeichneten Vergleich. Ihre Vorgesetzten baten sie, über ihre Gottesbeziehung zu schreiben, um andere damit zu erbauen. So entstand ihre *Autobiografie*, in der sie ihre persönliche Reise im Gebet beschreibt.

Teresa vergleicht das Wachstum im Gebet mit der Gartenarbeit. Sie beschreibt die Beziehung zwischen Seele und Gott mit dem Bild des Gartens und des Gärtners. Der Gärtner ist Gott, der seinen Garten reinigt, Unkraut jätet und aufräumt. Dann kommt die Bewässerung. Die Aufgabe des Betenden ist es, bei der Bewässerung des Gartens zu helfen. Es gibt unterschiedliche Wege, Wasser zu besorgen, und Teresa zieht eine Parallele zwischen diesen Formen der Bewässerung und der Gemeinschaft mit Gott: *Überlegen wir nun, wie wir den Garten bewässern können. Ich meine, da gibt es vier Arten: Erstens kann man das Wasser in einem Gefäß selbst aus dem Brunnen emporziehen, was eine große Mühe ist. Zweitens kann man sich eines Schöpfrades bedienen, wie ich es manchmal tat; das ist schon weniger anstrengend, und man hat mehr Wasser. Drittens kann man es aus einem Fluss oder Bach ableiten; das ist sehr viel wirkungsvoller, denn die Erde wird besser durchtränkt, und man muss nicht zu häufig bewässern, so dass dem Gärtner viel Arbeit abgenommen ist. Viertens, wir müssen überhaupt nichts mehr tun, weil der Herr es kräftig regnen lässt; und das ist unvergleichlich viel besser als alles zuvor Genannte. Wenn wir nun diese vier Arten der Bewässerung, die der Garten braucht, um nicht kaputt zu gehen, auf unseren Fall anwenden, dann glaube ich, dass es möglich ist, mit deren Hilfe die vier Stufen des inneren Betens zu erklären, zu denen der Herr in seiner unendlichen Barmherzigkeit meine Seele zuweilen erhob.*[139]

Im Gebet erlebt der Mensch zuerst, dass es in der Beziehung hauptsächlich auf ihn und auf seine eigenen Anstrengungen ankommt, deshalb geht er zum Brunnen und zieht das Wasser mühsam mit eigenen Händen, um seine Seele zu bewässern. Mit der Zeit kommt er immer mehr in die Gebetspraxis hinein und gewinnt das Wasser für seine Seele ein wenig leichter, wie mit Hilfe eines Radbrunnens. Schritt für Schritt erkennt er dann, dass Gott mehr tut als er: Dinge geschehen in seiner Seele, die nicht an ihm liegen. Er wird Zeuge einer besonderen Schwerpunktverschiebung: Er beschäftigt sich immer mehr mit dem, was Gott in ihm und durch ihn tut. In seinem Gebet scheinen Ströme der göttlichen Liebe im Garten seiner Seele zu fließen. Seine Aufgabe ist lediglich, ein entsprechendes Bett für diesen Strom zu graben.

Diese Veränderung ist eigenartig, da sich »objektiv« gesehen in seiner Beziehung zu Gott nichts verändert hat. Vom ersten Augenblick an hat Gott es verwirklicht, war alles an seiner Gnade gelegen. Der Beter glaubte das von Anfang an, wenn auch zunächst auf einer prinzipiellen Ebene, aber er glaubte es. »Subjektiv« gesehen, hat sich doch etwas geändert. Der Mensch hat den Eindruck, dass sein Gebet immer weniger sein eigenes Werk ist, sondern vielmehr das Werk Gottes. Sein eigener Teil besteht lediglich darin, alles zu empfangen, was Gott ihm gibt.

Mit der Vertiefung der Beziehung erfährt der Beter ausgesprochen, dass sein eigener Anteil gleich null ist, wohingegen die Rolle Gottes unendlich ansteigt: Der Mensch tut kaum etwas, während Gott ihn mit vollkommener Liebe überströmt, sodass sein Gebet und sein Dienst ihn nicht mehr ermüden.

Teresas Beschreibung ist hundertmal differenzierter, daher ist das Lesen des Originaltextes mit dieser kleinen Kostprobe durch nichts zu ersetzen. Aber vielleicht hilft sie darin, die Veränderung, die im Laufe des Gebets in unserer Einstellung zum Handeln stattfindet, nicht nur aus der Perspektive unseres momentanen Zustandes, sondern aus einer »Vogelperspektive« zu sehen. Wenn der Mensch in der Gottzentriertheit wächst, erlebt er zunehmend, dass er aus einer *geschenkten* Kraft heraus lebt.

Die Essenz des kontemplativen Gebetes besteht darin, dieses geschenkte »Wasser«, die Kraft und das Leben von Gott, zu empfangen. Johannes vom Kreuz, der geistliche Begleiter Teresas, drückt dies in seiner Schrift *Die lebendige Flamme* folgendermaßen aus: *In diesem Zustand begnüge sich die Seele damit, mit ständiger Liebe auf Gott zu achten, und sich nicht zu ereifern. Wie schon gesagt, soll sie in einem passiven Zustand verweilen, in der liebenden Aufmerksamkeit für Gott, ganz einfach, wie ein Kind, ohne irgendeine Kraftanstrengung, wie jemand, dessen Augen mit Liebe an jemandem hängen.*[140]

Scheinbar tun wir uns Gewalt an

Wie schwer fällt es uns, das ständige Werkeln einzustellen! Unsere alten Gewohnheiten wirken gegen uns, auch wenn wir von der Richtigkeit des Innehaltens überzeugt sind und seine wohltuenden Wirkungen einsehen. Bruder Lorenz erinnert uns zu Recht daran: Wer das kontemplative Gebet praktizieren will, muss sich anfangs *Gewalt antun; oft glaubt man zu Beginn, dies sei verlorene Zeit, aber man muss bei der festen Entschlossenheit bleiben.*[141]

Überdies scheint das Nichtstun völlig widersinnig zu sein. Wir können uns unser Leben gar nicht vorstellen, ohne irgendetwas zu tun. Die »Arbeitspause« erscheint wie reine Zeitverschwendung. Nach Thomas Merton ist dies *einer der Hauptwidersprüche, die die Sünde in unser Leben gebracht hat. Wir müssen uns Gewalt antun, um nicht nutzlos für das zu arbeiten, was bitter und freudlos ist. Wir müssen uns zwingen, das zu tun, was leichtfällt und voll Freude ist, als ob das gegen unser eigenes Interesse wäre. Das zu tun, was für uns das Einfachste ist, scheint manchmal das Schwerste auf der Welt zu sein.*[142]

Die Übung der Kontemplation ist nur zu Beginn mühevoll. Wie ein Sportler sein Bestes gibt, um seinen Körper in eine gute Kondition zu bringen, so muss jeder, der mit Gott leben will, sein Bestes geben, um sein Leben Gott zu überlassen. Bruder Lorenz zeigt einen großen spirituellen Erfahrungsschatz, wenn er von den psychologischen Auswirkungen der sorgfältigen Übung spricht. Er sagt, dass die Betrachtung durch die Übung leichter wird: *Und schließlich werden uns diese Akte, wenn wir sie wiederholen, vertrauter werden und die Gegenwart Gottes wird uns ganz natürlich.*[143] *Man muss sich zu Beginn ein wenig anstrengen, um sich daran zu gewöhnen, ständigen Umgang mit Gott zu haben und Ihm alles hinzuhalten, was man tut; aber nachdem man sich ein wenig bemüht hat, fühlt man sich durch Seine Liebe so ermuntert, dass es gar keine Mühe mehr macht.*[144]

Im Schwimmbecken

Vor zehn Jahren sah ich in einem neuen Licht, dass die Anstrengung in der Praxis des kontemplativen Gebets später durch eine Erleichterung abgelöst wird. Ich saß am Rande des Schwimmbeckens, in dem der Schwimmlehrer meiner Tochter das

Schwimmen beibrachte. Der Schwimmlehrer wies sie an, nach jedem Zug eine kleine Pause einzulegen, zwei bis drei Sekunden zu zählen und dabei weiterzugleiten, und erst dann den nächsten Zug zu machen.

Ich selbst schwamm schon seit Jahren, aber während andere mit Leichtigkeit viele Bahnen zogen, machte ich schon für gewöhnlich nach zwei oder drei Längen schlapp. Der Ratschlag des Schwimmlehrers gab mir zu denken. Er weckte in mir eine neue Hoffnung. Vielleicht wird das auch bei mir funktionieren. Als sich eine Möglichkeit ergab, probierte ich mein »neues Wissen« aus. Ich tat, wie es der Schwimmlehrer meiner Tochter angeordnet hatte: gleiten, bis drei zählen und dann atmen. Und wahrlich, das Schwimmen wurde leichter, viel leichter, und es erschöpfte mich nicht mehr.

Bis zum heutigen Tag erinnere ich mich an die Bestürzung, als ich dessen gewahr wurde, dass Jesus so etwas gemeint haben könnte, als er sagte: »Mein Joch ist sanft und meine Last ist leicht«. Ich hätte meine Entdeckung am liebsten in die ganze Welt hinausposaunt. Aber mir wurde klar, dass viele diese Entdeckung vom Schwimmen wohl schon vor mir gemacht haben konnten. Deswegen schwieg ich. Zwar wurde ich kein besserer Schwimmer, aber etwas in mir hatte sich sortiert, was mir bis heute wichtig blieb. Obwohl die Bein- und Armzüge nicht von selbst kommen (jeder, der schwimmen will, kann sich die Erarbeitung der Technik nicht ersparen), wurde mir bewusst, dass die Mühe an einem gewissen Punkt der Ruhe Platz machen muss. Denn im Ruhezustand wird der Körper des Menschen vom Wasser »getragen«. Als Anfänger hat man Angst, dass man versinkt, wenn man sich nicht genügend anstrengt, dabei gibt genau die kleine Pause zwischen den Zügen Raum für die Entdeckung, dass uns das Wasser trägt. Hier erspüren wir einen neuen Rhythmus, eine neue Harmonie entsteht, und die Aufmerksamkeit wird jetzt nicht mehr sosehr auf das eigene Tun gelenkt, sondern auf die Harmonie und die Wirklichkeit, die uns umgibt.

Dasselbe gilt für die Mühsal im Gebet. Gottessuche und Bitte bedeuten im Gebet in der Tat eine gewisse »Arbeit«. Wer nicht genügend investiert, wird auch nicht üben. Auch am Anfang der Kontemplation muss sich der Mensch anstrengen. Das Gebet wird leichter, wenn man in der Selbsthingabe an Gott Ruhe findet. Wer allmählich begreift, dass die Richtung des Vorankommens im Gebet nicht auf dem Schild »deine Treue zu Gott« angezeigt wird, sondern von einem Schild, auf dem geschrieben steht: »Gottes tiefe Treue zu dir«[145], dessen ganzes Leben wird von einer Art kontemplativen Haltung durchdrungen. Während der Arbeit ruht seine Aufmerksamkeit in Gott, dem Herrn seines Lebens, aus, der ihn erhält. Wie Bruder Lorenz sagt: *Diese Gegenwart Gottes, die anfangs etwas mühsam ist, bewirkt, treu geübt, im Verborgenen der Seele wunderbare Dinge, zieht auf sie die Gnaden des Herrn in Fülle herab und führt sie unmerklich zu diesem einfachen Aufmerken, zu dieser liebevollen Schau des überall anwesenden Gottes, was die heiligste, dauerhafteste, einfachste und wirksamste Art des Gebets ist.*[146]

Die Kontemplation als eigenes Gebet

Das kontemplative Gebet wurde bisher als eigenständige Gebetsart behandelt. Stellen wir uns nun die Frage, inwiefern diese Gebetsform von anderen unterschieden ist und unterschieden werden muss.

In der Bibel lesen wir *keinen* Aufruf zum kontemplativen Gebet. Damit will ich aber nicht behaupten, dass das betrachtende Gebet biblisch gesehen keine Daseinsberechtigung hätte, denn es scheint mir, dass es in biblischer Hinsicht richtig oder sogar essentiell ist, die Kontemplation zu üben. Aber um der Klarheit willen finde ich es wichtig festzuhalten, dass die Bibel meines Wissens keinen Fall erwähnt, wo Jesus die Menschen dazu anhält, zu einer besonderen Zeit oder als eine besondere Übung zu

»kontemplieren«. Das Alte und das Neue Testament unterscheidet das kontemplative Gebet nicht als eigenständige Gebetsform (in der es also keine Suche und Bitte gibt).

Auf welcher Grundlage können wir dennoch über das kontemplative Gebet reden? Ich denke, die Antwort liegt in der Einstellung Jesu. Die Heilige Schrift führt uns in eine Sichtweise ein, in der der Mensch Gott in allen Lebensbereichen bedingungslos anerkennt. In der Heiligen Schrift bezieht sich diese Anschauung hauptsächlich auf die Erfahrung und den Vollzug von Anbetung und Lobpreis. Anbetung und Verherrlichung durchziehen alle Schriften der Bibel, was jeder Bibelkenner mit Dutzenden von Beispielen illustrieren könnte.

Jesus ruft uns, zuerst das Reich Gottes und seine Wahrheit zu suchen. Die Anerkennung und Verherrlichung Gottes ist so ein ganzheitlicher Ansatz, der mit allen Elementen und Praktiken unseres täglichen Lebens harmoniert. Diese Sichtweise wird durch das kontemplative Gebet eingeübt und gestärkt.

In den Evangelien lesen wir Gebete Jesu, die spontane Bewunderung und Vertrauen ausdrücken. Aber wir hören auch von langen Gebeten, wenn er viele Nächte stundenlang im Gebet verbrachte. In diesen Gebeten meditierte er sicherlich über das Wort Gottes und formulierte Gott seine Bitten, aber die Beziehung zwischen Jesus und dem Vater kennzeichnete eine vertrauliche Nähe. Wenn die Stille einen Teil der intimen Beziehung zwischen Menschen bildet, wie könnte dann die vollkommene göttliche Nähe ohne diesen stillen, vertraulichen Ausdruck existieren? Was also die Gebetsweise Jesu anbelangt, liegen wir sicher nicht falsch, wenn wir die huldigende, Gott betrachtende Anbetung als deren einen integralen Bestandteil ausmachten.

Am Leben der Apostel Johannes, Paulus und Petrus, die glaubwürdige Repräsentanten Jesu waren, sahen wir bereits, dass für sie über die Suche nach Wahrheit und das Bittgebet hinaus die Erfahrung der Nähe Gottes äußerst wichtig war. Nun wollen wir einen Blick darauf werfen, was Jesus im Gespräch mit der Samariterin darüber sagte: *Glaube mir, Frau, die Stunde kommt, zu der ihr weder auf diesem Berg noch in Jerusalem den Vater anbeten werdet … Aber die Stunde kommt und sie ist schon da, zu der die wahren Beter den Vater anbeten werden im Geist und in der Wahrheit; denn so will der Vater angebetet werden* (Joh 4,21ff).

Jesus wird in dieser Frau mit einer Einstellung konfrontiert, die unter religiösen Menschen damals wie heute üblich ist. Religiöse Menschen verbinden die Praxis der Gottesbeziehung mit historischen Traditionen: mit dem Tempel und den überlieferten Bräuchen der Alten. Für »konventionelle« gottesfürchtige Menschen gibt es in den oben zitierten Worten Jesu etwas Verblüffendes. Denn Jesus spricht von einer Gottesbeziehung, die über die Bezugspunkte der Bräuche und des Tempels, das heißt, über die bereits begangenen Wege und alles, was den Menschen an Gottes frühere Handlungen und Aussagen bindet, hinausgeht. Jesus respektierte das Alte Testament, den Tempel und die heiligen Feste. Dennoch spricht er von einer Beziehung zu Gott, die diese »ablöst«, die unmittelbarer ist als die Religiosität der Juden oder Samaritaner. Er deutet auf eine Anbetung hin, die Gott nicht auf den jahrhundertealten traditionellen Wegen verehrt, sondern *im Geiste und in der Wahrheit.* Das ist die Kontemplation.

Die Heilige Schrift nennt zwar die Kontemplation nicht ausdrücklich als ein eigenständiges Gebet, es wäre jedoch falsch, anzunehmen, dass der Grund dafür darin liegen könnte, dass sie es nicht befürwortet. Wer das betrachtende Gebet übt, d. h. sich Gott vollkommen hingibt, verfolgt ein äußerst biblisches Verhalten. Zwischen der Praxis des kontemplativen Gebets und des fortwährenden Lebens dieser ehrfurchtsvollen Anbetungspraxis besteht eine Beziehung wie zwischen der sonntäglichen »Gottesdiensterfahrung« und den gewöhnlichen Gebetsstunden des täglichen Lebens. Der Sonntag soll die anderen sechs Tage der Woche, die der tatsächliche Raum und die Zeit unserer Wege mit Gott sind, »von oben her« beleuchten. Genauso ist das kontemplative Gebet dazu bestimmt, in die Alltagserfahrung auszuströmen. (Sonst würde es nur so viel bedeuten wie die Sonntagserfahrung der sogenannten Sonntagschristen.)[147]

Jeder Gläubige ist zur kontemplativen Gemeinschaft mit Gott eingeladen, denn gemäß den Lehren der Heiligen Schrift werden wir alle im Himmel in fortwährender Schau Gottes leben. Diese Gemeinschaft wird jedoch nicht von unserem Verstand, unserer emotionalen Bindung oder unseren Taten bestimmt, sondern vom dreieinigen Gott. Wer ein Kind Gottes ist, tut wohl daran, wenn er manchmal still ist und mit seinem ganzen Sein anerkennt, dass Gott Gott ist.

Praktische Flexibilität und eindeutige Mitte

An dieser Stelle möchte ich auf die methodische Vielfalt der Kontemplation eingehen. Direkter Gegenstand der Kontemplation ist Gott, daher kann das Gebet als Betrachtung nicht im engen Wortsinne gelehrt werden. Man kann es einfach nur »zulassen«, empfangen oder üben. Genau deshalb spricht die christliche Tradition von der Gnade der Kontemplation als einer Art »eingepfropfter« Kontemplation, die auf die Begegnung mit Gott verweist, wo Gott uns mit dem Wissen um seine Gegenwart erfüllt.

Da der Mensch Gottes Selbstmitteilung weder erwirken noch herstellen kann, bleibt die Beschäftigung mit Wegen und Methoden der Kontemplation in der christlichen Tradition marginal. Nicht in dem Sinne, dass die konkreten praktischen Anweisungen nicht zählen würden, sondern in dem Sinne, dass diese Richtlinien ihrer Natur nach nur sekundär sind. Denn die Gottzentriertheit hat den Vorrang.

In Bezug auf die Methodik des kontemplativen Gebets ist die christliche Literatur von Großzügigkeit geprägt. Diese Flexibilität im Hinblick auf methodische Fragen lässt sich zum Teil auf die Tatsache zurückführen, dass wir die Mitte des kontemplativen Gebets nur dann bewahren können, wenn wir nicht an der

Einhaltung bestimmter Methoden festhalten. Diese methodische Flexibilität bedeutet auch, dass selbst die Distanzierung von den Methoden unsere Aufmerksamkeit nicht ablenkt. Die Großen der christlichen Kontemplation haben – im Gegensatz zu vielen fernöstlichen Traditionen der Kontemplation – keine Literatur zum Thema »Methodik« entwickelt. Nur wenige haben Handbücher oder kontemplative Exerzitien hinterlassen. Die schlichte Aufmerksamkeit der Wüstenväter, das östliche orthodoxe Jesus-Gebet, das innere Gebet der Karmeliten oder Franziskaner sind in ihrer Praxis alle ein wenig verschieden. Ihre Lehrer waren in ihrer Methodik sogar frei, Atmungs- oder Entspannungsübungen anderer Kulturen zu übernehmen oder die fernöstlichen Bewegungskünste oder Yoga als hilfreiche Übung zur Selbstübergabe oder inneren Sammlung zu nutzen. An zwei Dingen hielten jedoch alle christlichen kontemplativen Beter fest: an der Anerkennung, dass der dreifaltige Gott immer erstes handelndes Subjekt und Zentrum des Betens ist.

Die praktische Flexibilität ergibt sich aus der Natur der christlichen Kontemplation: Ihr Zentrum und Ziel zählen mehr als ihre Methode. Aus diesem Grunde sind die Geschichte und die Literatur der christlichen Kontemplation sehr reichhaltig und haben viele »Schulen«. Bestimmte historische Bewegungen betonen jeweils andere Punkte, und obwohl die hervorgehobenen Anhaltspunkte unterschiedlich sind, ist doch die Beziehung zu Gott immer ein und dieselbe. Es ist wie bei den sieben Gemeinden des Buches der Offenbarung, zu denen derselbe Christus spricht, aber so, dass er jeder Gemeinde anders erscheint. Auch die Traditionen der Kontemplation sind unterschiedlich. Das Ziel ist das gleiche, die Wegbeschreibungen variieren etwas. Deshalb ist es wichtig, Harmonie und Zusammenklang, die aus der Vielfalt hervorheben, gemeinsam zu betrachten und darzustellen – was das ausdrückliche Ziel meines Buches ist. Die Definition der christlichen Kontemplation ist die Zuwendung zu Jesus.

Hier muss gesagt werden, dass die christliche Kontemplation in den verschiedensten Lebenssituationen erlernt werden kann. Das Staunen, das Zulassen, die Verneigung und die Selbstübergabe sind Übungen, die unsere Beziehung zu Gott und den Menschen vertiefen können. Das Ziel ist fraglos die Aneignung einer Grundeinstellung, und zwar dass unsere Existenz von einem »Anderen«, nämlich von Gott selbst, bestimmt wird.

Die herausragenden Autoren der Literatur der christlichen Kontemplation – wie Katharina von Siena, Teresa von Avila oder Bruder Lorenz – *lehrten zu leben* und haben die praktischen oder theologischen Fragen der Kontemplation nur am Rande berührt. Diejenigen, die nur knapp, gar nicht oder mit anderen Worten darüber sprechen, lebten oder leben die Kontemplation auch heute noch genauso. Kontemplation ist Anbetung Gottes. Niemand hat ein Patent auf die Methodik der Anbetung Gottes.[148]

Das Einüben der kontemplativen Praxis und das Einüben der praktischen Anweisungen können wiederum sehr hilfreich sein. Anhand der persönlichen Erfahrung und mit fachlicher Hilfe kann man besser unterscheiden, welche Haltung uns weiterbringt und welche nicht. Auf diese Weise ist es leichter zu lernen, wie man die Aufmerksamkeit bei Gott halten kann oder wie man bei Abschweifungen immer wieder neu zur ausschließlichen Gotteszentriertheit zurückfinden kann. Später kann besser eingeübt werden, dass im Gebet nicht so sehr zählt, was man bekommt oder nicht bekommt, was man erreicht oder nicht – das einzige Maß für den »Erfolg« ist, ob man sich Gott und für Gott hingegeben hat.

Vorbehalte

Viele hegen Vorbehalte gegenüber der Praxis des kontemplativen Gebets aus Angst, sie könnten durch den vorübergehenden Verzicht auf Gedanken, Gefühle und Taten den Bedürfnissen gegenüber gleichgültig, ja sogar unverantwortlich und ihr Gebet uferlos werden. Oft wird der Einwand erhoben, die Kontemplation würde den Menschen davon abbringen, sich dem Gott der Offenbarung unterzuordnen und in einen unkontrollierbaren Libertinismus münden.

Lange Zeit gehörte ich zu denen, die diesen Vorbehalt teilten. Heute sehe ich das anders. In den letzten drei Jahrzehnten habe ich die Leiter vieler ungarischer und internationaler christlicher Organisationen getroffen und in Führungsseminaren und bei persönlichen Begegnungen ihre Geschichten gehört. In meinen historischen Studien lernte ich die christlichen Denker des Altertums und besonders des Mittelalters kennen. All das führte mich zur Feststellung, dass eine lieblose oder nachlässige Handlungsweise niemals durch die Überfülle, sondern durch den Mangel des Gebets entsteht. Noch nie habe ich von einem einzigen christlichen Leiter gehört, der sein Verantwortungsgefühl ignorierte, weil er *zu viel* betete.

Hingegen könnte ich leider Dutzende von Geschichten der verschiedensten christlichen Konfessionen und Arbeitsplätze erzählen, die von einem blinden Aktivismus zeugen. Ich denke, dass sich die Welt nicht vor den *untätigen Kontemplativen* bangen müsste, sondern vor den *blinden Aktivisten*. Vieles spricht dafür, dass für den Menschen weniger Gefahr von den tatenlosen Kontemplativen ausgeht als von den gebetslosen Unternehmen und Programmen – so wohlmeinend sie auch durchgeführt werden.

Diejenigen, die dem Licht Christi folgen und in der Dunkelheit der Welt das Licht Christi sein wollen, müssen in ihrem inneren Leben wachsen. Frère Roger erinnert uns mit der für ihn bezeichnenden Behutsamkeit daran: *Wenn du das Licht in die Dunkelheit der Menschheit tragen willst, würdest du dann ein inneres Leben in dir wachsen lassen?*[149]

Mit der Pflege der innigen Beziehung zu Gott geraten wir nicht ins Zentrum der leblosen Passivität, sondern der Aktivität, die die Existenz des Universums bestimmt. Henri Nouwen sagt: *Wahre Kontemplative sind folglich nicht diejenigen, die sich von der Welt abwenden, um ihre eigene Seele zu retten, sondern solche, die ins Herz der Welt vordringen und von dort aus zu Gott beten.*[150]

Henri Nouwen betrachtet also das kontemplative Gebet als konstruktive Tätigkeit, ja als die *konstruktivste* Aktivität mit weitreichenden politischen und sozialen Implikationen. *Underhill zeigt, wie die Mystiker in vielen Fällen imstande sind, eine unglaubliche Aktivität zu entwickeln, nachdem sie die höchsten ekstatischen Erfahrungen gemacht haben. Paulus ist wohl dafür das Hauptbeispiel; doch Augustinus, Teresa von Avila, Katharina von Siena und viele andere beweisen die gleiche Leistungsfähigkeit. Mystik ist das Gegenteil von Weltflucht. Innige Vereinigung mit Gott führt zu einer überaus schöpferischen Betätigung in der Welt, in der man lebt.*[151]

Kontemplative Menschen sind felsenfest davon überzeugt, dass in der Tiefe aller Personen, Dinge und Ereignisse Gott gegenwärtig ist. Sie gehen von der Tatsache aus, dass die Gegenwart Gottes immer wahr und wichtiger ist als die eigenen Ideen, Pläne oder Handlungen des Menschen. Deshalb setzen sie alles daran, Gott ganz und gar zur Verfügung zu stehen.

Der Liebesinhalt der Werke

Im Leben religiöser Gemeinschaften tauchen immer wieder Menschen auf, die auf ihre eigene Kraft bauen, anstatt sich auf Gott zu verlassen. Sie konzentrieren sich auf menschliche Werke, beziehen sich auf neue Kenntnisse oder Methoden und ersetzen das Evangelium durch belastende Erwartungen. Der Apostel Paulus bittet gerade in einer solchen Situation die Gläubigen in Galatien, vom Vertrauen auf eigene Werke zum Wesentlichen zurückzukehren, nämlich sich allein auf Gott, den Urheber und Erhalter allen Lebens zu verlassen.

Paulus argumentierte gegen die Verfechter der Werke, obwohl sie das mosaische Gesetz am besten zu vertreten scheinen (denn die Beschneidung war eine religiöse Erwartung der Galater), weil sie sich von der Quelle des Lebens entfernt hatten. Zum Vertrauen auf die Werke gesellen sich bald Feindschaft, Streit und Neid, d. h. die Werke des Fleisches. Im Gegensatz dazu entspringt dem Gottvertrauen das Leben des Geistes, dessen Früchte Liebe, Sanftmut, Güte und Ähnliches sind.[152]

Paulus bietet für das Handeln einen sehr einfachen Maßstab: Wie viel Liebe die Taten aufweisen, denn: *in Christus Jesus gilt weder Beschneidung noch Unbeschnittensein etwas, sondern der Glaube, der durch die Liebe tätig ist* (Gal 5,6).

Jedes glaubwürdige Handeln – sei es der Gehorsam gegenüber einem Gebot oder einer moralischen Erwartung, sei es ein Gebet oder Dienst – zeichnet sich dadurch aus, dass es die Liebe zur Bestimmung hat. Wenn wir also feststellen wollen, ob wir richtig handeln, wenn wir aktiv sind, anderen helfen oder uns ins Gebet zurückziehen, dann schauen wir am besten auf den Liebesgehalt unserer Taten.

Wie unser Denken an seinen Platz gelangt, wenn unser Verstand nicht mehr das Instrument unserer Kontrolle, sondern ein Rezeptor und Diener der Selbstmitteilung Gottes ist, und wie unsere Gefühle erneuert werden, wenn sie uns nicht mehr an uns selbst binden, sondern uns für die Wirklichkeit des anderen öffnen und sich an Gott und unsere Mitmenschen richten, so werden auch unsere Taten geheiligt, wenn wir nicht nur aus uns selbst heraus und für uns selbst handeln, sondern aus Gott heraus und für Gott. Mit anderen Worten: wenn wir seiner Liebe in uns Raum geben und sie in uns wirksam werden lassen.

Im 20. Jahrhundert wurde Mutter Teresa von Kalkutta so zur Christusträgerin. Sie wusste, dass letztlich nicht die Größe oder Quantität ihrer Werke zählte, sondern die durch sie hindurchscheinende Liebe. Deshalb begann sie den Tag mit mehreren

Stunden Kontemplation, bevor sie sich der Vielzahl von Aufgaben vor Ort und weltweit, Korrespondenzen und Handarbeit widmete, und beriet in diesem Sinne auch die Schwestern in verantwortlichen Leitungsaufgaben. An einer Stelle schrieb sie darüber: *Unsere Arbeit ist nur insofern wirklich apostolisch, als wir ihm erlauben, in uns und durch uns mit seiner Kraft, mit seinem Verlangen und seiner Liebe zu arbeiten. … Nicht was wir sagen, ist wichtig, sondern was Gott zu uns und durch uns sagt. Alle unsere Worte werden nutzlos sein, wenn sie nicht von innen kommen – denn sonst strahlen sie nicht das Licht Christi aus, sondern erhöhen nur die Finsternis.*[153]

Das selbstvergessene Ausströmen der Liebe

Die Logik eines evangeliumsgemäßen Lebens ist das Ausströmen. Jeder, der mit Gott in Verbindung steht, ist mit der Liebe verbunden. Die Liebe manifestiert sich auf verschiedene Weise, richtet sich aber in jedem Fall an andere. Das ist ihre Natur. Das Leben der Mutter Theresa von Kalkutta zeichnete sich durch die einfache überwältigende Liebe aus: *Sehr oft fühle ich mich wie ein kleiner Stift in Gottes Händen. Er übernimmt das Schreiben. Er übernimmt das Denken. Er führt die Bewegung. Ich muss nur der Stift sein.*[154]

Das liebevolle Betrachten Gottes führt daher immer zu einer Fürsorge für andere. Denn wer liebt, will nicht herzerwärmende Gefühle der Liebe in sich hegen, sondern anderen selbstvergessen dienen. Wer Menschen kennt, die diese »ichlose« Liebe leben, ist privilegiert, denn er wird Zeuge der befreienden Wirkung dieser selbstvergessenen Liebe. Aber noch privilegierter ist derjenige, der so lebt, denn *es gibt keine größere Freiheit als die Freiheit von uns selbst*[155].

Charles de Foucauld lebte zu Beginn des 20. Jahrhunderts in der Sahara. Er zog dahin, um die Kultur der Nomaden zu studieren und ihnen das Evangelium mit seinem Leben und seinen Worten »zu verkünden«. Er lebte ein kontemplatives Leben. Er wusste, dass man ihn töten würde, dennoch war er dazu bereit, Jesus sanftmütig zu verkünden. Zu dieser Zeit vermerkte er diesen kurzen Satz: *Das beste Gebet ist eines, das am meisten Liebe enthält.*[156]

Die Echtheit und der Wert des kontemplativen Gebetes zeigen sich im Liebesinhalt der Werke, die aus ihr hervorgehen. Teresa von Avila schreibt am Ende der Inneren Burg unmissverständlich: *Hierfür ist das Gebet da, meine Töchter, das ist die Bestimmung dieser geistlichen Ehe, nämlich dass ihr immerfort Werke entsprießen, Werke. Dies ist das wahre Kennzeichen dafür, dass etwas eine Gnade ist, die von Gott kommt.*[157]

In der christlichen Kontemplation, die man zu Recht als das Gebet der Liebe bezeichnen könnte, überlässt sich der betende Mensch der Liebe Gottes, und Gott ruft ihn als Zeichen seiner Liebe mit unmissverständlicher Absicht und Zärtlichkeit dazu auf, seine göttliche Liebe in sich wirken zu lassen. Franz Jalics schreibt dazu: *Bevor ich auf den kontemplativen Weg kam, hörte ich öfters, dass die Gebetszeiten auf Kosten der Aktivität gehen. Sie machen untüchtig für das Leben in der Welt. Meine Erfahrung ist anders: Ich arbeite jetzt mehr als vorher, weil ich mehr Kraft von innen her erfahre und weil ich ohne Stress lebe. Ich fange an, Jesus Christus zu verstehen, der nach einem Tag intensiver Gespräche, Heilungen und Kontakte mit der Menge sich für viele Stunden in der Nacht in seine Mitte zurückgezogen hat, um in der Gegenwart seines Vaters neue Kraft zu schöpfen.*

Die Wirksamkeit meiner Aktivitäten verlagerte sich vom Machen und Organisieren auf die Ausstrahlung. … Die Garantie des Fortschritts liegt nicht mehr so sehr in Willensakten wie früher. Sie hängt davon ab, wie intensiv und wie lange ich mich der Gegenwart Gottes aussetze.[158]

Oder wie das Gebet des Kelten Columba im 7. Jahrhundert:[159]

Manchmal, in einer bescheidenen Zelle,
in der Gegenwart meines Gottes,
bleibe ich stehen und horche.
In der Stille meines Herzens
höre ich seinen Willen,
wenn ich wirklich hinhöre.

Verzweifelte Menschen drängen sich um mich,
sie glauben, dass ich die Antworten weiß,
sie suchen meinen Rat.

Sie sagen, ich bin weise.
Ich antworte: nichts kann mich in die Irre führen,
wenn ich alleine bin und ich hinhöre.
Ich bin nur ein Diener, bin kein anderer,
den der König berät,
wenn ich ihm zuhöre.
Manchmal, in einer bescheidenen Zelle,
in der Gegenwart meines Gottes,
bleibe ich stehen und horche.

Der gottesfürchtige Mensch verkündet mit dem Schlusswort des Vaterunsers im Einklang mit seinem Sein, seinen Werken und Worten oder mit seinem Schweigen: *denn Dein ist die Herrlichkeit*, denn alle menschlichen Werke und Weisheiten, die von bleibendem Wert sind, stammen aus den Werken Gottes und daher gebührt die Anerkennung allein Gott. Sein und für immer ist die Herrlichkeit: *Soli Deo Gloria!*

12. Vollendung: *In Ewigkeit*

In der Betrachtung gibt es etwas Ewiges. Im kontemplativen Gebet ahnt der Mensch etwas vom innersten Wesen seiner Existenz, das seinen Sinnen kaum zugänglich ist, ihn aber dennoch über jede Veränderung hinaus definiert. Die Kontemplation ist wie der Keim unserer zukünftigen Existenz, sie nimmt den Zustand bereits voraus, in dem unser ganzes Wesen, all unsere Gedanken, Gefühle und Taten von Gottes unaufhörlicher Nähe bestimmt werden.

Jesus kennt die *Ewigkeit*, das »Für alle Zeit« von innen her. Darauf weist er schon zu Beginn seines öffentlichen Auftretens hin, als er verkündete, dass in ihm das Reich Gottes schon zu uns gekommen sei, obwohl die meisten ihn noch gar nicht verstanden. Genauso wenig verstanden sie ihn, als er sagte: *noch ehe Abraham wurde, bin ich* (Joh 8,58).

Die Aussage des Vaterunsers, *denn Dein ist das Reich und die Kraft und die Herrlichkeit,* weckt ebenfalls ein Gefühl von Ewigkeit, doch das Schlusswort des Gebets Jesu sagt ausdrücklich: *in Ewigkeit!*

Wenn *wir* zum Abschluss unseres Gebets »in Ewigkeit« sagen, beziehen wir uns wahrscheinlich darauf, dass die Anliegen, für die wir bisher gebetet hatten, in der fernen Zukunft vollendet werden können oder vollendet werden sollen. Wie der Apostel Paulus sich auf den Tag freut, an dem Gott *alles in allem sein wird* (1 Kor 15,28).

Jesus lebt jedoch *in Ewigkeit* in der Gegenwart des Vaters, in seinem Mund sprechen sowohl die Vergangenheit wie auch die Zukunft von der Gegenwart. Jesu Gebet und Leben zeugen von der Herrschaft, Macht und Herrlichkeit Gottes – wie es immer war, *so ist es jetzt* und wird es auch in der endlosen Zukunft bleiben. Für Jesus ist dies eine einzige Realität. Für ihn weist der Ausdruck *in Ewigkeit* nicht nur über die Gegenwart hinaus und rahmt sie nicht nur ein: Bei ihm durchzieht die Ewigkeit auch die Gegenwart. Für Jesus gibt es nicht nur die lineare Zeit, in der sich die Ereignisse in ihrem Nacheinander begreifen lassen, sondern auch die Realität der ständigen Gegenwart Gottes, in der alles andere Sein relativ wird.

Alpha und Omega

Das Buch begann damit, dass Jesus seine Jünger das Beten lehrte. Jesus ruft uns in die ungebrochene Liebesbeziehung zwischen dem Vater und dem Sohn.

Jetzt, kurz vor dem Ende des Buches, gelangen wir wieder zu Jesus zurück. Das Ende ist dort zu finden, wo der Anfang ist. Jesus ist das Alpha und das Omega, der Anfang und das Ende (Offb 21,6f).

Jesus war zuerst der Bezugspunkt in unserer Gottesbeziehung: Er zeigte uns den Weg zum Vater, wir versuchten zu beten, wie er uns das gelehrt hatte. Wir gingen mit ihm Seite an Seite. Er führte uns Schritt für Schritt in die Nähe des Vaters wie ein Begleiter und versprach uns, bei uns zu sein bis ans Ende der Welt.[160]

Später erst nahmen wir wahr, dass Jesus nicht nur *mit uns* betete, sondern auch *in uns*. Wir leben nicht nur bei ihm, sondern auch in ihm. Und er in uns. Während wir ihn zu Beginn des Gebets als einen äußeren Meister betrachteten – der uns ruft, von ihm zu lernen –, verstehen wir in einer reiferen Phase unseres Gebets, dass er in uns lebt und uns ruft, uns mit ihm zu identifizieren.

Die Hauptveränderung im kontemplativen Gebet liegt nicht so sehr in unserem Wissen oder in unserer Erfahrung, sondern in unserer Jesusbeziehung. Zu Beginn des Gebets ist die menschliche Seite – wie eine Eingangstür – zunächst unentbehrlich, doch tritt sie später in den Hintergrund und die göttliche Seite wird immer wichtiger. Bevor der Mensch die Schatzkammer betritt, sieht er nur das Tor. Aber drinnen schaut er auf den Schatz und kümmert sich kaum mehr um das Tor. Im kontemplativen Gebet geschieht diese Verschiebung der Aufmerksamkeit: Unser Gebet wird immer weniger von unserem Denken, Fühlen und Handeln bestimmt, sie bestimmen uns immer weniger, vielmehr wird unsere Aufmerksamkeit zunehmend an das Handeln Jesu in uns gebunden und wir verweilen bei ihm. Die Kontemplation entfaltet in uns die Gottzentriertheit.

Fügen wir hinzu: im gesunden Fall. Denn es ist nicht selbstverständlich, dass diejenigen, die beten, Jesus Christus und damit Gott als das Wesentliche ihres Gebets betrachten. Wir neigen dazu, das Handeln des Menschen auf Kosten des Mysteriums überzubewerten. Die Gottzentriertheit des Gebetes wird häufig mit der Treue gegenüber der Heiligen Schrift oder anderen Praktiken ersetzt. Wir finden ernsthafte Argumente zum Beharren auf Originaltexten und bestimmten Methoden und Gebräuchen, doch kann sich die Konzentration auf Gott darin nicht erschöpfen. Die zentrale Frage des Gebets ist, wie sehr wir uns erlauben, dem Vater in Jesus näher zu kommen.

Keiner gelangt durch Nötigung zur Gottzentriertheit. Umsonst spornen wir uns gegenseitig oder sogar uns selbst, auf Luther oder Mutter Theresa von Kalkutta verweisend, damit an, wie viel sie gebetet hatten. Das ständige Sich-Vergleichen vertieft nur das Gefühl des Scheiterns und des Schuldbewusstseins. Wenn wir in unserem Eifer nur auf uns selbst achten und dabei die Wichtigkeit unserer Bemühungen das Handeln Gottes verschleiert, sägen wir am eigenen Ast.

Zu Beginn des Gebetslebens gehören die menschlichen Werke zum Wachstum dazu, aber wenn wir den Vorrang Gottes ignorieren, dann gerät unsere Gottesbeziehung ins Stocken. Jesus ermutigt uns, in seinem Namen zu bitten und anzuklopfen, und die Tür wird sich vor uns öffnen. Jesus sagt allerdings nicht, dass wir nur auf die Tür achten sollen, sondern vor allem auf den, der hinter der Tür auf uns wartet. Die Tür kann nur von innen geöffnet werden. Teresa von Avila rät uns dazu, in unserer »inneren Burg« keine einzige Tür aufbrechen zu wollen – denn der Burgherr, Gott selbst, wird uns dort hineinführen, wenn er uns bereit dazu findet.

Jesus lehrt uns die Betrachtung

Jesus ist der Ursprung und die Vollendung unseres Glaubens und unseres ganzen Lebens, *dem der Vater alles in seine Hände gegeben hat* (Joh 3,35). Er ist der Herr unseres Gebets. Einmal sagte er zum Vater: *Alles ist mir von meinem Vater übergeben worden; niemand kennt den Sohn, nur der Vater, und niemand kennt den Vater, nur der Sohn und der, dem es der Sohn offenbaren will* (Mt 11,25; vgl. Lk 10,22). Nur er kann uns das Beten lehren. Dies ist von Anbeginn so.

Beten kann man auf vielerlei Weise: freudig und traurig, ernsthaft vorbereitet und mit einem spontanen Seufzen, im Bewusstsein unserer Gefühle und Umstände oder diese bewusst hinter uns lassend. Aber wir müssen nicht nur darauf achten, was wir verstanden haben, was wir erleben oder was wir tun und sagen, sondern wir müssen auch wissen, was Gott in uns tut. Kontemplation ohne Gottzentriertheit ist unvorstellbar. Vor vier Jahrhunderten wies Teresa von Avila darauf hin: *Wir hören immer, wie gut das Gebet sei;... doch man erklärt uns nichts, was wir uns nicht selbst erklären können. Und von dem, was der Herr in einer Seele bewirkt – dem Übernatürlichen, das in ihr geschieht –, wird uns wenig gesagt.*[161]

Die Vertiefung des kontemplativen Gebets kann unterstützt werden, indem man das Wirken und Rufen Gottes »lautverstärkt« hörbar macht. Nur Gott kann mit uns über Gott sprechen. Johannes von der Leiter (Klimakos) drückte das im 7. Jahrhundert folgendermaßen aus: *Sehen kann man nicht lernen, denn es ist eine Wirkung der Natur. Die Schönheit des Gebetes kann man nicht lernen durch den Unterricht eines anderen. Es hat seinen eigenen Meister, nämlich Gott.*[162]

Beim Gebet bedarf es daher einer Anleitung, in der deutlich wird, »was der Herr tut« und »was er in der Seele erschafft«. Unsere Rolle kann höchstens sein, einander in eine betende Gemeinschaft einzuführen, in der Gott ruft und spricht. Die folgenden Worte des Thomas Mertons gelten für das suchende und bittende Gebet, aber mehr noch für die Kontemplation: *Niemand lehrt die Betrachtung, außer Gott selbst, der sie gewährt. Das meiste, was wir tun können, ist etwas zu schreiben oder zu sagen, mit dem wir jemandem die Möglichkeit geben, herauszufinden, was Gott von ihm will.*[163]

Über das Gebet lehren macht nur Sinn, wenn dadurch das Wort Gottes vernehmbar wird. Dieses Buch ist auch nur so viel Wert, wie es den inneren Prozess in Worte fasst, den Gott in uns schon begonnen hat. Mit anderen Worten, es hat nur so viel Wert, wie es zum Wirken Gottes in uns passt. Wer diesen Überblick eher als eine *Vorschrift denn als eine Beschreibung* interpretiert, wird es sich zur Aufgabe machen, alles in die Tat umzusetzen, und sich sofort mit seiner eigenen Rolle beschäftigen – dann wird jedoch jedes Wort in diesem Buch für ihn nutzlos sein. *Es ist besser, auf den Herrn zu vertrauen als sein Vertrauen auf Menschen zu setzen* (Ps 118,8).

Der kontemplative Mensch stützt sich auf Gott. Er unterwirft sich ihm, damit Gott sein Sehen und Hören reinigt – damit er ganz in ihm leben kann. Mit den Worten von Jenő Sillye:

Reinige meine Augen, damit ich dich sehe;
Reinige mein Ohren, damit ich dich höre;
Öffne mein Herz, damit ich dich aufnehme;
Öffne mein Herz!

Nimm meine Füße, damit ich zu dir komme;
Erhebe meine Arme, wenn ich dich umfange;
Rette meine Seele, damit ich in dir lebe;
Rette meine Seele!«[164]

Jesus tritt für uns ein

Im kontemplativen Gebet ist unsere größte Stütze, dass Jesus in uns betet und für uns eintritt. Wir haben wiederholt auf die Tatsache hingewiesen, dass Jesu Zwiesprache mit dem Vater unserem Gebet seinen Rahmen gibt, ja sogar bestimmt und durchdringt. Aber wir haben uns noch nicht ausdrücklich mit dem Geheimnis der Dreifaltigkeit beschäftigt. Am Ende des Buches angelangt, wollen wir in diesen Dialog »hineinhorchen«.

Wenn wir der inneren Realität Gottes näherkommen wollen, können wir nur persönlich und unverhüllt dorthin gehen. Wir müssen es Mose gleichtun, der an den brennenden, aber nicht verbrennenden Dornbusch herantrat, an den, der »ist« und der sich ihm in diesem Ereignis offenbarte: Wir müssen unsere Schuhe ablegen. Wir müssen jeglichen Hochmut und jegliche Selbstsicherheit zurücklassen.

Das ultimative »Milieu« unseres Gebets ist Gott. Die drei göttlichen Personen stehen in ständiger und liebevoller Selbstmitteilung zueinander. Unabhängig davon, ob wir den Vater suchen oder nicht, den Sohn bitten oder nicht oder ob wir mit dem Heiligen Geist Schritt halten oder nicht. Ja selbst das zählt nicht, ob wir eben beten oder nicht. Der Vater, der Sohn und der Heilige Geist leben in einer Liebesgemeinschaft. In einer permanenten und innigen Gegenseitigkeit.

Der Hebräerbrief gibt uns einen besonderen Einblick in die Bedeutung, die dieser Dialog für uns hat. Der Autor des Briefes betont, dass Jesus uns deshalb »in allem gleich wurde«, damit er das menschliche Sein am eigenen Leib erfährt. Er hat Anteil genommen an Fleisch und Blut, um unseren Prüfungen, Leiden und unserem Tod zu begegnen, so wie wir es tun. Treibende Kraft für seine bis zum Äußersten gehende Identifikation und Inkarnation war die Liebe: damit er unsere Anliegen so vor den Vater bringen kann, wie wir das tun würden (vgl. Hebr 2,10.11.17; 4,15; 5,8).

Der Verfasser des Hebräerbriefes stellt den Dienst der Priester, Patriarchen und Propheten und den Dienst Jesu nebeneinander. Alle, die sich zuvor für die Menschen eingesetzt hatten, egal wie außergewöhnlich sie waren, konnten wegen ihrer eigenen Endlichkeit nur für eine bestimmte Zeit für sie eintreten: *Auch folgten dort viele Priester aufeinander, weil der Tod sie hinderte zu bleiben; (Jesus) aber hat, weil er in Ewigkeit bleibt, ein unvergängliches Priestertum* (Hebr 7,23f; vgl. auch Hebr 7,3).

Für die irdischen Priester endet der Dienst mit dem Ende ihres Lebens. Jesus führt ihn jedoch weiter, ja durch seinen Tod, seine Auferstehung und Himmelfahrt entfaltete sich sein Dienst erst so richtig, da er nun zur Rechten des Vaters sitzt. Heute repräsentiert er uns in voller Würde, nicht nur als wahrer Mensch, sondern auch als wahrer Gott. Und nicht nur für eine gewisse Zeit, sondern *in Ewigkeit.* Unser Schicksal ist also die innere Angelegenheit des dreieinigen Gottes, weshalb wir dank Jesu ständiger Tagesordnungspunkt ihrer Besprechungen sind.

Es ist wenig verwunderlich, dass wer immer diesen Dienst Jesu wirklich verstanden hat, ihn anderen mitteilen will. Wenn der Apostel Johannes in Kleinasien die Gläubigen des ersten Jahrhunderts dazu ermutigt, sich mit Vertrauen an Jesus zu wenden, auch wenn sie gesündigt haben, appelliert er an die Fürsprache Jesu. Johannes verwendet das gleiche Wort für Jesus, das Jesus zuvor für den kommenden Geist verwendet hatte: Jesus ist der »Fürsprecher«, »der Paraklet« (was genau übersetzt »an seine

Seite Gerufener« oder »Weggefährte« heißt). Jesus sagte seinen Jüngern zum Trost, dass er ihnen, wenn er weggeht, den senden werde, der für immer bei ihnen bleibt, so nannte er den Heiligen Geist. Der Apostel Johannes verwendete den gleichen Ausdruck für den auferstandenen Jesus, der uns vor dem Vater vertritt: *Meine Kinder, dies schreibe ich euch, damit ihr nicht sündigt. Und wenn jemand sündigt, so haben wir einen Fürsprecher [Paraklet] bei dem Vater, Jesus Christus, der gerecht ist* (1 Joh 2,1).

Jesu Fürsprache ist heute genauso kraftvoll wie das Wirken des Heiligen Geistes in uns. Jesus vertritt uns auch heute noch in der Dreifaltigkeit, während wir diese Zeilen lesen. Der »ewige Hohepriester« betet weiterhin für uns, während wir arbeiten oder schlafen, beten oder uns mit Menschen unterhalten.[165] Unablässig, das heißt *in Ewigkeit.* Das ist es, wofür Jesus lebt, wofür er auf der Erde lebte, und es ist hier und jetzt und für allezeit, dass er *für uns* eintritt – selbst wenn wir unnütze Dinge tun. Er verlässt uns nie (Hebr 7,25).

Es wäre irreführend, den auferstandenen Jesus so darzustellen, als ob seine gegenwärtige Rolle nur darin bestünde, seinen längst erledigten Aufgaben Wirkung zu verleihen. Jesus hat sich nach seiner Auferstehung und Verherrlichung nicht vom aktiven Leben zurückgezogen, wie ein pensionierter Direktor, der aus der Ferne das Fortbestehen seines Unternehmens verfolgt. Die Fürsprache Jesu ist nicht nur ein Glaubensprinzip, sondern eine ewige und ständige Kraftquelle.

Der Fürsprecher, der erste Märtyrer und die Apostel

Die Aufzeichnungen über Stephanus, den ersten Märtyrer des Christentums, veranschaulicht diese Kraft der Fürsprache Jesu. Er wurde wegen seines Glaubens an Jesus verurteilt. In den Minuten vor seiner Hinrichtung geschah jedoch etwas Überraschendes, für die Augenzeugen strahlte er einen übermenschlich erscheinenden Frieden aus: *Er aber, voll Heiligen Geistes, sah auf zum Himmel und sah die Herrlichkeit Gottes und Jesus stehen zur Rechten Gottes und sprach: Siehe, ich sehe den Himmel offen und den Menschensohn zur Rechten Gottes stehen* (Apg 7,55f).

Stephanus sah, dass Jesus ihn grüßte und ihn mit besonderer Aufmerksamkeit empfing. Diese schützende und fürsprechende Haltung Jesu befähigte Stephanus dazu, selbst in seinem Tod zu seinem Meister zu stehen und seine Seele so auszuhauchen, wie Jesus es damals tat: Er empfahl Gott seine Seele und betete für seine Feinde, trat vor Gott für sie ein.

Aus der Schilderung des Lukas wissen wir, dass Saulus, der spätere Apostel Paulus, unter den Augenzeugen war. An der Hinrichtung des Stephanus nahm er noch als der berüchtigte Christenverfolger teil, und es geschah, dass die Kleider derer, die Stephanus steinigten, ihm zu Füßen gelegt wurden. Welche Wirkung die Worte und das Verhalten des Stephanus während der Hinrichtung auf Saulus hatten, wissen wir nicht, aber es scheint, dass sie nicht spurlos an ihm vorübergegangen waren. Als Paulus Jahre später als der Apostel Jesu einen Brief an die römischen Glaubensgeschwister schrieb, zitierte er ein zeitgenössisches Glaubensbekenntnis: *Wer kann die Auserwählten Gottes anklagen? … Christus Jesus, der gestorben ist, mehr noch: Der auferweckt worden ist, er sitzt zur Rechten Gottes und tritt für uns ein* (Röm 8,33f).

Diese Wahrheit hatte er nicht nur von seinem Meister gelernt, der für seine Feinde gebetet hat, sondern auch aus dem Zeugnis des Stephanus. Der Vater gibt nicht nur dem Sohn die Kraft, sondern auch dem Stephanus und später dem Apostel Paulus. Nur aus diesem Grunde kann Paulus die römischen Gläubigen inmitten und trotz aller gegen sie erhobenen Anschuldigungen zum Vertrauen ermutigen. In seinem späteren Brief motiviert der Apostel Paulus den Timotheus und die Gläubigen in seinem Umfeld zum Gebet angesichts der Tatsache, dass Jesus für uns eintritt und dem Vater unser Wohl am Herzen liegt.[166]

Wenn wir fragen, wie das Gebet Jesu unser Leben beeinflussen könne, ist es gut, uns an das Beispiel des Apostels Petrus zu erinnern. Schon während seines irdischen Dienstes betete Jesus für ihn. Beim letzten Abendmahl, als Jesus bereits wusste, dass der Glaube der Jünger bald versucht und für zu leicht befunden würde, und er Petrus darauf hinwies, versprach Petrus hoch und heilig, dass er Jesus niemals verlassen würde wie die anderen, selbst wenn er sein Leben für ihn geben müsste. Jesus wusste, was kommen würde, er wusste, dass Petrus noch nicht bereit dazu war, durchzuhalten, und ihn bald verraten wird. An dieser Stelle sprach er die Worte aus, die Petrus noch nicht verstand: *Simon, Simon, siehe, der Satan hat verlangt, dass er euch wie Weizen sieben darf. Ich aber habe für dich gebetet, dass dein Glaube nicht erlischt. Und wenn du wieder umgekehrt bist, dann stärke deine Brüder!*[167]

Welches »Ergebnis« dieses Gebet hatte, weiß seitdem die ganze Welt. Petrus hat den Glauben nicht verloren, zumindest nicht vollständig, sondern bekehrte sich und stärkte seine Brüder. Weltweit.

Jesus betet jedoch nicht nur für Petrus auf diese Weise, sondern für alle, die sich dem Vater nähern. Die Person Jesu zählt für uns nicht nur in juristischem Sinne als der, der uns einmal von der Schuld befreit hat, damit wir »durch sein Blut« Vertrauen beim Vater haben. Wir dürfen nicht nur wissen, dass nicht wir, sondern Jesus es ist, der unsere Schuld sühnt, wenn wir Gott für unsere Sünden um Vergebung bitten, genauso wenig, wie wir es sind, die dem Vater in jedem Lobpreis etwas schenken, woran er Gefallen haben könnte, sondern Jesus derjenige ist, der weiß, was es heißt, den Vater zu preisen. Jesus betet sogar dann für uns, wenn wir gerade nicht beten. Jesus und der Heilige Geist treten für uns ein: *Wenn wir untreu sind, bleibt er doch treu, denn er kann sich selbst nicht verleugnen* (2 Tim 2,13). Und der Heilige Geist, der nach dem Willen Gottes für die Heiligen eintritt: *So nimmt sich auch der Geist unserer Schwachheit an. Denn wir wissen nicht, was wir in rechter Weise beten sollen.*[168]

Jesus und der Heilige Geist beten nicht nur mit uns und für uns, sondern auch in uns und an unserer statt. *Denn durch ihn haben wir … Zugang zum Vater* (Eph 2,18). Es ist keine Übertreibung zu sagen, dass *das Leben unseres Herrn im Himmel Gebet ist.*[169] Die Kraft des kontemplativen Gebets rührt daher, dass *Jesus in Ewigkeit* betet. Er ist das Alpha und das Omega (Offb 21,6f).

Damit er auch in uns unablässig beten kann

Die Gebete Jesu sind für unsere eigenen Gebete von unschätzbarem Wert. Das christliche Gebet ist christlich, da es am Gebet Christi teilnimmt. Unser Einstiegspunkt ist Jesus, durch ihn treten wir mit Gott in Verbindung, er führt uns in die göttliche Gesellschaft ein. Er ist unser Stellvertreter. Er ist unser Tröster.

Stinissen gibt uns einen pastoral fundierten und offensichtlich durch persönliche Praxis bewährten Rat: *Vielleicht träumst du von einem Leben, das von unaufhörlichem Gebet geprägt ist. Aber der Beter, der dein Gebet ununterbrochen zum Vater bringt, ist schon in dir. Wenn du dir bewusst wirst, wie unvollkommen dein Gebet ist, dann strenge dich nicht noch mehr an, um besser beten zu können. Aus eigener Kraft wirst du Gott niemals erreichen. Stattdessen solltest du deinem Tröster endlich mehr vertrauen und zulassen, dass er ungestört in dir beten darf.*

Höre auf dieses Gebet und sei in der Stille Zeuge dieses vollkommenen Gebetes, das unaufhörlich in dir weitergeht. Danke dafür, dass der Vater durch den Heiligen Geist, der in dir wirkt, sein ihm gebührendes Lob erhält.

Je mehr Erfahrung du im Gebet hast, desto mehr erkennst du, wie unfähig du zum Beten bist. Dein Gebet wird mehr und mehr daraus bestehen, dem Gebet des Geistes in dir zu vertrauen.[170]

Und zwar *in Ewigkeit!*

Die innere Einheit des Gebets: *Amen!* (Schlusswort)

Wer am Ende seines Gebets »Amen«– »So sei es!« sagt, der vertraut darauf, dass die gebeteten Worte sich erfüllen werden.[171] In diesem letzten Abschnitt kommen wir darauf zu sprechen, wie die verschiedenen Formen des Gebets miteinander in Beziehung stehen und wie sich das Werk Gottes durch sie in uns erfüllt.

Vielfalt

Der Weg des Gebets ist vielfältig und abwechslungsreich, wie aus diesem Buch ersichtlich wurde. Ohne die innere Einheit des Gebets könnte diese Vielfalt in sich aufwühlend wirken, besonders wenn wir spüren, dass alle drei Gebete – das suchende, bittende und kontemplative Gebet – ihre Daseinsberechtigung haben und wir wissen, dass sie nicht gleichzeitig praktiziert werden können.

Dies wird noch dadurch verstärkt, dass die Gnade auf verschiedene Weise in uns wirkt. Darüber hinaus ist der Weg des Gebets im Leben einer Person nicht immer gleich: Was in einer bestimmten Phase hilft, muss uns zu einer anderen Zeit nicht notwendigerweise voranbringen.

Innere Prozesse – wie Pascal das in der Gesetzmäßigkeit sowohl des geistlichen Lebens als auch der geschaffenen Welt beobachtet hat – schreiten oft voran, indem sie manchmal einen Schritt nach vorne tun, dann wieder einen Schritt zurück und dann wieder nach vorn. Im Wachstum ist die Veränderung an sich ordnungsmäßig. Auch in unserem Gebetsleben ist das so: Einmal offenbart sich uns etwas Neues, ein andermal gehen wir zurück zu dem, bei dem wir bereits waren: *Der natürliche Zu-*

stand des Menschen ist nicht, dass er ständig voranschreitet, sondern dass er Fortschritte und Rückschritte macht.

Die Natur geht Schritt für Schritt weiter, itus et reditus [vorwärts und rückwärts]. Erst geht sie nach vorne, kehrt zurück und geht dann wieder weiter, zuerst nur halb so weit, dann weiter als je usw.[172]

Die Kenner des geistlichen Lebens vertreten schon seit 2000 Jahren die Ansicht, dass der Weg der menschlichen Seele einzigartig und dynamisch ist. Eine der großen Lektionen der Geschichte der Spiritualität ist gerade die Erkenntnis, dass Gott in jedem Menschen und sogar in den Lebensphasen desselben Menschen auf verschiedene Weise arbeitet. Franz Jalics beschreibt diese graduelle und rhythmische Entwicklung des spirituellen Lebens folgendermaßen: *Der christliche Glaube ist nicht wie ein Stück Land oder eine Immobilie, die man besitzen kann, sondern wie das Leben selbst: Er entspringt und wächst, stagniert und stirbt oder erwacht zum Leben, wenn man es am wenigsten vermuten würde, und fängt mit bislang unbekannter Energie zu wirken an. … Die augenblickliche Begegnung mit Gott müssen wir notwendigerweise immer als relativ betrachten, um für weitere Schritte offen zu sein. … Das Leben hat seinen eigenen Rhythmus, der nicht erzwungen werden kann.*[173]

Wer sich all dieser Wechselhaftigkeit und Vielfalt bewusst ist, wird unweigerlich den Wunsch verspüren, neben all den vielen Variablen eine gewisse Beständigkeit im Gebet zu finden. Denn das geistliche Leben erfordert eine Kontinuität, eine Art »Leitfaden«, dem man unter allen Umständen und in jeder Lebensphase folgen kann. Wer persönliche Erfahrungen in verschiedenen Formen des Gebetes gemacht hat und gewisse Höhen und Tiefen, göttliche Berührungen und Dürren erfahren hat, erkennt wahrscheinlich nicht nur die Vielfalt des Gebets, sondern ahnt auch, dass diese vielen Seiten irgendwie zusammengehören müssen. Neben der Vielfalt der Gebetsschulen ist es auch wichtig, auf die innere *Einheit* des Gebets hinzuweisen.

Der Schöpfer, Erlöser und heiligende Gott

Die Person und das Werk Gottes geben dem Gebet durch alle Veränderungen hindurch und in allen Varianten seine Beständigkeit.

Gott ist unser Schöpfer, er gibt uns Leib und Lebensraum. Die erste Version der Schöpfungsgeschichte betont, dass Gott die Erde bewohnbar macht, für den Menschen einrichtet und zu seinem Zuhause macht.

Gott ist unser Erlöser, er kümmert sich um uns und verspricht uns seine Befreiung. Insbesondere die zweite Schöpfungsgeschichte hebt dies hervor. Wie Gott sein Volk einst aus der Gefangenschaft Ägyptens und Babylons befreite und aus der Zerstreuung wieder zusammenführte, so tut er das mit uns allen. Mit dem Wort des Bernhard von Clairvaux: »ein zweites Mal beschenkt er uns mit uns selbst«.Gott macht uns heilig. Er sondert uns für sich selbst aus: Er macht uns nicht nur lebensfähig, sondern auch bereit für das Einswerden mit ihm. Die Dreieinigkeit verwandelt uns und führt uns letztlich in die vollkommene Einheit mit sich selbst.

Die drei Formen des Gebets – das suchende, bittende und kontemplative Gebet – sind unsere menschliche Antwort auf diese drei göttlichen Handlungen. Durch die meditative Suche treten wir mit unserer gottgeschenkten Heimat in Verbindung und werden dort heimisch. Durch die Bitten wenden wir uns mit unseren Anliegen an Gott und rufen ihn um Hilfe an. In der Kontemplation geben wir uns Gott bedingungslos hin, damit er über unser Leben verfügt. In jeder Form des Gebetes ist Gott der entscheidende, zwar immer ein wenig anders, doch ist er es, der sich manifestiert.

Die Manifestation Gottes im suchenden Gebet

Im wahrheitssuchenden, meditativen Gebet, um das es im ersten Teil des Buches ging, nähert sich Gott uns indirekt durch ein

»Milieu«. Dieses Milieu kann jedes Glied der geschaffenen Welt sein, doch bekommt in der christlichen Meditation die Heilige Schrift besondere Aufmerksamkeit. Sobald wir uns in dieses Milieu hüllen, offenbart sich uns Gott. Je mehr wir die Wahrheit erkennen, umso mehr verändert sich unsere Einstellung, wie Jesus treten wir zunehmend mit dem Vater, den Geschöpfen und der geschaffenen Welt in Beziehung. Mit den Worten des Apostels Paulus: Wir bekleiden uns mit Christus.

Heutzutage tun viele von uns so, als ob wir selbst bestimmen könnten, wer wir sind und wer wir sein könnten. Das ist allerdings ein Selbstbetrug. Unser Umfeld – die Familie, der Freundeskreis, die Kultur oder das religiöse Umfeld – ist niemals neutral. Es hat seine eigene Charakteristik, die uns prägt. Ob wir wollen oder nicht, wir gleichen uns ihm an.

Im Zuge der Schriftmeditation wird unsere Lebensgeschichte in den Rahmen der großen biblischen Erzählung eingebettet. Die Geschichte unserer Familie wird zu einem Teil der Geschichte von Abraham, Isaak und Jakob sowie von Jesus, Petrus und Paulus und als deren Verlängerung zu einem Teil der Geschichte des Augustinus, des Bernhard und der bedeutenden Gestalten unserer Kirche oder Gemeinschaft. Wenn wir über deren Leben, Worte, Lehren und Beispiele nachsinnen, entdecken wir, dass wir alle Protagonisten derselben Erlösungsgeschichte sind.

Hier wird offensichtlich, welche besondere Bedeutung im betrachtenden Gebet der Jesuszentriertheit und dem Primat der Heiligen Schrift zukommt. Die Person Jesu gilt vielen als Vorbild, aber im Unterschied zu anderen Religionen ist das absolute Maß, Mittel und Zweck der christlichen Meditation Jesus, d. h., wie Jesus die Eigenschaften, die Wünsche, den Willen, die Macht und die Liebe des lebendigen Gottes darstellt. In der christlichen Meditation haben die Heilige Schrift und die zahlreichen Beispiele aus 2000 Jahren Christusnachfolge (die christliche Tradition) deswegen eine so große Bedeutung, weil sie uns mit Gott in

Verbindung bringen, der sich am authentischsten in Jesus Christus offenbart hat. Wenn wir bei jenen verweilen, die die Gesichtszüge Christi tragen, werden auch wir in das Ebenbild Jesu verwandelt werden. Wenn wir jedoch mit anderen zusammen sind, ändern wir uns entsprechend ihren Eigenschaften.[174]

Nur mit Demut können wir die Selbstoffenbarung Gottes annehmen. Der Gegenstand unserer Meditation muss sich auf die Art und Weise unseres Gebets auswirken. Zur Demut gehört auch das längere *Verweilen* bei ihm. Gelangen im wahrheitssuchenden Gebet Objekt und Art der Meditation auf den rechten Platz, dann offenbart sich Gott wahrhaftig und eröffnet dem Menschen den Weg zur inneren Umwandlung.

Die Offenbarung Gottes im Bittgebet

Durch unsere Bitten, die Gegenstand des zweiten Teils des Buches waren, kommt Gott auf ganz andere Weise in uns zur Geltung.

Es gehört zur Natur des Menschen, dass er bittet, denn er möchte etwas bekommen. Mit diesem Anliegen wendet er sich an andere. Dabei kehrt er jedoch sein *wahres* Selbst hervor, denn seine Not treibt ihn dazu, sich der rauen Wirklichkeit zu stellen.

Dies geschieht auch in unserem Bittgebet. Um ehrlich zu Gott zu sein, müssen wir zuerst ehrlich mit uns selbst sein. Wenn wir Gott für Gott halten, müssen wir zu uns selbst stehen, wenn wir zu ihm beten.

Obwohl wir uns zu Beginn unseres Gebets nur für unsere eigenen Bedürfnisse interessieren (das ist meistens der Anlass für unser Gebet), beginnen unser Wille und der Wille Gottes miteinander in Dialog zu treten, sobald wir unsere Wünsche, Gefühle und Bedürfnisse an Gott richten, und an einem Punkt fangen wir an zu wollen, was Gott will. Dies ist nicht der Anfang des Bittgebetes, sondern eher sein Resultat. Gottes fürsorgende Liebe verwandelt uns und wir schmiegen uns in seinen Willen hinein.

In unserem bittenden Gebet eröffnet Gott *uns* vor uns selbst. Wir öffnen uns für die Wahrheit, während wir bitten. Gott macht sich für uns in unseren wahrheitssuchenden, meditativen Gebeten erreichbar, damit er uns in unseren Bittgebeten für sich erreichbar machen kann. Dies eröffnet einer tiefen und gegenseitigen Gemeinschaft mit Gott den Weg. Im Bittgebet erleben wir das Wunder einer inneren Erneuerung und das Geschenk eines neuen Ich, wodurch Gott uns eine echte Chance gibt, in Liebesgemeinschaft mit ihm zu leben.

Die Offenbarung Gottes im kontemplativen Gebet

Das kontemplative Gebet, wovon im dritten Teil des Buches die Rede war, ist die Pflege der innigen Beziehung zu Gott. Hier ist der Mensch unmittelbar und unmissverständlich mit Gott verbunden. Er nähert sich ihm ganz einfach, und er erwartet weder von seinen Gedanken noch von seinen Gefühlen eine Vermittlerfunktion, denn der Vermittler dieser Liebesbeziehung ist Gott selbst.

Während wir in der Stille unseres Herzens die Worte des Psalmisten in einer schlichten Selbstvergessenheit wiederholen: *Wen habe ich im Himmel außer dir? Neben dir erfreut mich nichts auf Erden* (Ps 73,25), sind wir mit Gott in Liebe vereint. Der Mensch kann das weder herstellen noch aufrechterhalten. Das ist ganz und gar das Werk der Gnade Gottes. Was der Mensch tun kann, ist, alles aus dem Weg zu räumen, um sich Gott ganz zu überlassen.

Im kontemplativen Gebet staunt man mal darüber, wie Gott die Seele in seiner Liebe umarmt, und ein andermal ist man sich der Gegenwart Gottes gar nicht bewusst. Es wäre ein Fehler, die Kontemplation mit den Erfahrungen gleichzusetzen. Im kontemplativen Gebet gibt es oft keine Begegnungserfahrung. Doch das Wesentliche ist nicht die Erfahrung des Menschen, sondern seine

Huldigung vor Gott. Am Ende der Zeit wird die direkte Gegenwart Gottes unsere ständige Erfahrung sein. Dann werden wir den Vater sehen und lieben, wie Jesus – im kontemplativen Gebet bereitet uns Gott auf diese Zukunft vor, er liebt uns aus uns selbst heraus und schenkt uns den Geist der Christuszentriertheit.

Die Gebete bauen aufeinander auf

Wenn der Hebräerbrief verspricht, dass Gott einen neuen Bund mit uns schließen wird, seinen Geist in uns hineinlegen und seine Gebote in unsere Herzen schreiben wird, dann nimmt er diese unmittelbare Gotteserkenntnis vorweg: *Keiner wird seinen Mitbürger belehren und keiner seinem Bruder sagen: Erkenne den Herrn! Denn sie alle, Klein und Groß, werden mich kennen* (Hebr 8,11). Wenn sich diese Verheißung erfüllt, werden wir keine Predigt oder Lehre über Gott mehr brauchen, dann werden wir nicht einmal mehr beten lernen müssen. Unser Dasein wird zu einem unaufhörlichen Gebet.

Doch bis dahin müssen wir ihn suchen, bitten und in uns einlassen, denn wir brauchen Gottes Wirken in unserem suchenden, bittenden und betrachtenden Gebet. Die drei Gebetsformen bauen aufeinander auf, alle drei bereichern gegenseitig ihre Praxis und Gotteserkenntnis. Da Gott sich in allen drei Arten des Gebets dem Menschen mitteilt, setzen alle jeweils die anderen beiden voraus. Wird irgendeine der drei Formen auf lange Sicht aus unserem Gebetsleben herausgelassen, dann zeigt sich sein Fehlen bald in unserer Gottesbeziehung. Damit unser Glaube und unsere Gotteserkenntnis »ganzheitlich« werden, ist es ratsam, alle drei Arten des Gebets zu praktizieren.

Die Beziehung zwischen Schriftmeditation, Fürbitte und Kontemplation kann am besten mit dem Bild eines Dreiergeflechts illustriert werden, bei dem die getrennten, aber miteinander verwobenen Fäden sich gegenseitig verstärken und unterstützen.

Unsere Schriftmeditation etwa wird durch die Gotteserkenntnis unserer kontemplativen Gebete zu einer Selbstübergabe, und in unseren kontemplativen Gebeten wissen wir durch die Schriftmeditationen, dass Gott ein Gott ist, auf den man sich voll und ganz verlassen kann.

Des Weiteren braucht es für die Meditation, das heißt für die Wahrheitssuche, eine innere Haltung, die Frucht unserer Bittgebete ist. Christus erneuert uns durch unsere erkämpften Gebete und Bitten und macht uns widerstandsfähig gegen die Versuchungen und den Bösen.

Die erneuerte Seele braucht jedoch nicht nur innere Lebenskraft, sondern auch Orientierungspunkte und Richtlinien, die von ihr unabhängig sind. Das solide Fundament und der Rahmen der persönlichen Gotteserkenntnis unseres Bittgebetes stammen aus der Gotteserkenntnis unseres meditativen Gebetes.

Darüber hinaus beruht unser Bittgebet auch auf der Gotteserkenntnis des kontemplativen Gebets. Da der Mensch in der Intimität der Kontemplation lernt, sich bedingungslos dem Willen und den Fügungen Gottes zu überlassen, kann er, während er seine Not vor Gott bringt, in seinem Gebet zwischen selbstzentrierten Wünschen und den Wünschen und Anliegen nach dem Willen Gottes unterscheiden.

In der Gegenwart ist der größte Teil unserer Gotteserkenntnis indirekt: Wir leben im Glauben, nicht im Schauen. Daher ist die Rolle der Meditation und des Bittgebets unentbehrlich, selbst wenn jemand in der Kontemplation eine sehr direkte Kenntnis Gottes erhält. Solange wir auf dieser Erde im Fleische leben, muss uns das Wissen des suchenden und bittenden Gebets vergewissern, dass wir im kontemplativen Gebet in das Bild Jesu verwandelt werden. Mit anderen Worten, durch die Schriftmeditation wissen wir im kontemplativen Gebet, wer dieser Gott ist, den wir betrachten, und durch unser Bittgebet wissen wir, wer ihn betrachtet.[175]

Gleichzeitig bewahrt uns die ungeteilte, auf Gott gerichtete Aufmerksamkeit und einfache Selbstvergessenheit des kontemplativen Gebetes davor, dass unsere menschlichen Bestrebungen zum Mittelpunkt unserer Suche und Bitten und zu mechanischen Methoden werden. Das ultimative Ziel des Gebets ist Gott, der uns zur Vereinigung mit ihm ruft.

Diese Aufzählung ist bei weitem nicht erschöpfend, doch veranschaulicht sie, wie sehr die drei Gebetsformen einander bedingen und ergänzen.

Die Bestimmung dieses Dreiergeflechts

Das Dreiergeflecht der Schriftmeditation, der Bitte und der Kontemplation ist dazu berufen, dass der Mensch den Gott der Dreieinigkeit kennenlernt – der sich auf vielerlei Weise, aber am vollkommensten in Jesus mitgeteilt hat und mitteilt, und dass der Mensch als Erwiderung darauf sein ganzes Leben und Sein Gott überlässt. Nach Johannes vom Kreuz: *Ein Wort hatte der Vater ausgesprochen, und das war sein Sohn. Dieses Wort spricht er immerzu in ewiger Stille, und die Aufgabe der Seele ist, dieses Wort in der Stille zu vernehmen.*[176]

Dieses Wort suchen wir, dieses Wort erbitten wir, dieses Wort betrachten wir. Und schließlich legen wir gemeinsam mit den 24 Ältesten vor diesem Wort unsere Kronen nieder: unser Leben, unser Ich, unser Alles.

Anfang und Erfüllung aller Gebete ist die Liebesbeziehung zwischen Jesus und dem Vater. Die gesamte Schöpfung wartet »mit Ächzen und Sehnen« darauf, an dieser Wirklichkeit teilhaben zu können, dass Gott in Jesus die Welt mit sich versöhnt. Einmal wird das Werk vollendet sein, wenn sich alles vollkommen in die Ordnung hineinfügt, deren liebender Meister und Erhalter der dreieinige Gott ist. Dann werden auch wir, den Willen

Gottes wollend, in unaufhörlicher Gemeinschaft mit Ihm sein, und Gott wird sein *alles in allen.*

Der Weg vor uns ist noch lang. Bis dahin aber können wir mit den Worten des Bischofs Theophan sagen: *Wenn das Gebet in Ordnung ist, dann ist alles in Ordnung.*[177]

Anhang:
Einladung zu einer freundschaftlichen Gemeinschaft, zur Gemeinschaft der Heiligen

Wenn wir im Gebet wachsen wollen, tun wir gut daran, in die Gesellschaft der Heiligen der früheren und gegenwärtigen Zeit einzutreten. Einige von ihnen sind wohlbekannt und andere eher unbekannt. Aber das ist nebensächlich. Wenn wir in ihre Gespräche und Geschichten »hineinhören«, können wir ihre Ratschläge bedenken und mit ihnen beten. Sie können für uns zu Freunden und Weggefährten werden und wir können uns an ihrer Seite der Gemeinschaft der Heiligen Dreifaltigkeit nähern.

Das vorliegende Buch war ebenfalls eine Kostprobe aus dem Gespräch dieser Gemeinschaft. Was die Einhelligkeit der Meinungen angeht, brauchen wir uns nichts vorzumachen. Die Teilnehmer sind bei weitem nicht in allem einer Meinung. Aber das ist auch nicht, was sie miteinander verbindet, sondern die Gemeinschaft mit Gott.

Ihre Einsichten wurden seit Jahrhunderten gedruckt und sind uns heute wohlbekannt. Wer sie besser kennenlernen möchte, dem empfehle ich zur weiteren Lektüre *die Sprüche der Wüstenväter*, die *Bekenntnisse* des Augustinus, die *Innere Burg* der Teresa von Avila, *die gesammelten Werke* des Bruder Lorenz von der Auferstehung, *Gebet: Quelle der Liebe* von Mutter Teresa von Kalkutta und Frère Roger und *Ich hörte auf die Stille. Sieben Monate im Trappistenkloster* von Henri J. M. Nouwen zu lesen.[178] In der Gesellschaft der Freunde Jesu setzen wir uns der Wirkung Gottes aus.

Anmerkungen

1 Vgl. den zusammenfassenden Kommentar zum 6. Kapitel des Matthäusevangeliums (Jeromos Bibliakommentár II, Az Újszövetség könyveinek magyarázata, Szent Jeromos Katolikus Bibliatársulat, Budapest 2003, S. 117.)

2 Mein hochgeschätzter Theologieprofessor James M. Houston, der zusammen mit C. S. Lewis jahrelang denselben Gesprächskreis in Oxford besuchte, sprach viel davon. Lewis schrieb sogar einen Artikel über sein Gebetsleben, das im Magazin CRUX, der Zeitung des Regent College in Vancouver, erschienen ist.

3 Anmerkung des Übersetzers: Für die deutsche Übersetzung der angegebenen Bibelstellen habe ich mit Hilfe von www.bibleserver.com jeweils die Bibelübersetzungen verwendet, die der ungarischen Übersetzung am nächsten standen. Die in diesem Buch verwendeten deutschen Bibelübersetzungen sind hauptsächlich Einheitsübersetzung (2016) und Lutherbibel (2017) sowie Neue Genfer Übersetzung, Gute Nachricht Bibel, Schlachter Bibel 2000, Elberfelder Bibel.

4 Diese Aussage wird zwar dem Irenäus von Lyon zugeschrieben, war aber im frühen Mittelalter ein weit verbreitetes theologisches Diktum.

5 T. S. Eliot, Vier Quartette. Little Gidding. Four Quartets. Engl./Dt. Übersetzt von Norbert Hummelt. Berlin (Suhrkamp Verlag) 2015.

6 Wilfrid Stinissen, This is the Day the Lord has Made; 365 Daily meditations (Liguori, Missouri, 2000), 164. In eigener Übersetzung.

7 Jede theologische Richtung hatte ihre eigenen Erklärungen und Schwerpunkte über den Menschen als Abbild Gottes. Ein Überblick darüber würde den Rahmen des Buches sprengen, obwohl er eine Quelle wichtiger Erkenntnisse darstellen könnte. Für die Evangelical School of Theology (Leuven, Belgien) habe ich im Jahre 2012 eine solche Übersicht in englischer Sprache verfasst.

8 »Nur das Ähnliche kann das Ähnliche erkennen« – sagt Thomas von Aquin. Vgl. Perczel István, Isten felfoghatatlansága és leereszkedése, Szent Ágoston és Aranyszájú Szent János metafizikája és misztikája (Atlantisz 1999), Erster Teil/I und III/7.

9 Diese Anschauung wurde ein Jahrtausend später in dem Werk »Die Wolke des Nichtwissens« zu einem Klassiker des Mittelalters (Wolke des Nichtwissens und Brief persönlicher Führung. Der Klassiker der Kontemplation. Übertragen von Willi Massa. Band 5 der Schriftenreihe West-Östliche Weisheit – Willigis Jäger Stiftung. Hrsg. West-Östliche Weisheit – Willigis Jäger Stiftung, Kreuz Verlag 2012).

10 Anmerkung des Übersetzers: Im Ungarischen bedeutet das Wort »hallgatni« sowohl schweigen als auch hören.

11 In biblischen Texten werden »das Hören« und »Gehör« meist im übertragenen Sinne verwendet. Selbstverständlich wird jedoch das »Hören« und das »Gehör« in gewissen Situationen auch im wortwörtlichen Sinn gebraucht.

12 5. Lied auf der CD »Come All You People« (Iona Community, Wild Goose Worship Group 1995). In eigener Übersetzung.

13 Eugene H. Peterson, Subversive Spirituality (William B. Eerdmans Publishing Company, Grand Rapids, MI, 1994/1997), S. 23. In eigener Übersetzung.

14 Ich bin mir dessen bewusst, dass die Passagen über heilige Orte und Zeiten bei vielen Lesern aus dem Umfeld des reformatorischen Erbes eine Abwehrreaktion auslösen können. Manche können sogar das Gefühl haben, dass diese Behauptung dem Evangelium fremd sei und auf einem verzerrten Glauben basiere. Ist doch alles, was Gott verwendet, heilig, für ihn ausgesondert. Eine Sache wir dadurch heilig, dass Gott sie in seine Hand nimmt. Die Hochachtung vor heiligen Orten und Tagen kann irreführend sein und den Eindruck erwecken, dass diese Tage und Orte in sich bedeutsamer seien als andere. Für sie scheint diese Behauptung gefährlich zu sein, da sie leicht zu einem Götzendienst führen könnte. Sie betonen, dass Gott keine »Lieblingsorte« hat, auf die er beharrt, es sei denn die Heilige Schrift. Was mich betrifft, ist mir dieser Vorbehalt sehr bekannt. Fast zehn Jahre lang war ich selbst ein echter »Antisakramentalist«. Wer sich darin wiedererkennt, den bitte ich, sich so der Heiligen Schrift zuzuwenden, als hätten wir die Antwort noch nicht. Denn der obige Vorbehalt entspricht nicht der biblischen Sicht: die sakramentale Betrachtungsweise gehört sehr wohl zur Bibel und ist vom Götzendienst scharf zu unterscheiden.

15 Johannes Calvin, Unterricht in der christlichen Religion. Nach der letzten Ausg. übers. und bearb. von Otto Weber. III. Buch, 7. Kapitel, 4–5.

16 Einer der herausragenden Werte von Chiara Lubichs Lebenswerk ist ihre konsequente Lebensführung, in der wir den anderen so annehmen, dass wir ihn ganz in uns aufnehmen, um mit ihm einszuwerden, so wie er ist (vgl. z. B. ihr Buch Von der Kunst zu lieben, Verlag Neue Stadt 2004).

17 Das Buch über Charles de Foucauld, Jesu Kleiner Bruder Karl, Gott ist Liebe, wurde von der Schwesterngemeinschaft der Kleinen Schwestern Jesu zusammengestellt (Új Ember Kiadó 1999, S. 47).

18 Der Titel des Gebets lautet: Jesus, my Patient. Der Übersetzer des Buches weist auf die Schwierigkeit der Wiedergabe des Wortspiels von

Mutter Teresa hin: Das Wort »patient« wird einmal als Substantiv, der Patient, verwendet und andererseits als Adjektiv, das auf die Geduld verweist: »Jesus my patient – a patient Jesus« (Malcolm Muggeridge, Something Beautiful for God. Mother Teresa of Calcutta, Collins, London 1971).

19 Der Evangelist Lukas widmet einen langen Abschnitt dem letzten Weg Jesu nach Jerusalem. Dieser Teil macht fast ein Drittel des ganzen Evangeliums aus (9,51–19,44), obwohl eigentlich von einem Weg die Rede ist, der in Wirklichkeit nur ein paar Tage dauerte. Dieser Abschnitt wird mit den Worten eingeführt: »Als die Zeit herankam, in der er (in den Himmel) aufgenommen werden sollte, entschloss sich Jesus, nach Jerusalem zu gehen.« Die inneren Geschehnisse dieses letzten Weges nach Jerusalem kreisen um die Vorbereitung Jesu auf seinen Leidensweg bzw. auf seine Passion, wobei auch auf andere Ereignisse Licht fällt. Jeder Reisende begegnet Gastgebern. Auch Jesus begegnet vielen Menschen, und diese Begegnungen geben den Menschen die Möglichkeit, Farbe zu bekennen. Lukas beschäftigt sich fünfmal (am Ende des 9. Kapitels und im 10. Kapitel) mit der Art, wie die Leute Jesus bei sich aufnehmen.

Der erste Fall ereignete sich in einem kleinen Dorf in Samarien. Jesus musste auf seinem Weg nach Jerusalem dort vorbeigehen. Die Bewohner weigerten sich Jesus bei sich aufzunehmen, weil er nach Jerusalem ging. Jesus nutzte die Gelegenheit, seine Jünger darauf vorzubereiten, dass es auch ihnen nicht besser ergehen wird. Er sagte zu ihnen: »der Menschensohn aber hat keinen Ort, wo er sein Haupt hinlegen kann« (9,53.58). Jesus, dem die ganze Welt gehört, ist heimatlos auf Erden. Die Heimatlosigkeit ist auch der Preis seiner Nachfolge. Wer ihm folgen will, bekommt keine Garantie darauf, in dieser Welt angenommen zu werden.

Daraufhin rief Jesus 72 Jünger zu sich und sandte sie aus. Auch sie bereitete er darauf vor, dass sie von einigen abgewiesen, wiederum von anderen aufgenommen werden. Die Aufnahme der Jünger verbindet er mit seiner eigenen Aufnahme: »Wer euch hört, der hört mich, und wer euch ablehnt, der lehnt mich ab« (10,16a).

Das dritte Mal berichteten die Jünger von ihrer Reise. Es gab Orte, an denen sie beherbergt wurden, an anderen wurden sie jedoch unverständig abgelehnt und vertrieben. Jesus beginnt jetzt, spontan zu beten. Er dankt dem Vater, dass er sein wahres Wesen den »Unmündigen« nicht verborgen hat. Jesus erhebt die Kinder zum Vorbild, denn ihr Herz ist bereit, Gott aufzunehmen. Auch hier ist die Rede von Aufnahme, jedoch nicht im psychischen Sinne in ein Zuhause, sondern in die Wohnung des Herzens (10,21–24).

Das vierte Mal lesen wir von einem Fremden, der zwar nach Einschätzung der Juden sowohl seiner Herkunft wie auch seiner Religion wegen mit einem Nachteil in seiner Gottesbeziehung startete. Jedoch war es genau dieser Fremde, der dem in die Hand der Räuber gefallenen, niedergeschlagenen, ausgeplünderten und halbtot liegen gelassenen Menschen auf eine Weise begegnete, wie es die Pflicht der Juden gewesen wäre. Jesus wendet sich an jene, die ihre Frömmigkeit selbstgerecht gemacht hatte. Ihnen stellt er den aus einer ethnischen Minderheit stammenden Samaritaner als Beispiel vor Augen, der zeigte, was es heißt nach dem Gesetz der Liebe zu handeln und jene anzunehmen, die von anderen geschändet wurden (10,25–37).

20 Henri J. Nouwen schrieb darüber auf sehr hilfreiche Weise in seinem Buch Die dreifache Spur: Orientierung für ein spirituelles Leben, Herder 2012.

21 Dietrich Bonhoeffer, Das Gebetbuch der Bibel – eine Einführung in die Psalmen, GS, BD IV, 546.

22 Rückübersetzung von Shane Claiborne, in: Ich muss verrückt sein, so zu leben, aus: Søren Kierkegaard, Provocations: Spiritual Writings of Kierkegaard, ed. Charles E. Moore, 2002, S. 201.

23 Viele Juden, die Jesus kannten, erforschten, prüften und erkundeten die Schriften, dennoch fanden sie darin kein Leben. An sie richtete Jesus seine Worte in Joh 5,39–40.

24 Nach den Erzählungen von Eugene H. Peterson, der in den Jahren 1994 bis 1996 in Vancouver, Regent College, theologische Vorlesungen über Spiritualität gehalten hat.

25 Guido der Kartäuser, Scala Claustralium. Die Leiter der Mönche zu Gott. Aus dem Lateinischen übersetzt von Daniel Tibi OSB. Hrsg. Abtei Michaelsberg, Siegburg. Verlag Traugott Bautz, Nordhausen 2011. Pdf-Version S. 5.

26 Hier erscheint es mir sinnvoll, die Bedeutung des Begriffs »Meditation« in der christlichen Tradition zu klären, die eine Konzentration auf die biblische Aussage und deren innere Aufnahme meint. Die Verwendung des Begriffs Meditation (meditatio) basiert auf der Tradition der alttestamentlichen Lesung und auf ihrer mittelalterlichen christlichen Deutung. In den letzten Jahrzehnten spricht man immer öfter von Meditation im Sinne der östlichen Praxis, die jedoch eher mit der christlichen Betrachtung (contemplatio) verwandt ist. Die Unklarheit in der Verwendung dieses Begriffs bietet Anlass für viele Missverständnisse und Störungen.

27 Timothy (Kallistos) Ware zitiert und kommentiert das Gedicht »Das Elixier« von G. Herbert, in: Der orthodoxe Weg, Paulus Hungarus/ Kairos 2002, S. 190.

28 Bruder Lorenz von der Auferstehung, Gesammelte Werke, Verlag Christlicher Innerlichkeit, Wien 2006. Deutsche Übersetzung der französischen Originalausgabe: P. Conrad de Meester, Karmelit. Bruder Lorenz von der Auferstehung. Texte und Gespräche über die Übung der Gegenwart Gottes. Erschienen bei CERF, Paris 1991. Geistliche Weisungen, 2. Kapitel, §9, S. 73.

29 Ware, ibid. S. 190.

30 Vgl. Nouwen, Leben hier und jetzt (Ursus Libris 2009), S. 21.

31 Bruder Lorenz von der Auferstehung, ibid., Geistliche Weisungen, 2. Kapitel, §9, S. 72.

32 Ware, ibid. S. 169.

33 Vgl. 1 Kor 7,8.33–35.

34 Bernhard von Clairvaux, Aus dem Brief Nr. 115. Übersetzt aus Söveges Dávid OSB, Fejezetek a lelkiség történetéből (Szent Gellért Hittudományi Főiskola, Pannonhalma 1993), S. 114.

35 Aidan war Missionar von der Insel Iona an der Nordküste Schottlands, aus jener keltischen Gemeinschaft, die vom Iren Columba gegründet wurde und das neben Northumbria lange Jahrzehnte als Zentrum für das keltische Christentum und sogar für die Mission Europas diente. Im Mai 2005 verbrachte ich eine Woche auf der Insel Iona mit der Imago-Christi-Gemeinde und bekam ein Zimmer im Bischofshaus, das gerade nach Aidan benannt war. Aidans Persönlichkeit wurde mir damals wichtig (die Quelle des Gebets ist ein auf ein Lesezeichen gedrucktes Gebet. In eigener Übersetzung des englischen Originaltextes).

36 Schlussworte des Bernhard von Clairvaux in seinem großartigen Buch für Papst Eugen III. über die Gottessuche im Gebet (Bernhard von Clairvaux, De consideratione, Kairosz Verlag 2005, S. 204).

37 Johannes Calvin, Tanítás a keresztény vallásra, III. Könyv, XVIII. 3 (Református Egyház Zsinati Iroda sajtóosztálya, Budapest 1991), S. 179.

38 In einigen Kreisen des Pietismus gibt es eine Art Sündenzentriertheit, die dazu führt, dass die Menschen sich nicht nur von der Sünde entfernen, sondern auch von Gott, der sie angeblich ständig für ihre Verfehlungen verantwortlich macht. Damit untergraben sie das Gottvertrauen, obwohl im Kampf gegen die Sünde allein das Vertrauen auf die Güte und Treue Gottes Kraft geben kann. Die Konzentration auf die Sünde schwächt die Ausdauer im Kampf gegen die Sünde: Das verzehrende Misstrauen kommt nicht von Gott, sondern ist die gegen uns gerichtete Waffe Satans. Zu diesem Thema werden wir im 7. Kapitel bei der Behandlung der Werke des Bösen noch ausführlicher zurückkehren.

39 2 Kor 3,13–18. C. S. Lewis sagte zu James Houston, dass dieses Buch von all seinen Werken am meisten von ihm handelt (Du selbst bist die Antwort, Roman, O. Müller, Salzburg 1958; Lüdenscheid, Claren 1981).

40 In der Gedankenwelt des Alten Testaments ist die persönliche Begegnung eine Begegnung von Gesichtern, da das Gesicht für den antiken Hebräer die Persönlichkeit darstellte. In diesem übertragenen Sinn verweist das »Gesicht« auf unser inneres Wesen und nicht auf unsere äußerliche Erscheinung.

41 Vgl. Søren Kierkegaard, Die Krankheit zum Tode, Rowohlt, München 1969.

42 Eugene H. Peterson, Answering God, Learning to Pray from the Psalms (Marshall Pickering, Harper Collins Publishers 1989), S. 100. In eigener Übersetzung.

43 Es würde sich lohnen, den biblischen Ansatz der alttestamentlichen Opfertheologie und seiner Resonanz im Neuen Testament zu betrachten. Er könnte unser Bild vom Gebet vertiefen, denn es ist nicht schwer, eine Analogie zwischen dem dargebrachten Gebet und den Opfergaben zu entdecken. Siehe im Buch der Offenbarung die Gebete der Heiligen und die Worte der Märtyrer, die alle als Wohlgeruch vor Gott aufsteigen.

44 John White, Changing on the Inside (Ann Arbor, MI, Servant Publications 1991), S. 213. Eigene Übersetzung aus dem Englischen.

45 Worte von Henri J. M. Nouwen bei seiner Eröffnungsrede auf einer Konferenz im April 1994, die von der Gemeinschaft die Arche organisiert wurde. In eigener Übersetzung.

46 Eugene H. Peterson, Answering God, ibid. S. 100.

47 P. T. Forsyth formuliert folgendermaßen: Es ist möglich, dass Gottes Wille ist, dass wir seinen Willen überwinden (P. T. Forsyth, The Soul of Prayer, A Regent College Reprint 1995, S. 66. In eigener Übersetzung).

48 Vgl. Virág Jenő, Dr. Luther Márton önmagáról (Ordass Lajos Baráti Kör 1991), S. 67.

49 Bei der Mittwochsaudienz auf dem Sankt-Peters-Platz in Rom sagte Papst Benedikt XVI. am 19. November 2008 folgenden Satz: »Darum ist der Ausdruck Luthers ›sola fide‹ wahr, wenn man nicht den Glauben der Liebe entgegenstellt.«

50 36. These von den 95 Thesen Luthers.

51 Aus dem Originaltext von Johannes Calvin, Unterricht in der christlichen Religion, III.11.21. http://www.calvin-institutio.de/display_page.php?elementId=34

52 Vgl. Kol 1,14; Apg 10,43; 13,38 und Röm 8,33–39. Der Sieg Jesu schützt uns auch vor den Anklagen des Bösen. Auf das Thema des

Kampfes gegen das Böse werden wir im nächsten Kapitel näher eingehen.

53 Bezüglich des Sündenbekenntnisses herrschen in den verschiedenen christlichen Kirchen bedeutende Meinungsverschiedenheiten. Doch die Notwendigkeit des Sündenbekenntnisses wird von allen anerkannt. Wer das nicht tut, verachtet eine grundlegende Praxis des Neuen Testaments und verstellt den Weg zum Freiwerden von den Sünden.

54 Diesbezüglich sind in den letzten vierzig Jahren viele brauchbare Studien und Schriften entstanden. Die Innere Heilung hat vielzählige Literatur, viele »Schulen«. Siehe David Seamands, Heilung der Gefühle (Francke Verlag 2008); Floyd McLung, Das Vaterherz Gottes (One Way Medien 2003); Henri J. M. Nouwen, Nach Hause finden (Herder 2010), Du bist der geliebte Mensch (Herder 2015), Religiös leben in einer säkularen Welt (Herder 2002). Oder auf Englisch die Schriften von John Wimber, John White, Leanne Payne, Joyce und David Hugett bzw. die Bücher von Rosemary Green, God's Catalyst (London, Hodder & Stoughton 1991) und David Pytches, Come Holy Spirit (Hodder and Stoughton 1985, S. 213–219).

55 Für diese Verschiebung gibt es viele Beispiele. Einige sehen ihre Wurzeln in der lutherischen Reformation. Wie richtig oder einseitig diese Auslegung auch sein mag, es gibt keinen Zweifel darüber, dass das individualistische Verständnis von Vergebung, die bis zum Ende des 20. Jahrhunderts vorherrschte, davor eher selten war. Ein eklatantes Beispiel dafür ist das Buch des christlichen Bestsellerautors Gary Chapman, Die andere Seite der Liebe. Ärger, Wut und Zorn (Brunnen Verlag 2005). Aber auch Titel und Inhaltsverzeichnis der Arbeiten, die einen weiteren Horizont aufweisen, wie Michael E. McCullough, Steven Sandage und Everett L. Worthington Jr., To forgive is Human. How to put your past in the past (Inter Varsity Press 1997) oder Lewis B. Smedes, Forgive and Forget (Pocket Books 1988) lassen vermuten, dass die Wirklichkeit der Vergebung von der Wirklichkeit des Einzelnen her bewertet werden kann.

56 Vgl. Mt 26,28.

57 Stinissen, ibid. S. 327.

58 »Wenn wir unsere Sünden bekennen, ist er treu und gerecht, dass er uns die Sünden vergibt und uns reinigt von jeder Ungerechtigkeit.« Der Apostel Johannes bezieht sich in seinen Worten auf die Treue und Gerechtigkeit Gottes, deswegen können wir mit Gewissheit sagen, dass er das wirklich in uns wirkt (1 Joh 1,9).

59 »Ich schreibe euch, Kinder, weil euch die Sünden vergeben sind um seines Namens willen«, 1 Joh 2,12.

60 Diese Feststellung bezieht sich auf die Daseinsberechtigung und die Grenzen des theologischen Diskurses der sog. Theodizee. Den Gedanken über die Sinnlosigkeit der Existenz des Bösen hörte ich zuerst vom adventistischen Literaturhistoriker Janos Reisinger, der im Jahre 1986 in Mosonmagyaróvár einen Vortrag über dieses Thema hielt.

61 Der Ausdruck »Hosanna« hat sich während des babylonischen Exils etabliert und verselbständigt, seine ursprüngliche Bedeutung ist »Rette mich, o Gott!«.

62 Diesen Anruf des Heiligen Geistes nannte Calvin »Epiklese«. Bei den alttestamentlichen Propheten finden wir auch Beispiele für dieses Gebet.

63 1 Joh 4,18.

64 C. S. Lewis nannte den Teufel treffend »Screwtape«, »den Verdreher«, vgl. C. S. Lewis, Die böse Macht (Wilhelm Heyne Verlag, München 1976). Einen theologisch wie auch geistlich glaubwürdigen Überblick über die Mechanismen der Versuchung gibt Bernard Ramm in seinem Werk »Offense to Reason, The Theology of Sin« (Regent College Bookstore Reprint 1985/1993), S. 98–100. Vgl. 1 Tim 3,7.

65 John Owen, Sünde und Versuchung (hrsg. von James H. Houston, Bethany House Publishers, Minneapolis, Minnesota 1983, 1996), S. 124–125. In eigener Übersetzung.

66 1 Petr 1,13; 4,7 und 5,8.

67 Mit den Worten des Nicephorus aus dem 13. Jahrhundert: »Was ist die Achtsamkeit und was sind ihre Eigenschaften? Hört mir gut zu. Die Achtsamkeit ist das Zeichen einer vollendeten Reue, sie ist ein Sichzurückfinden der Seele, Haß gegen die Welt und Hineilen zu Gott. Achtsamkeit heißt die Sünden ablegen, um das Tugendkleid anzuziehen, sie ist unerschütterliche Gewißheit über die Verzeihung der Sünden, der Anfang der Gottversenkung oder besser gesagt ihre dauernde Grundvoraussetzung. Ihretwegen neigt sich Gott über den Geist, um sich ihm zu offenbaren. Die Achtsamkeit ist die Ruhe des Geistes, das Stillwerden oder das Schweigen, das durch Gottes Barmherzigkeit der Seele geschenkt wird. Sie ist die Reinigung der Gedanken, der Tempel für die Erinnerung an Gott und die Kraftquelle zum Ertragen von Prüfungen«, Nicephorus der Einsiedler (13. Jahrhundert). Eine weitere geistliche Belehrung des Nicephorus (Kleine Philokalie. Belehrungen der Mönchsväter der Ostkirche über das Gebet, Benzinger Verlag 1976), S. 128–129.

68 Hesychius vom Batos-Kloster (7.–8. Jahrhundert), Über die geistige Nüchternheit und das Gebet, Kleine Philokalie, S. 104–105.

69 Simeon, der irrtümlich der »neue Theologe« genannt wird, Über die drei Arten zu beten, Kleine Philokalie, S. 135.

70 Diese drückende Kraft der Apathie sowie ihr Verschwinden erfuhr ich in Exerzitien als »Einführung in das betrachtende Gebet« am eigenen Leib, die P. Franz Jalics SJ im Sommer 2004 oder 2005 in Tahi, im Zentrum für die Spiritualität des Herzens (Szív lelkiségi központ) hielt.

71 Vgl. Autobiographie von Kiss Ferenc, Ti vagytok a föld sója (Evangéliumi kiadó, 1994).

72 Thomas von Kempen, Nachfolge Christi, IV. Buch, 1. Kapitel, 3, übersetzt von Pfr. Joseph Stark, Lins-Verlag, Feldkirch 1788. S. 109.

73 Siehe Röm 8,33–39.

74 Vgl. den Artikel »Forgiveness« von James Dallen (The New Dictionary of Catholic Spirituality, ed. Michael Downey, A Michael Glazier Book, The Liturgical Press, Collegeville, Minnesota, 1993, S. 407).

75 Die Religionsphilosophie nennt diese Betrachtungsweise Dualismus, da die Macht des Guten und des Bösen gleich groß ist und der Mensch keine Chance hat, als Sieger hervorzugehen. Wie die griechischen Dramen zeigen: Das Leben ist ständiger Kampf und Tragödie. Meiner Meinung nach gehört auch der fiktive Roman von Frank Peretti über Engel und Dämonen in diese dualistische Kategorie. Peretti ist ein guter Schriftsteller und weckt die Aufmerksamkeit des Lesers für die Existenz der dunklen Welt der Dämonen, doch wird seine Aufmerksamkeit zu sehr von den dunklen Wesen gefesselt. Er zollt ihnen mehr Aufmerksamkeit, als ihnen zusteht, und facht im Leser eine übertriebene Neugier an (Frank E. Peretti, Die Finsternis dieser Welt. Gerth Medien GmbH 2012. Originaltitel: This present Darkness, Crossway Books 1986). Ähnliche »Stammbäume« vermittelten die Publikationen der internationalen Ellel Grange Ministries in den neunziger Jahren.

76 Dämonen im Angriff. 31 Briefe, Buchhandlung der Evangelischen Gesellschaft, St. Gallen 1944; Dienstanweisung für einen Unterteufel, Herder, Freiburg 1958; ebd. 1996.

77 Vgl. J. I. Packer: »Worüber die Bibel ausgiebig spricht, darüber sollten auch wir ausgiebig sprechen, was sie nur knapp erwähnt, sollten auch wir nur knapp erwähnen.« Packer rät uns, bei der Annäherung an die Existenz des Bösen dieses biblische Verhältnis immer wieder neu herzustellen. Vorträge von J. I. Packer im Regent College, Vancouver, im Laufe des Studienjahres 1995–1996.

78 1 Petr 2,19 hebt hervor, dass der Apostel jene meint, die zu Unrecht leiden, 1 Petr 4,15–19 stellt das noch ausführlicher dar.

79 Henri J. M. Nouwen, Ich hörte auf die Stille. Sieben Monate im Trappistenkloster, Eintrag vom Samstag, 20. Juli, Herder Verlag, Freiburg 1978, S. 71–72.

80 Diesen speziell augustinischen Akzent spiegelt das Werk von Henri J. M. Nouwen, Die Rückkehr des verlorenen Sohnes, wider.

81 Der Spruch »Herr, du bist uns näher, als unsere eigene Seele uns sein kann« stammt von Teresa von Avila und wurde später oft von der Therese von Lisieux zitiert.

82 Viele große Mystiker, von Origenes über Gregor den Großen bis Bernhard von Clairvaux, arbeiteten das Hohelied in dieser allegorischen Bedeutung auf.

83 Thomas von Kempen, Nachfolge Christi, III. Buch, 35. Kapitel, S. 80.

84 In seinem Werk A fire within (Ignatius Press 1989) stellt Thomas Dubay fest, dass man das Wachstum im geistlichen Leben bei weitem nicht als Wachstum empfindet. Die Dissertation von R. Thomas Ashbrooks (Spiritual Formation paradigm based on the Seven Mansions of Teresa of Avila) sowie das Material des Seminars »Discovery for Leaders« der Imago Christi, das nach dem oben genannten Werk entwickelt wurde, baut auf dieser Erkenntnis auf. Der Kern dieser Erkenntnis ist, dass der Übergang zum kontemplativen Gebet nicht unbedingt mit bestärkenden Gefühlen einhergehen muss. Darauf weist der Gedanke von Ignatius von Loyola über die »Trostlosigkeit« hin.

85 Johannes vom Kreuz, Aufstieg auf den Berg Karmel, Vorwort, §4.

86 Wer auf dem Gebiet der geistlichen Trockenheit weitere Richtlinien sucht, dem empfehle ich zwei weitere Schriften. Zuerst: Thomas Green, When the Well runs dry. Prayer beyond the beginnings, in dem er die Einsichten von Ignatius von Loyola, Teresa von Avila und Johannes vom Kreuz auf sehr hilfreiche Weise miteinander verknüpft. Zweitens: Wilfried Stinissen OCD, L'oraison contemplative, Collection Vives Flammes 2002.

87 Johannes vom Kreuz, Die lebendige Flamme. Briefe und Anweisungen. Gedichte. Lebendige Liebeslohe. Gesänge der Seele in der innigsten Gotteinigung, zweite Strophe, §27.

88 Johannes vom Kreuz verurteilt scharf die geistlichen Begleiter, die den Bruder, der sich gerade in der geistlichen Finsternis befindet, dazu auffordern, in den Zeiten der Trockenheit einen Sündenbock zu suchen. Die Schriften des Johannes vom Kreuz helfen bei der Aufarbeitung der Trockenheit und Enttäuschung in diesem Abschnitt des Wachstums im Gebet. Da Johannes vom Kreuz sprachlich für viele nur schwer zugänglich ist, mag es ratsam sein, erst die oben erwähnten Bücher von Thomas Green zu lesen, die eine authentische, aber allgemein verständliche Wiedergabe seines Erbes darstellen.

89 Vgl. Bernhard von Clairvaux, Buch über die Gottesliebe, in: Stefan Grotefeld, Matthias Neugebauer, Jean-Daniel Strub, Johannes Fischer (Hrsg.), Quellentexte Theologischer Ethik. Von der Alten Kirche bis zur Gegenwart, Kohlhammer Verlag, Kapitel 17, S. 63–66.

90 Lukas richtet seine Aufmerksamkeit im 11. Kapitel dezidiert auf das Thema der Bitte und erwähnt in diesem Zusammenhang das Gebet, das Jesus lehrte. Sein Fokussieren auf die Bitte wird dadurch erkennbar, dass er direkt nach dem Vaterunser auf die Worte Jesu zu sprechen kommt, in denen er dazu anhält, Bitten vor Gott zu bringen. Matthäus hat die Urfassung, die Lukas festhielt, mit weiteren Elementen der Lehre Jesu ergänzt. Eine solche redaktionelle Intervention in zeitgenössischen historischen Aufzeichnungen ist nicht unüblich, es wäre töricht, das als Fälschung zu verstehen. Wenn wir selbst Ereignisse erzählen oder ein früheres Gespräch in Erinnerung rufen, schildern wir das Geschehen je nach Situation oft mit anderen Nuancen oder ergänzen das Original. Würde jemand, der beide Berichte von uns hört und den Unterschied bemerkt, etwa sagen, dass die Geschichte gar nicht so gewesen sei und wir sie verfälscht hätten? Wohl kaum. Es sei denn, er hätte andere Gründe für seine Skepsis. Der Lehre Jesu steht die kürzere Version von Lukas näher, die längere Abfassung von Matthäus trägt eher die Signatur der apostolischen Tradition.

91 Isaak von Ninive (7. Jahrhundert), Stufen des Gebetes, Kleine Philokalie, S. 83.

92 »Das Wort Kontemplation bedeutet »die intuitive Schau der obersten Wahrheiten, im religiösen Sinne: Gottes«, Zitat von Franz Jalics über Kontemplation: LThK 1997, Sp. 326, oder Dictionnaire de Spiritualité, Tome II, Beauchesne, Paris 1953, Sp. 1643–2139; Franz Jalics, Der kontemplative Weg, Ignatianische Impulse (Echter Verlag, Würzburg 2006), S. 15.

93 Bruder Lorenz von der Auferstehung, ibid. 2. Brief, S. 88.

94 Es sei hier darauf hingewiesen, dass wer sich auf eine solche Rolle Gottes in seinem Leben einlässt, irgendwann mit Schrecken seiner eigenen allzu passiven Rolle gewahr wird. Wenn nicht er, dann werden andere an seiner Stelle erschrecken. Aber ob wir dadurch auf den Pfad der Untätigkeit abgeirrt sind oder nicht, entscheidet sich nicht an unseren Prinzipien, sondern an der Kraft Gottes, die in uns wirkt. »Der Test des Puddings liegt im Essen« – Gottes Gegenwart wird sich in der Wirklichkeit der Werke erweisen (damit werden wir uns im 11. Kapitel näher beschäftigen).

95 Gregor von Nazianz, Dionysius, der Schriftsteller aus dem 5. Jahrhundert, und der Verfasser der »Wolke des Nichtwissens« aus dem 14. Jahrhundert, sowie Johannes vom Kreuz haben sich den Interpreten der mosaischen Offenbarungsgeschichte angeschlossen, die die Unaussprechlichkeit der Gotteserkenntnis mit dem Motiv der Wolke und deren Dunkelheit verknüpfen. Das Erbe dieser christlichen Tradition wird als »via negativa« erwähnt (vgl. Artikel zum Begriff

»Mystik« in: Praktisches Lexikon der Spiritualität. Hrsg. Christian Schütz, Herder Verlag, Freiburg 1992).

96 Gregor von Nazianz, Hymnus (Franz Nikolaus Müller, Kontemplation – mystischer Versenkungsweg aus altchristlicher Tradition, in: Spiritualität und Wissenschaft. Hrsg. Samuel Leutwyler und Markus Nägeli, VDF Hochschulverlag, Zürich 2005, S. 141).

97 Im Ungarischen gibt es eine Korrelation zwischen den Begriffen »gond«, Sorge, Problem, und »gondolat«, Gedanke. Der Ursprung vieler Gedanken ist das Problem. Wenn wir viele Sorgen haben, denken wir viel nach. Diese Gedanken sind keine freien Gedanken, sondern drängen uns auf einen bestimmten Pfad und halten uns dort fest. Wir können sie nicht loswerden. Natürlich hegen wir auch viele Gedanken, die von Fröhlichkeit und Kreativität genährt sind und unser Leben voranbringen. Aber die Gedanken von Beklemmung, Sorge und Angst sind größtenteils die Verlängerungen unserer Probleme.

98 Nach Teresa von Avila ist die Sünde nichts anderes als der Glaube, auch ohne Gott leben zu können.

99 Bruder Lorenz von der Auferstehung, ibid., Geistliche Weisungen, Kapitel 2, §9, S. 72.

100 Bruder Lorenz von der Auferstehung, ibid., 12. Brief, S. 106.

101 Charles de Foucauld (Károly, Jézus testvére), Isten a szeretet, Budapest, Új Ember Kiadó 1999, S. 35. In eigener Übersetzung

102 Siehe Michael Polányi, The Tacit Dimension (The University of Chicago Press 1966).

103 Franz Jalics. Der kontemplative Weg, ibid. S. 36. Jesus lehrte öfters, dass die Seligen diejenigen seien, die freiwillig die Armut wählen. Wenn wir diese Lehre auf die Funktion des Geistes anwenden, können wir sagen: Selig sind diejenigen, die die Unerfülltheit des Geistes als eine Form der Armut auf sich nehmen, damit ihr Verstand ganz Gott gehören kann. Die in der Bergpredigt auftauchende Rolle der Leere sowie dessen Parallele zum kontemplativen Gebet verstand ich durch P. Franz Jalics. Doch schreiben auch Johannes vom Kreuz und Winfrid Stinissen in demselben Verständnis über die Leere (siehe Franz Jalics. Kontemplative Exerzitien – eine Einführung in die kontemplative Lebenshaltung und in das Jesusgebet, Echter Verlag 1994).

104 Bruder Lorenz von der Auferstehung, ibid., Leben, §10, S. 142.

105 Augustinus, Bernhard von Clairvaux, Teresa von Avila und Luther sprechen viel über die Rolle der Erfahrungen im christlichen Leben. In diesem Kapitel wird alles auf sie bauen.

106 Das Buch von Jonathan Edwards, Treatise on Religious Affections (Grace Publications Trust, London 1991) spricht im puritanisch-

evangelischen Erbe auf einzigartige Weise von der Rolle der Emotionen.

107 Es ist bemerkenswert, dass der Apostel Petrus am Anfang beider Briefe sich auf Erfahrungen bezieht, die er von seinen Lesern erwarten konnte. Zu Beginn seines ersten Briefes steht der Hinweis auf die »Teilhabe an der göttlichen Natur«. Seinen zweiten Brief beginnt er mit der Argumentation, dass ihr Jesus kennt und dass dies euch dazu befähigt, »dem Verderben zu entfliehen, das durch die Begierde in der Welt herrscht« (2 Petr 1,4).

108 Gordon Fee, mein geschätzter Professor, der seine exegetische Arbeit der Erforschung der Paulusbriefe gewidmet hatte, behauptete, dass Paulus nichts über den Heiligen Geist sagte, was er nicht mit einer Erfahrung verband. In seiner umfassendsten Studie (God's Empowering Presence –The Holy Spirit in The Letters of Paul, Hendrickson Publishers, Peabody, Massachusetts, 1994) analysiert er die paulinische Lehre über den Heiligen Geist in diesem Sinne.

109 Auf den ersten Blick ist nicht klar, wem das, wovon Paulus berichtet, widerfahren ist. Aber beim sorgfältigen Lesen gibt es keinen Zweifel, dass er von seiner eigenen Erfahrung spricht. Unter den Adressaten der korinthischen Gemeinde gab es jedoch den Kreis der »Erhabenen«, die Paulus in ihrem Bestreben überhaupt nicht bestärken wollte. Deshalb zögert er, sich offen mit diesem Angeber zu identifizieren. Dass es dennoch Paulus war, der diese Erscheinung hatte, erfahren wir dadurch, dass er seinen Brief sofort mit dem Satz fortsetzt, dass er sich dieser Erscheinung zwar rühmen könne, sich aber lieber seiner Schwachheit rühmt, und zählt seine Schwächen in der ersten Person Singular auf.

110 In der frühen Sprache des Christentums wurde die direkte Begegnung mit Gott als »Außersichgeraten« bezeichnet, auf Griechisch Ekstase. Damit übernimmt Paulus eine neuplatonische Redensart.

111 Teresa von Avila, Die innere Burg, Diogenes Verlag, 2006.

112 Gillian T. W. Ahlgen illustrierte in seinem Buch Entering Teresa of Avila's Interior Castle, a Reader's Companion (Paulist Press 2005) anhand der Arbeit von Teresa die Transformation der Identität eines Menschen aufgrund seiner Berührungen durch Gott. Seine Grundidee ist originell, obwohl seine Ausarbeitung etwas schwerfällig ausfällt. Seine Hauptthese ist, dass die Seele wahrhaft zu sich selbst findet, wenn sie nicht aus ihrer individuellen Natur heraus lebt, sondern zunehmend zum Begleiter Gottes wird (siehe S. 84).

113 Samuel Rutherford, Levelek (Koinónia, Kolozsvár 2002), S. 35. In eigener Übersetzung.

114 Diese »Tanz«-Analogie, die mit dem mittelalterlichen theologischen Begriff »Perichorese« bezeichnet wird, verweist auf das Leben der Heiligen Dreifaltigkeit.

115 So formuliert der BBC-Journalist Malcom Muggeridge, der ein halbes Jahr mit Mutter Teresa verbrachte, um ein Buch über sie zu schreiben. So entstand der Band: Something Beautiful for God. Mother Teresa of Calcutta, Collins, London 1971.

116 Komm, sei mein Licht! Die geheimen Aufzeichnungen der Heiligen von Kalkutta. Herausgegeben und kommentiert von Brian Kolodiejchuk, übersetzt von Kathrin Krips-Schmidt, Pattloch Verlag 2007, S. 192.

117 Johannes vom Kreuz, Die dunkle Nacht der Seele. Auslegungen zum Gedicht, 1. Buch, Kap. 3, §3.

118 Zu diesem Thema empfehle ich das Werk von Thomas Green, When the well runs dry. Prayer beyond the beginnings (Ave Maria Press, Notre Dame, Indiana, 1978) und Wilfried Stinissen OCD. L'oraison contemplative, Collection Vives Flammes 2002. Beide sind ausgezeichnete Studien.

119 Johannes vom Kreuz, Die dunkle Nacht der Seele, ibid., 1. Buch, Kap. 10, §1.

120 Auch Ignatius nennt diese Freiheit von sich selbst mit den Worten der Wüstenväter »Gleichmütigkeit« (»indiferencia«). Die Briefe der Mutter Teresa von Kalkutta legen ein Zeugnis von dieser Erfahrung ab.

121 Johannes vom Kreuz, Die dunkle Nacht der Seele, ibid., 2. Buch, Kap. 16, §3.

122 Johannes vom Kreuz, Die dunkle Nacht der Seele, ibid., 2. Buch, Kap. 16, §4.

123 Wilfried Stinissen hilft zu verstehen, wie die Wege dieser beiden Heiligen so verschieden voneinander sein und dennoch ein Leben lang gegenseitig unterstützen konnten, vgl. Wilfried Stinissen OCD. L'oraison contemplative, ibid.

124 Das hier diskutierte Thema ist der sogenannte apophatische und kataphatische Weg, die Beziehung zwischen dem positiven Weg (via positiva) und dem negativen Weg (via negativa). Wie wir bereits erwähnt haben, kennt und unterstützt die Heilige Schrift beide Wege, obwohl sie weitgehend einen positiven Ansatz fördert. In der christlichen Tradition gibt es viele Beispiele für beides.

125 Bernhard von Clairvaux. On the Song of Songs, Vol. 1, Sermon Three (Cistercian Publications, Kalamazoo, MI, 1971), S. 16. Eigene Übersetzung aus dem Englischen.

126 Magie ist nichts anderes als das Klammern an einem kraftspendenden Erlebnis um jeden Preis.

127 Vgl. das Dilemma in Kol 3: Die Neugier auf exotische Ereignisse, auf alles, was »Nachrichtenwert« hat, hat immer schon viele Menschen begeistert.

128 Bruder Lorenz von der Auferstehung, ibid., 2. Gespräch, §9, S. 119.

129 Evagrius Ponticus, Spruchlehre über das Gebet, Kleine Philokalie, S. 45.

130 Franz Jalics, Der kontemplative Weg, ibid., S. 46.

131 Bruder Lorenz von der Auferstehung, ibid., 2. Gespräch, §31, S. 124.

132 Bruder Lorenz von der Auferstehung, ibid., 7. Brief, S. 97.

133 Bruder Lorenz von der Auferstehung, ibid., Geistliche Weisungen, §36, S. 81.

134 Bruder Lorenz von der Auferstehung, ibid., 4. Brief, S. 93.

135 Bruder Lorenz von der Auferstehung, ibid., 2. Brief, S. 88.

136 Bruder Bonifatius war ein Trappistenmönch in Amerika. Tom Ashbrook erwähnte ihn in seinem Imago-Christi-Tagebucheintrag vom August 2004 als seinen geistlichen Begleiter. Bonifatius war damals fast 80 Jahre alt.

137 Des Weiteren: »Mir macht es allerdings gar nichts aus, wenn ihr oder ein menschliches Gericht über mich urteilt; ich urteile auch nicht über mich selbst. Ich bin mir zwar keiner Schuld bewusst, doch bin ich dadurch noch nicht gerecht gesprochen; der Herr ist es, der über mich urteilt« (1 Kor 4,3–4). »Wer sich also rühmt, der rühme sich im Herrn. Denn nicht, wer sich selbst empfiehlt, ist anerkannt, sondern der, den der Herr empfiehlt« (2 Kor 10,17–18).

138 Für das ausdrückliche Trachten nach der Herrlichkeit Gottes steht der amerikanische Presbyterianer John Piper, ein glaubwürdiger und konsequenter Vertreter des »christlichen Hedonismus«.

139 Teresa von Avila, Autobiografie, 11, 7–8.

140 Johannes vom Kreuz, Die lebendige Liebesflamme, Gesammelte Werke Band 5. In eigener Übersetzung.

141 Bruder Lorenz von der Auferstehung, ibid., 4. Brief, S. 94.

142 Thomas Merton, Találkozás Istennel, A kontempláció (Márton Áron Kiadó, ford. Arató László, 2000), S. 72–73. In eigener Übersetzung.

143 Bruder Lorenz von der Auferstehung, ibid., 12. Brief, S. 107.

144 Bruder Lorenz von der Auferstehung, ibid., 2. Gespräch, S. 120.

145 Auszug aus dem Brief von Julie Canlis zu meinem 40. Geburtstag, 2004.

146 Bruder Lorenz von der Auferstehung, ibid., Geistliche Weisungen, §31, S. 79.

147 Jenő Sillyes Lied »Heiliger Geist des Alltags« erinnert uns auf ernüchternde Weise an die Beziehung zwischen den besonderen Anlässen und dem Alltag (CD »Új tavaszért«, 2003).

148 Als ein Beispiel könnte ich all die Menschen erwähnen, auf die ich in diesem Buch Bezug genommen habe, und die vielen anderen, die mir die Liebe Gottes vorgelebt haben. Wer würde in der evangelikalen Welt von John Owen, Oswald Chambers, Torrey, P. T. Forsyth oder James H. Houston sagen, dass sie die Kontemplation gelehrt hätten? Aber sie taten das. Nur anders.

149 Kathryn Spink, Universal Heart: The Life and Vision of Brother Roger of Taize (GIA Publications 2006), S. 170.

150 Henri J. M. Nouwen, Ich hörte auf die Stille, ibid., siehe Eintrag vom Dienstag, 24. September, S. 135.

151 Henri J. M. Nouwen, Ich hörte auf die Stille, ibid., siehe Eintrag vom Donnerstag, 14. November, S. 162–163. In diesem Sinne sagte Thomas Merton, dass das »Kloster das Herz der Welt« sei. »Die Stille der Kontemplation schafft eine tiefe, reiche, endlose Gemeinschaft nicht nur mit Gott, sondern auch mit Menschen« (Thomas Merton, A csend szava (Verheißungen der Stille), ibid., S. 346).

152 Die Aufzählung der »Werke des Fleisches« und der »Früchte des Geistes« findet sich in Gal 5,1–21.

153 Malcom Muggeridge, Mutter Theresa (Something Beautiful for God), ibid., S. 35–36.

154 Rede von Mutter Teresa, Rom, 7. März 1979, Anmerkungen. Vorwort, in: Brian Kolodiejchuk, Mutter Theresa. Komm sei mein Licht, S. 421.

155 Das pflegte mein Professor James Houston zu sagen.

156 Charles de Foucauld (Károly, Jézus testvére), az »Isten a Szeretet, ibid., S. 45.

157 Teresa von Avila, Innere Burg, Siebte Wohnung, 4. Kapitel.

158 Franz Jalics, Der kontemplative Weg, ibid., S. 23–24.

159 Übernommen von einer Gebetskarte in Bishops Haus auf der Insel Iona. In eigener Übersetzung.

160 »Lehrt sie, alles zu befolgen, was ich euch geboten habe. Und siehe, ich bin mit euch alle Tage bis zum Ende der Welt. Amen!« (Mt 28,20 und auch Mt 18,20).

161 Teresa von Avila, Die innere Burg, Erste Wohnung, 2. Kapitel.

162 Johannes von der Leiter (Klimakus, um 580–650), Das Gebet des Gottversenkten, Kleine Philokalie, S. 94.

163 Thomas Merton, Találkozás Istennel, ibid., S. 140.

164 CD von Jenő Sillye und seinen Freunden, »Új tavaszért«, 2003.

165 Hebr 6,20; 7,24.17.21.

166 Denn: Einer ist Gott, Einer auch Mittler zwischen Gott und Menschen: der Mensch Christus Jesus. 1 Tim 2,5–6.

167 Vgl. Lk 22,31–32. Auch Joh 17 gibt einen guten Einblick in das fürbittende Gebet Jesu.

168 Röm 8,26–27. Vgl. auch Hebr 10,14.19; 13,15 und Joh 14,13.15.16; 16,23ff. Siehe dazu auch das ausgezeichnete Werk von James B. Torrances, Worship, Community and the People of God (InterVarsity Press, Downers Grove, Illinois, 1996).

169 H. B. Sweet, The Ascended Christ, zitiert von F. F. Bruce, The Epistle to the Hebrews (Eerdmans, Michigan, Grand Rapid, NICNT 1990), S. 174. In eigener Übersetzung.

170 Stinissen. This is the Day the Lord has made, S. 361, Daily Meditations, ibid., S. 130–131.

171 Das hebräische Wort אָמֵן *›āmen* ist ein Verbaladjektiv der Wurzel אמן *›mn‹*, deren Grundbedeutung »fest / zuverlässig / sicher sein« lautet.

172 Blaise Pascal, Gedanken, in: Gondolatok (übersetzt von László Pődör, Lazi Kiadó, Szeged, 2000), S. 354 und 355. In eigener Übersetzung.

173 Francisco Jalics. Cambios en la fe (Ediciones Paulinas, Florida, 1975) S. 7–8 und 10. Eigene Übersetzung aus dem spanischen Original.

174 Vgl. Joseph Ratzingers Brief an die Kardinäle, der zugleich die offizielle Position des katholischen Lehramts ist, in dem dieser Schwerpunkt betont wird (Joseph Card. Ratzinger, Präfekt, Alberto Bovone, Titularerzbischof von Caesarea in Numidia, Sekretär, Kongregation für die Glaubenslehre, 15. Oktober 1989, Brief an die Bischöfe der Katholischen Kirche zu einigen Aspekten der christlichen Meditation).

175 Es ist zu betonen, dass eine Kontemplation, die ganz von der Schriftmeditation und dem Bittgebet losgelöst ist, keine christliche Kontemplation ist. Die christliche Kontemplation, ob als gelegentliche Übung oder Lebensberufung, baut immer auf die Schriftmeditation und das Bittgebet auf, auch wenn diese drei Formen nicht immer in der gleichen Gebetszeit auftreten. Deshalb praktizieren wir die Kontemplation mit Demut und Selbstkritik, setzen uns immer »in das Milieu« der Meditation und praktizieren sie immer mit dem Ich-Bewusstsein, das im bittenden und ringenden Gebet geboren und neugeboren wird.
Das kontemplative Gebet baut so nachdrücklich auf das interpretierende Umfeld der Schriftmeditation und auf die im Bitten erhaltene Identität, dass ihre Lehrer diese Gebetsform niemandem empfehlen, der emotional oder in seiner Identität versehrt ist, in extremem Zwiespalt oder Bewusstseinsspaltung lebt. Aber auch jenen ist nicht zu diesem Gebet zu raten, die nicht unterscheiden können zwischen Vorstellungen, Visionen, Halluzinationen, spirituellen Kräften und der Unmittelbarkeit des heiligen Gottes oder die zwanghaft von derartigen Dingen getrieben sind. Für sie ist die Kontemplation kontraindiziert, da sie ausgesprochen schädlich sein kann. Das aus der Kontemplation empfangene spirituelle Wissen wird denjenigen zu Christus verhelfen, bei denen das »interpretierende Milieu« und die

innere Einheit der neuen Person bereits existieren. In diesem Sinne stützt sich das kontemplative Gebet auf die beiden anderen Gebetsformen.

176 Diesen Spruch sah ich im Jahr 2005 an der Wand des Speisesaals der ungarischen Unbeschuhten Karmelitinnen in Magyarszék, den sie für die Gäste reserviert hatten. Bonhoeffer begann interessanterweise seinen christologischen Vortrag im Jahr 1933 in Berlin mit der gleichen Behauptung unabhängig von Johannes vom Kreuz (A New Translation, Harper, San Francisco 1978, S. 27).

177 Joyce Huggett, Living Free (InterVarsity Press 1984), S. 65. In eigener Übersetzung.

178 Dieser Aufzählung würde ich noch das Buch Megszereted, ami a tiéd von Péter Mustó, das Werk The Heart's Desire von James Houston und das Buch Praying the Psalms von Eugene Peterson hinzufügen, aber leider sind sie auf Deutsch noch nicht verfügbar.

Der Umwelt zuliebe verzichten wir bei diesem Buch auf Folienverpackung.

Bibliografische Information der Deutschen Nationalbibliothek

Die Deutsche Nationalbibliothek verzeichnet diese Publikation in der Deutschen Nationalbibliografie; detaillierte bibliografische Daten sind im Internet über ‹http://dnb.d-nb.de› abrufbar.

1. Auflage 2021

www.echter.de

Gestaltung: Crossmediabureau – https://xmediabureau.de
Umschlag: waterproof grafikdesign
(Umschlagbild: Naoto Shinkai / Shutterstock)
Druck und Bindung: CPIbooks – Clausen & Bosse, Leck

ISBN 978-3-429-05609-4